한글로 먼저 풀어보는 토익 입문서

新TOEIC
EDGE
입문LC

新 TOEIC
EDGE
입문 LC

초판 1쇄 인쇄 2017년 12월 27일
초판 1쇄 발행 2018년 1월 5일

지은이   이소연
감수   이가영
발행인   임충배
홍보/마케팅   김요한, 김정실
편집   양경자
디자인   여수빈, 조인배
펴낸곳   도서출판 삼육오 (PUB.365)
제작   (주)피앤엠123

출판신고 2014년 4월 3일
등록번호 제406-2014-000035호

경기도 파주시 산남로 183-25
TEL 031-946-3196 / FAX 031-946-3171
홈페이지 www.pub365.co.kr

ISBN 979-11-86533-76-5 13740

이 도서의 국립중앙도서관 출판예정도서목록(CIP)은 서지정보유통지원시스템 홈페이지(http://seoji.nl.go.kr)와
국가자료공동목록시스템(http://www.nl.go.kr/kolisnet)에서 이용하실 수 있습니다. (CIP제어번호: CIP2017031669)

新

한글로 먼저 풀어보는 토익 입문서

TOEIC

[ed3] 엣지

EDGE

이소연 지음 이가영 감수

입문 LC

Pub.365

Pre**face**

21세기 글로벌 시대를 맞이하여 여기저기서 다 영어가 중요하다고들 하죠. 뭐 알아서들 이미 잘 하고 있는 사람들은 문제가 없을 거예요. 그러나 만약 내 최대의 취약점이 영어인데, 빠른 시일 내에 제법 높은 '토익 점수'라는 것을 따내야 한다면 얼마나 당황스러울까요? 나는 문제도 제대로 읽을 줄 모르는데 무언가를 듣거나 읽고 답까지 골라내라 한다면 너무도 괴로울 수 밖에 없겠죠. 그래서 기획하게 된 정말 초보, 초보 중의 왕초보, 영어 포기자들을 위한 지침서가 여러분들의 손에 들려 있는 바로 이 책이라는 점.

우선 꼭 해드리고 싶은 말씀은, 어휘와 절친한 사이가 되라는 거예요. 별도의 어휘집을 공부할 필요 없이, 이 책에 수록된 어휘들은 1순위로 반드시 완벽하게 소화하세요. 어휘 실력 없이는 문장 해석과 이해가 불가능하고, 나아가 문제 풀이가 불가능하기 때문이죠. 귀찮고 힘들어도 매일매일 꾸준히 어휘와 조금씩 더 친해지세요. 문제가 점점 더 빠르고 편안하게 풀릴 거예요.

그다음으로 공부의 직접적인 방법에 관한 팁. 책을 대충 읽어본 뒤 문제만 한 번 가볍게 '쓱~' 풀어보고 넘어가면 안 돼요! 내가 틀렸던 문제, 이해하지 못했던 문제들은 바로 해설을 볼 것이 아니라, 정확하게 이론과 대조하여 무엇이 잘못되었는지를 짚어주어야 해요. 듣기도 마찬가지여서, 바로 대본을 보고 눈으로 이해할 것이 아니라 꼼꼼하게 문장을 받아쓰고 따라 읽어서 완전히 내 일부로 받아들여야 하는 거죠.

마지막으로, 토익은 어려운 '고시'가 아니라는 점을 기억하세요. 비록 지금은 내가 무슨 소리인지도 모르겠고 우연히 본 시험에서 남들의 절반에도 못 미치는 점수가 나올지라도, 반드시 점수를 올릴 수 있는

시험이 바로 토익입니다. 상대적으로 더 짧은 기간 안에 더 쉽게 점수를 낼 수 있는 **비법**

을 본 책에서 속속들이 **공개**할 것이니, 포기하지 말고 처음부터 끝까지 이 책과 함께 해주세요!

"여러분들의 토익 고득점이
바로 우리의 꿈입니다"

YBM 이소연 (L/C)

contents

이 책의 특징은?

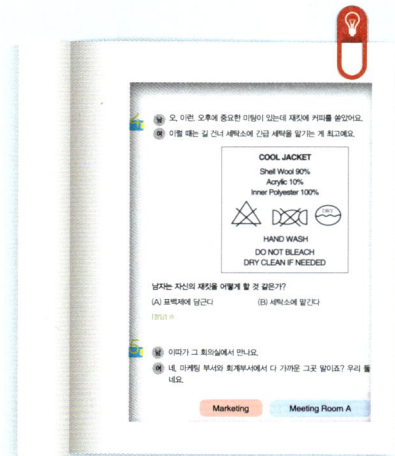

영어 보다는 한글이 먼저!!!

이 책은 토익 왕초보 입문자를 위해 최적화되어 있습니다. 영어도 어려운데 토익을 해야 하는 이 상황에 토익이 어떤 시험인지 어떤 식으로 문제가 나오는지 바로 알 수 있습니다. 또한 토익이 막연하게 어렵다는 생각은 그만!!! 토익에 대해 자신감이 생기도록 영어보다는 한글로 먼저 문제를 풀어볼 수 있게 구성하였습니다.

문제와 해설을 같이!!!

문제를 풀어본 직후 참고할 수 있도록 바로 옆에 각 문제에 따른 해석, 해설 및 선생님이 바로 옆에서 과외 해주는 듯한 잔소리~ 팁~을 달아 두었습니다. 초보라 더욱더 자신이 없는 정답 확신!!! 바로바로 확인해보세요.

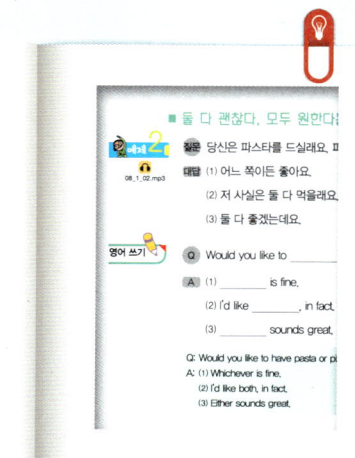

LC파트의 기본은 듣기!!!

LC 파트는 방송실 음성을 듣고 문제를 푸는 영역입니다. 영어가 바로 들리시나요? 한글로 어떤 내용인지 먼저 파악하고 들리는 대로 직접 써보세요. 써보고 안써보고의 차이는 그 결과로 증명됩니다!

학습 1단계. 유형을 정복하고!

이 책의 학습은 총 3단계로 되어 있습니다. 먼저 1단계에서 토익 유형을 정복해보겠습니다. 토익의 문제 형식은 정해져 있습니다. 그 뜻은 항상 비슷한 문제가 나온다고 할 수 있겠지요. 먼저 어떤 식으로 문제가 출제되고 있는지 선생님의 짜릿한 분석 내용과 함께 기본적인 유형을 정복해 보세요.

학습 2단계. 기초를 뛰어 넘고!!

각 Lesson별르 기본 학습이 마무리되면 학습한 내용으로 문제를 풀어봅니다. 바로 전에 학습한 내용이기에 문제 풀기는 정말 쉬워지겠지요. 확실하게 문제 출제 의도를 이해하고 다음 학습을 진행할 수 있습니다.

학습 3단계. 파트 테스트로 마무리!!!

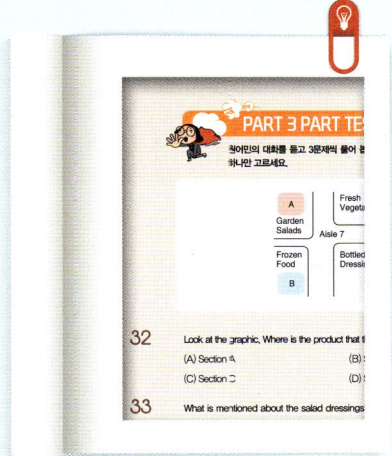

각 파트를 마무리 할 때는 해당 파트의 문제를 시험 난이도와 유사한 정도의 문제를 풀어 봅니다. 앞에서 충분히 학습하셨다면 어렵지 않게 풀어나갈 수 있을 것이에요. 자신감을 갖고 마무리해보세요.

토익 성공 학습 플랜

토익 시험은?

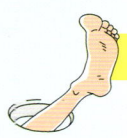

토익(TOEIC) 시험의 개요

토익은 〈Test of English for International Communication〉의 약자로 국제 사회에서 영어로 실용적인 의사소통을 얼마나 할 수 있는지를 가늠하는 시험이죠. 시험의 출제 기관은 미국에 기반을 둔 ETS (Educational Testing Service)이며, 영어가 모국어가 아닌 사람들을 시험의 대상으로 삼고 있어요. 두 시간 동안 진행되는 TOEIC은 크게 두 개의 분야, 그리고 7개 세부 영역을 평가합니다.

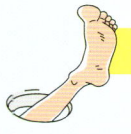

듣기영역(Listening Comprehension)의 구성과 목적

토익의 듣기영역은 수험자에게 주어지는 문제지와 귀로 듣게 되는 성우의 방송으로 구성되어 있어요. 영어권 국가에서 사용하는 발음들이 다양하게 활용되도록 여러 나라의 성우가 방송을 녹음하고 있고요. 예전에는 미국식이나 캐나다식 발음이 압도적으로 많이 등장했다면, 지금은 영국이나 호주 발음도 시험의 절반 가까이 차지해요. 듣기영역은 실질 의사소통의 수준을 측정하기 위한 시험으로 45분간, 4개의 영역을 순서대로 풀어나가는 형태예요.

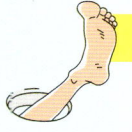

토익 시험 듣기영역 파트 별 구성과 문항 수 비교

구성	新 TOEIC				
	시험 시간	파트 구성		문항 수	합계
Listening Comprehension (with LC 이소연샘)	45분	Part 1	Picture Description (사진 묘사)	6	100 문항
		Part 2	Question and Response (질의 응답)	25	
		Part 3	Short Conversations (두세 사람의 대화문)	39	
		Part 4	Short Talks (한 사람의 설명문)	30	

① 토익 접수 방법

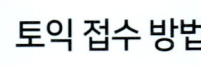

토익 시험은 TOIEC 위원회 사이트에서 인터넷, 모바일 접수가 가능합니다. (www.toeic.co.kr)

인터넷 접수를 선택하시고 시험일 선택, 고사장 선택 이후 성적표 수령방법(온라인/우편) 등을 입력합니다.

    * 시험은 오전, 오후 시험이 있습니다. 시험일 선택시 반드시 확인하세요.
    * 특별 접수 기간에는 시험 응시 비용이 조금 더 비싸요.
    * 시험 접수시 최근 사진(6M 이하의 JPG 파일만 가능)을 미리 준비하셔야 합니다.

② 시험 당일 꼭 챙겨야 할 준비물

규정 신분증은 반드시!!!

성인의 경우 주민등록증, 운전면허증(경찰청 발행), 기간 만료 전의 여권, 공무원증, 장애인 복지 카드가 인정되며, 그 이외 주민센터에서 발급한 기간 만료 전의 '주민등록증 발급신청 확인서'를 발급 받으시면 대체 인정 가능합니다.

학생인 경우 학생증, 기간 만료 전의 여권, 청소년증이 인정되며, 단, 학생증은 국내 학생증만 인정 받을 수 있으며, 대학생 또는 대학원생의 학생증은 불가합니다.

연필, 지우개 (볼펜이나 사인펜은 사용 불가)

필요시 시계를 준비해주세요. 전자식 시계는 안되고 꼭 아날로그 시계여야 합니다.

③ 입실 전 유의 사항

시험 시간이 오전일 경우 오전 9:20, 오후일 경우에는 오후 2:20 이전에는 꼭~ 입실하세요. 오전 9:50, 오후 2:50 이후에는 절대 입실이 불가능해요.

입실 시 필기구와 신분증을 제외한 사전이나 휴대용 가방 등 시험에 불필요한 모든 소지품은 교실 앞쪽으로 옮겨 놓아야 합니다. 고사장 내에서는 휴대폰, 통신장비, 각종 전자기기는 일절 소지할 수 없으며, 만약 시험 중 소지하고 있다가 적발되면 사용 여부와 관계없이 규정위반 수험자로 지정 되어 향후 시험 응시에 제약이 따를 수 있어요.

4 시험 시간

오전 시험	오후 시험	시간	비고
9:20	2:20		입실
9:30 ∼ 9:45	2:30 ∼ 2:45	15분	답안지 작성에 관한 Orientation
9:45 ∼ 9:50	2:45 ∼ 2:50	5분	수험자 휴식시간
9:50 ∼ 10:05	2:50 ∼ 3:05	15분	신분증 확인 (감독 교사)
10:05 ∼ 10:10	3:05 ∼ 3:10	5분	문제지 배부 및 파본 확인
10:10 ∼ 10:55	3:10 ∼ 3:55	45분	듣기 평가(L/C)
10:55 ∼ 12:10	3:55 ∼ 5:10	75분	독해 평가(R/C) * 2차 신분확인

5 성적 확인 및 성적표 발급

성적 확인은 시험 응시 후 TOEIC 위원회 사이트 또는 ARS 060-800-0515로 지정된 일자(약 2주 후)에 가능합니다. 단, ARS는 토익 접수 시 ARS 성적 확인에 동의한 수험자에 한하여 확인 가능합니다.

성적 수령은 온라인 출력이나 우편 수령을 택할 수 있으며, 온라인 출력 시 성적 유효기간 내 홈페이지를 통해 출력해야 하며, 우편 수령 시 접수 할 때 작성한 주소로 성적표가 우편 발송됩니다.

온라인 출력이나 우편물 수령은 1회 발급시만 무료이고 이후 재발급 할 경우에는 소정의 수수료가 발생하게 되니 가장 높은 점수의 성적표를 꼭 보관하세요.

토익(TOEIC) 각 파트별 전략

PART 1

6개의 사진 묘사 관련 문제들입니다. 사진을 보고 가장 알맞은 묘사 하나를 4개의 보기 중에 골라내면 되는데요. 6문항 밖에 없고 어쩐지 쉬울 것 같다는 느낌 때문에 공부를 소홀히 할 수 있는 부분이기도 하죠. 그런데, 매달 시험을 보고 온 수험자들이 '내가 파트 1을 <u>의외로</u> 틀렸어'라는 말을 정말 자주 하는 것을 볼 수 있어요. 매달 '의외로' 틀렸다고 자부하지만, 사실 파트 1에서도 실수할 만한 문항들이 분명 존재하니까요. 고난도 문항들까지 포함하여 6문항을 모두 맞히고 싶다면, 어휘와 표현을 집중적으로 공부해야 해요. '느낌'이나 '감'으로 답을 찍기에는 우리의 점수는 너무 소중하니까요. 특히나 수동태와 관련된 문법 학습도 같이해야 안정적인 고득점이 가능하답니다. 자 그럼 파트 1에 대해 요약해볼게요.

- 6문항, 전체 시험의 시작이자 가장 문제 수가 적은 파트
- 보기 중 해당 사진을 가장 잘 묘사하는 것을 고르는 유형
- 어휘와 표현 공부가 가장 중요
- 수동태와 관련된 문법도 중요

PART 2

25개의 짧은 질의응답 문제들입니다. 한 명의 화자가 질문을 던졌을 때 세 개의 보기 중 가장 잘 대답한 문항 한 개를 선택하면 되는 유형이지요. 단, 시험지에는 질문과 보기가 단 하나도 나와 있지 않으므로, 실질적인 듣기 능력과 더불어 순발력 있게 들은 내용을 분석할 수 있는 실력이 동시에 필요해요. 그러기 위해서는 수동적으로 듣는 데에서 멈추지 말고, 수험자에게 꼭 필요한 부분을 받아쓰기로 완벽하게 정리해주는 것이 필수예요. 일단 처음에는 '해석 없이' 답을 먼저 골라내는 데에서 시작하더라도, 나중에는 정말로 질문과 응답의 의미를 이해하고 답을 고를 수 있게 지속적으로 듣는 연습을 해주셔야 해요. 시험에 자주 나오는 정답과 오답 유형을 본 책과 함께 잘 정리함으로써 '조금 덜 들리는' 상황에서도 고득점에 한 걸음 더 다가가도록 해요.

- 25문항, 문제지에 질문과 보기가 적혀 있지 않다
- 한 명이 질문하면 다른 한 명이 대답한 보기 세 개 중 가장 좋은 대답 하나를 고른다
- 순발력과 실질적인 듣기 능력이 모두 필요
- 받아쓰기와 해석 연습은 필수
- 시험에 자주 나오는 정답과 오답 유형의 꼼꼼한 정리가 중요

PART ③

자, 파트 3부터는 갑자기 지문이 복잡해집니다. 그뿐만 아니라, 문제지의 질문과 보기도 부담스러워지는데요. 우선 파트 3는 두 사람이나 세 사람의 대화를 듣고 연계된 3개의 문제를 해결하는 유형이죠. 앞의 두 파트들에 비해 갑자기 지문이 길어져 당황할 수 있지만, 미리 문제를 읽고 들으면서 답을 골라내는 전략을 사용하여 우리는 출제자가 원하는 답을 쏙쏙 뽑아낼 거예요. 만약 문제 읽기에 취약한 수험자라면, 휴대폰의 '스톱워치' 기능을 사용해서 8초 안에 질문과 보기 4개를 시간 안에 독해하는 연습을 꾸준히 해줄 것을 추천해요. 기계처럼 8초 동안 질문과 보기만 계속 독해하다 보면, 주어진 시간을 활용하는 요령이 반드시 생기게 되어있으니까요. 또한, 시험에 늘 나오는 사무실이나 일상 생활에 관련된 표현들을 정리해보면 듣기가 훨씬 더 쉬워지는 것은 당연한 이야기고요.

- ●39문항, 듣기영역 전체에서 문항 수가 가장 많은 부분
- ●지문과 연계된 3개의 문제를 푸는 2~3인의 대화 유형
- ●문제지에 적혀 있는 질문과 보기를 먼저 파악하는 것이 관건
- ●문제 읽기에 취약한 경우 '스톱워치'를 활용하여 독해 연습을 해줄 것
- ●시험에 늘 나오는 사무실, 일상 생활 관련 표현을 정리해둘 것

PART ④

파트 4는 한 사람이 말하는 비교적 긴 지문을 듣고 연계된 3개의 문제를 해결하는 유형으로 듣기영역의 마지막 파트 입니다. 문제와 보기를 미리 파악하는 전략이 똑같이 적용되므로 어떻게 보면 파트 3와 비슷하다고 느낄 수 있는데, 성우가 한 명이라는 데에 그 차이점이 있어요. 메시지나 공지, 광고 등 지문의 유형에 따른 흐름을 미리 학습해두고, 흐름에 맞춘 듣기를 하면 보다 수월한 문제 풀이가 가능해요. 또한, 발음 연습도 정말 많이 해 두어야 처음부터 끝까지 영국식, 호주식의 낯선 발음이 들려도 당황하지 않고 내용을 이해할 수 있겠죠. 아직 잘 안 들린다 – 뭐 이런 경우에는 '따라 읽기' 연습이 최고예요. 많은 수험자가 익숙하지 않은 성우 목소리 때문에 고전하는데, 내가 입으로 소리 낼 수 있으면 귀에는 무조건 들리게 된다는 것! 내 손에 주어진 대본을 보고 반복해서 여러 번 따라 읽어보세요. 처음에는 읽기에 급급하겠지만 수차례 반복해서 익숙해지면, 그때부터는 성우와 최대한 비슷하게 끊어 읽기, 발음, 어조, 억양까지 싹 다 따라 하는 거예요. 그러다 보면 스피킹 실력까지 늘기도 한답니다.

- ●30문항, 듣기영역의 마지막 파트
- ●지문과 연계된 3개의 문제를 푸는 1인의 담화 유형
- ●문제지에 적혀 있는 질문과 보기를 먼저 파악하는 것이 관건
- ●메시지나 공지, 광고 등 지문의 유형에 따른 흐름을 정확하게 학습
- ●발음과 따라 읽기 연습이 필수

Lesson 1

PART 1

한 사람 사진

1 PART 1의 문제 유형

2 PART 1의 기본 전략 1 – "내 눈에 안 보이면 오답"

1 ▶ PART 1의 문제 유형

❶ PART 1은 토익의 가장 첫 번째 파트로, 사진을 보고 보기 4개 중에서 <u>가장 알맞은 묘사를 1개만</u> 고르는 6개의 문제 유형이죠.

❷ 문항마다 보기는 4개씩으로 A, B, C, D 각각 짧은 하나의 문장으로 구성되어 있어요.

❸ <u>사람이 등장하는 사진(유형 1, 60~70%)</u>과 사람 없이 <u>주변 사물, 풍경이 중심이 되는 사진(유형 2, 30~40%)</u> 두 가지 유형으로 크게 나눌 수 있어요.

❹ 사진은 재빠르고 꼼꼼하게 보되, 사진 속에서 <u>한눈에 파악되지 않는 것</u>은 일단 오답으로 처리해주세요.

01_1_01.mp3

사진을 보고 해당 한글 보기에 맞는 ○, △, ×에 표시하세요

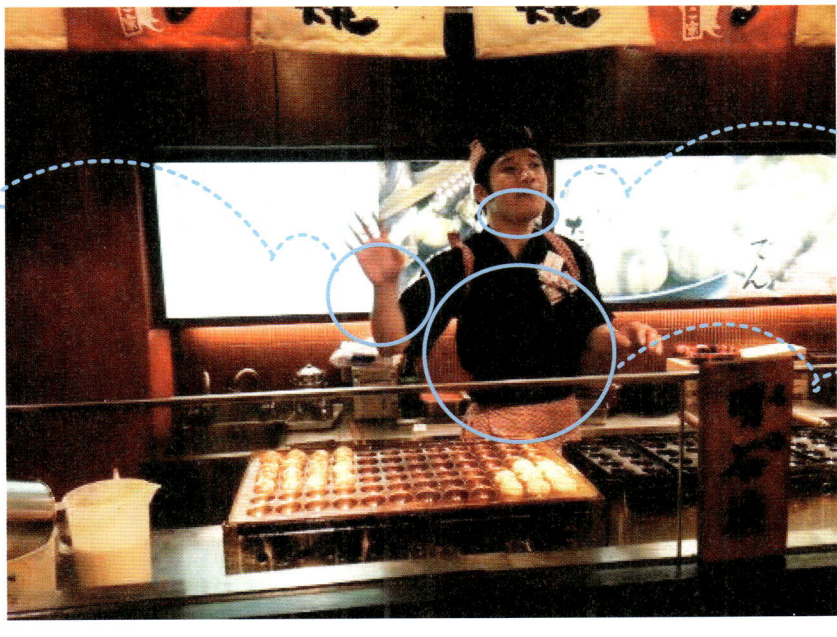

(○, △, ×) (A) 남자는 접시를 정리하고 있는 중이다.

(○, △, ×) (B) <u>남자는 한 손으로 동작을 취하고 있다.</u>

(○, △, ×) (C) 남자는 가스레인지에 음식을 조리하고 있는 중이다.

(○, △, ×) (D) 남자는 손님에게 인사하고 있는 중이다.

먼저, 1명의 남자가 등장하는 사진이므로, 남자의 눈, 손, 옷차림을 중심으로 확인하세요.
위 사진을 가장 잘 묘사한 손동작에 해당하는 (B)를 정답으로 선택하되, (D)에서는 손님이 보이지 않으므로 함부로 인사 장면을 상상하여 틀리지 않도록 조심해주세요.

앞 페이지의 내용을 영어로 바꾸면 다음과 같아져요.

Script (A) The man is organizing the dishes.

(B) **The man is gesturing with one hand.**

(C) The man is cooking food on the gas stove.

(D) The man is greeting a customer.

어휘 •**organize** 정리하다, 정렬하다 •**dish** 접시, 요리 •**gesture** 몸짓, 손짓하다, 동작하다
•**gas stove** 가스레인지 •**greet** 인사하다 •**customer** 손님

2 ▶ PART 1의 기본 전략 1

■ 내 눈에 안 보이면 오답 & 받아쓰기

❶ 실제 시험장에서 나오는 사진 문제는 한 페이지에 사진이 두 장 밖에 실려 있지 않아, 한눈에 잘 들어옵니다. 한눈에 봤을 때 "내 눈에 안 보이면" 그 보기는 오답이라는 의미입니다.

❷ 시험에 늘 반복해서 출제되는 어휘와 구문을 미리 학습하고, 사진을 보고 문제 음성이 나오기 전 출제될 만한 포인트를 먼저 예상해 두셔야 실수를 피할 수 있겠죠.

❸ 한 사람 사진에서는, 사람이 등장하는 사진은 눈, 손, 옷차림을 유심히 봐주되, 최신 유형에서는 사물과 풍경에 대해서도 보기가 많이 출제됨을 같이 기억하세요.

❹ 틀렸거나 잘 들리지 않았던 보기는 '받아쓰기'를 통해 반드시 정확하게 다시 보세요.

❺ 보기 전체를 단번에 받아쓰기는 어려우므로, 사람이 주어일 때는 이를 생략하고 문장 중 동사부터 들리는 순서대로, 가장 중요한 어휘 2~3개를 먼저 받아쓰기하세요.

소연쌤의
꿀팁!  사람은 눈, 손, 옷차림을 봐주고 주변 사물과 풍경까지 살펴주자.

■ 받아쓰기 연습

각 사진을 보고 해당 한글 보기에 맞는 ○, △, ✕ 에 표시하세요. 표시가 끝났으면, 영어로 녹음된 성우의 음성을 듣고 중심 어휘 2~3개를 받아쓰세요. 영어 녹음은 각 3번씩 들려드립니다.

소연쌤의
꿀팁! 한 사람이 주인공인 사진에서는 주어는 생략하고 동사부터 받아쓰면 쉽습니다.

01_2_01.mp3

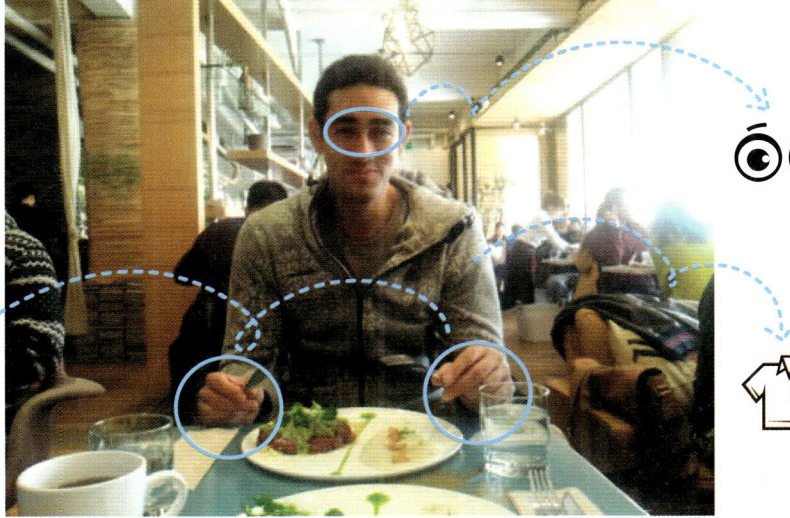

(O, △, ×) (A) 남자는 요리하는 중이다.

(O, △, ×) (B) 남자는 레스토랑에 들어가고 있는 중이다.

(O, △, ×) (C) 웨이터가 음식을 서빙하는 중이다.

(O, △, ×) (D) 남자는 식사를 즐기는 중이다.

영어 쓰기

(O, △, ×) (A) _____

(O, △, ×) (B) _____

(O, △, ×) (C) _____

(O, △, ×) (D) _____

정답

(A) × (B) × (C) × (D) ○

(A) A man is cooking.

(B) A man is entering a restaurant.

(C) A waiter is serving food.

(D) A man is enjoying his meal.

어휘 •enter 들어가다 •restaurant 식당 •waiter 웨이터, 종업원 •enjoy 즐기다 •meal 식사

남자는 요리를 하거나, 지금 이 순간 레스토랑에 입장 중이 아니므로 (A), (B)는 오답. (C) 역시 내 눈에 보이지 않으므로 오답입니다. 정답 (D) 문항에 사용된 enjoy는 식사나 어떤 상황을 즐길 때 자주 나오는 표현이므로 잘 기억해두세요!

소연쌤의 꿀팁! 참조로 enter라는 동사는 '~로 들어가다'의 의미이므로 진입의 동작이 보여야 하는데, 사진 한 장으로는 묘사하기가 어려운 장면으로 enter가 등장하는 보기는 주로 오답이 됩니다. 마찬가지로 arrive(도착하다), leave(떠나다)도 주로 오답 빈출 동사들입니다.

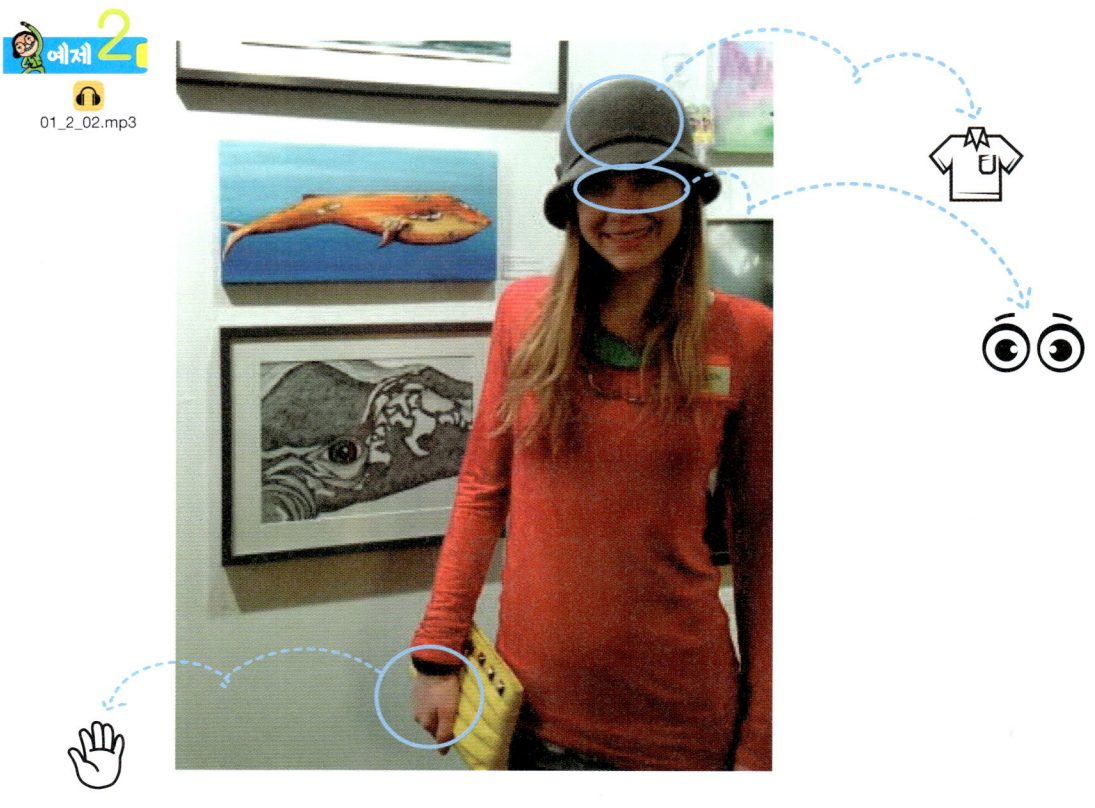

(O, △, ×) (A) 여자는 모자를 착용하는 동작 중이다.

(O, △, ×) (B) 여자는 벽에 그림을 걸고 있는 중이다.

(O, △, ×) (C) 벽에는 미술작품들이 전시돼있다.

(O, △, ×) (D) 여자는 그림을 구매하는 중이다.

 영어 쓰기

(O, △, ×) (A) _____

(O, △, ×) (B) _____

(O, △, ×) (C) _____

(O, △, ×) (D) _____

 정답

(A) × (B) × (C) ○ (D) ×

가장 조심해야 할 표현!

(A) A woman is putting on a hat.

(B) A woman is hanging a picture on a wall.

(C) Some artwork is displayed on a wall.

(D) A woman is purchasing a painting.

어휘 •**put on** 옷이나 장신구 따위를 착용하는 동작을 하다 •**hang** 걸다
•**artwork** 미술품, 예술작품 •**display** 진열하다 •**be displayed** 진열되다 •**wall** 벽
•**purchase** 구매하다 painting 그림

혹시 (A)를 정답이라고 잠시라도 생각했다면 아주 아주 큰일! 한국어로는 '입다, 쓰다, 착용하다'라는 개념이 크게 하나의 의미이지만, 영어에서는 상태와 동작이 나뉩니다. <u>Wear</u>는 '입다, 쓰다, 착용하다'의 '상태'를 말하며, <u>put on</u> 혹은 <u>try on</u>은 '입다, 쓰다, 착용하다'의 '동작'을 의미하므로, 둘은 엄연히 다른 뜻입니다. 즉, 위 그림의 여자는 모자를 wear 했다고 표현해도 맞지만, put on 했다고 할 수는 없습니다. 대부분의 경우 사진 한 장으로는 입고 쓰고 착용하는 동작을 보여주기 어려우므로, <u>put on</u>이나 <u>try on</u>처럼 '동작'을 의미하는 동사는 시험에서 거의 오답으로 많이 출제되는 편입니다.

소연쌤의 꿀팁! Wear: 이미 입혀진 상태, 정답 빈출 ≠ put on, try on: 지금 입는 중인 동작, 오답 빈출

예제 3

01_2_03.mp3

(O, △, ✕) (A) 남자는 유리잔에 음료를 따르는 중이다.

(O, △, ✕) (B) 남자는 모자를 착용한 상태이다.

(O, △, ✕) (C) 남자는 컵으로 음료를 마시는 중이다.

(O, △, ✕) (D) 남자는 잔들을 쌓고 있는 중이다.

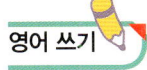 영어 쓰기

(O, △, ✕) (A) _____

(O, △, ✕) (B) _____

(O, △, ✕) (C) _____

(O, △, ✕) (D) _____

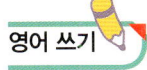

(A) ✕ (B) ◯ (C) ✕ (D) ✕

(A) A man is pouring a drink into a glass.
(B) A man is wearing a hat.
(C) A man is drinking from a cup.
(D) A man is piling cups.

어휘

• **pour** 액체 따위를 졸졸 따르다 • **drink** 음료, 마시다 • **glass** 유리잔
• **wear** 착용한 상태이다 • **pile** 쌓다, 쌓여있는 무더기

남자와 잔이 나온 것으로 인해 여러 가지 헷갈릴 만한 상황이 예상됩니다. 단, 항상 지금 이 순간에 대한 정확한 묘사만이 답이 됨을 기억한다면 실수를 피할 수 있을 거예요! 현재 이 순간 음료를 따르거나 마시고 있지 않으며, 또한 쌓아 올리는 동작 역시 이루어지고 있지 않으므로 정답은 단 하나, 상태를 묘사한 (B)를 선택해야 합니다.

pile이라는 동사는 무언가 여러 개를 '높이'를 가지도록 '쌓아줄 때' 사용합니다. 거의는 바꿔쓸 수 있는 동사로 stack이 존재합니다.

01_2_04.mp3

(O, △, ✕) (A) 남자는 안경을 착용하는 동작 중이다.

(O, △, ✕) (B) 조명들이 켜진 상태이다.

(O, △, ✕) (C) 남자는 조명을 설치 중이다.

(O, △, ✕) (D) 남자는 그림을 나르는 중이다.

 영어 쓰기

(O, △, ✕) (A) _____

(O, △, ✕) (B) _____

(O, △, ✕) (C) _____

(O, △, ✕) (D) _____

 정답

(A) ✕ (B) ○ (C) ✕ (D) ✕
(A) A man is trying on glasses.
(B) The lights are switched on.
(C) A man is installing the lighting.
(D) A man is carrying a painting.

(A) put on, try on은 착용하는 동작을 의미하므로 오답!
(B) be switched on 켜진 상태이다

어휘 ▶ •glasses 안경 •light, lighting 조명, 조명기구 •install 설치하다
•switch on, turn on 켜다 🔄 switch off, turn off 끄다 •carry 나르다, 운반하다

최신 시험 경향에서는 사람이 중심인 사진에서도 간혹 배경이나 풍경에 대한 묘사가 답으로 채택되기도 합니다. 따라서 사람뿐 아니라 주변까지도 잘 살펴볼 수 있는 꼼꼼함이 필요하다는 것! 또한, 항상 동작과 상태를 구분하여 정확하게 해석할 수 있는 안목도 요구되지요. Part 1에서의 오답은 '실수였어'라고 변명하고 넘어가지 말고, 반드시 오답의 원인을 꼼꼼하게 분석하고 절대 다시는 틀리지 않도록 해주세요.

 소연쌤의 꿀팁! 최신 시험에는 조명이나 장소의 배경에 대해 묘사하는 경우가 종종 등장하므로, 항상 꼼꼼하게 사진을 살펴주세요!
특히 조명은 켜짐과 꺼짐, 설치 이외의 경우는 출제되는 가능성이 거의 없으므로 전형적인 표현들만 잡아내면 돼요.

토익 기초 뛰어넘기

01_3_01.mp3

음성을 듣고 출제 포인트를 중심으로 4개의 보기 중 가장 알맞은 묘사를 하나만 고르세요. 정답과 대본은 문제를 다 푼 후에 보세요.

1

〈내가 찾은 출제 포인트〉
눈, 손, 옷차림 :

사물, 배경 :

2

〈내가 찾은 출제 포인트〉
눈, 손, 옷차림 :

사물, 배경 :

1

(A) He is cleaning the kitchen.
(B) He is putting down a knife.
(C) He is looking at his knife.
(D) He is wearing a watch.

(A) 남자는 부엌을 청소하는 중이다.
(B) 남자는 칼을 내려놓는 중이다.
(C) 남자는 자신의 칼을 바라보는 중이다.
(D) 남자는 시계를 착용한 상태이다.

남자의 눈, 손, 옷차림을 보았을 때 손목시계를 지적한 (D)가 답이 돼요.

어휘 ●**put down** 내려놓다 ●**knife** 칼 ●**watch** 손목시계

 만약 여기서도 wear가 아닌 put on, try on이 등장했다면 오답이 될 수 있어요.

2

(A) A woman is looking at her phone.
(B) A woman is hanging up the phone.
(C) A woman is leaning against the plants.
(D) A woman is standing in front of some buildings.

(A) 여자는 자신의 전화기를 바라보는 중이다.
(B) 여자는 전화를 끊고 있는 중이다.
(C) 여자는 화분들에 기대어있다.
(D) 여자는 몇몇 건물 앞에 서있다.

전화기만 보고 (A), (B)를 고르지 않는 것이 이 문제의 핵심이에요. 특히 hang up the phone이라는 표현은 반드시 암기하고, 이 표현은 지금까지 단 한 번도 정답으로 나온 적이 없는 '사진으로 표현하기 어려운 표현'임을 기억하세요. 정답은 여자의 상태를 묘사한 (D)예요.

어휘 ●**hang up the phone** 전화를 끊다(* 필수암기표현) ●**be leaning against** ～에 기대어있다
●**plant** 화분, 식물 ●**in front of** ～의 앞에

 Hang up the phone이라는 표현은 PART I에서 늘 오답이므로 들리는 족족 소거!

3

〈내가 찾은 출제 포인트〉
눈, 손, 옷차림 :

사물, 배경 :

4

〈내가 찾은 출제 포인트〉
눈, 손, 옷차림 :

사물, 배경 :

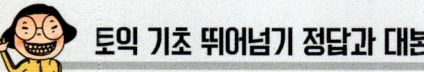

3

(A) He is reaching for some papers.
(B) He is driving the car.
(C) He is seated in a car.
(D) He is sitting in the back.

(A) 남자는 서류들을 향해 손을 뻗고 있는 중이다.
(B) 남자는 차를 운전 중이다.
(C) 남자는 차에 앉은 상태이다.
(D) 남자는 뒤쪽에 앉은 상태이다.

남자가 차에 앉은 모습을 일반적으로 표현한 정답 (C) 외에는 모두 소거해주세요.
(A)에서 남자가 손을 뻗어주고 있지도 않았고 서류도 보이지 않으므로 오답, (B)에서 남자가 운전대를
잡고 있지 않으니 현재 운전 중이 아니라 오답, (D)는 차 뒤편이 아니므로 역시 오답이 됩니다.

어휘 ● **reach for** ~을 향해 손을 뻗다 ● **paper** 서류 ● **drive** 운전하다
● **be seated = be sitting** 착석되어 있다, 앉은 상태이다 ● **in the back** 뒤쪽에, 뒤편에

4

(A) The kitchen is full of people.
(B) A man is preparing food.
(C) A man is having dinner.
(D) A man is washing the pots.

(A) 부엌은 사람들로 가득 차 있다.
(B) 남자는 음식을 준비 중이다.
(C) 남자는 저녁을 먹고 있는 중이다.
(D) 남자는 냄비들을 씻고 있는 중이다.

남자가 부엌에서 조리하는 모습에 해당하므로 정답은 (B)예요.
(A)에서 사람들로 가득 차있지 않으므로 오답, (C)는 have가 '먹는다'는 의미로 쓰인 것인데 현재 먹고
있지 않으므로 오답, (D) 역시 설거지 장면이 아니므로 오답이 돼요.

어휘 ● **kitchen** 부엌 ● **be full of** ~으로 가득 차 있다 ● **prepare food** 음식을 준비하다
● **wash** 씻다 ● **pot** 냄비

5

〈내가 찾은 출제 포인트〉
눈, 손, 옷차림 :

사물, 배경 :

6

〈내가 찾은 출제 포인트〉
눈, 손, 옷차림 :

사물, 배경 :

5

(A) A woman is opening the window.
(B) A woman is sitting at the window.
(C) A woman is putting on her dress.
(D) A woman is looking at something.

(A) 여자는 창문을 열고 있는 중이다.
(B) 여자는 창문에 앉은 상태이다.
(C) 여자는 드레스를 입는 동작 중이다.
(D) 여자는 무언가를 바라보고 있다.

옷을 입은 상태와 입는 중인 동작, 앉거나 서 있는 상태에 대한 묘사에 유의하세요. 정답은 창문을 통해 무언가를 바라보는 장면을 묘사한 (D)만 가능하겠죠.

어휘 ●**be putting on** 착용하는 동작 중이다 (* wear와는 별개!)

6

(A) She is repairing her camera.
(B) She is holding some pens.
(C) She has something in her hands.
(D) She is moving the table.

(A) 여자는 자신의 카메라를 수리 중이다.
(B) 여자는 펜들을 쥐고 있다.
(C) 여자는 손에 무언가를 지니고 있다.
(D) 여자는 테이블을 옮기는 중이다.

무엇인지 모를 물체를 손에 지니고 있으므로 이를 알맞게 묘사한 (C)가 정답이에요.

어휘 ●**repair** 고치다, 수리하다 ●**hold** 잡다, 쥐다 ●**pen** 펜
●**have something in one's hands** 손에 무언가를 쥐다, 지니다 ●**move** 옮기다

Lesson 2

PART 1

여러 사람 사진

theme

1 PART 1 여러 사람 사진의 문제 유형

❶ PART 1에서 한 사람만이 아니라 여러 사람이 동시에 등장하는 사진도 사람이 등장하는 사진의 절반가량을 차지합니다.

❷ 문제 유형은 동일하게 접근하되, 개인과 공통의 동작과 상태, 그리고 사물, 풍경까지 동시에 파악해야 합니다.

❸ 등장인물들의 관계와 현재의 위치를 생각하여 등장할 수 있는 표현을 미리 예상하는 연습을 해두셔야 해요.

❹ 한 사람 사진과 마찬가지로, 사진 속에서 한눈에 파악되지 않는 것은 일단 오답으로 처리해주세요.

02_1_01.mp3

사진을 보고 해당 한글 보기에 맞는 ○, △, ✕에 표시하세요

(○, △, ✕) (A) 여자 두 명이 그림을 걸고 있는 중이다.

(○, △, ✕) (B) 여자 두 명이 건물에 들어가고 있는 중이다.

(○, △, ✕) (C) 여자 두 명이 불을 켜고 있는 중이다.

(○, △, ✕) (D) 여자 두 명이 나란히 서 있는 상태이다.

먼저, 2명의 여자들이 등장하는 사진이므로, 각각의 눈, 손, 옷차림과 더불어 두 사람의 관계와 위치도 확인하세요. 위 사진을 가장 잘 묘사한 것은, 두 사람의 모습 묘사에 해당하는 (D)입니다. 특히 불이나 그림 따위의 어휘에 현혹되지 않도록 조심하세요.

앞 페이지의 내용을 영어로 바꾸면 다음과 같아져요.

Script (A) Two women are hanging a picture.
(B) Two women are entering the building.
(C) Two women are turning on the lights.

'넥스투' 한 번에 하기

(D) Two women are standing next to each other.

어휘 •**hang** 걸다 •**enter** 들어가다 •**building** 건물 •**turn on** 켜다 •**light** 불, 조명
•**next to** 옆에 •**each other** 서로 •**be standing** 서 있는 상태이다.

2 ▶ PART 1의 기본 전략 2

■ PART 1의 소거법

❶ '소거법'은 한마디로 오답부터 지워 나가는 방법을 뜻합니다. 우리가 앞에서 연습해본
○, △, ×의 구체적인 명칭이 '소거법'입니다.

❷ 보기를 들을 때, 확실한 오답에는 ×, 진위 여부가 헷갈리는 보기는 △ 표시 후, 마지
막 보기까지 확인한 뒤 '최선의 선택'으로 정답을 찾아가는 거예요.

❸ 각 사람의 눈, 손, 옷차림을 유심히 봐주되, 개인과 공통의 동작이나 상태를 잘못 묘사
한 것이 없는지, 주변 사물과 풍경에 대해서는 옳게 표현했는지 유의하여 청취하세요.

❹ 틀렸거나 잘 들리지 않았던 보기는, 동사를 중심으로 '받아쓰기'하여 반드시 정확하게
다시 보세요.

소연쌤의 **꿀팁!** 개인과 공통의 동작을 헷갈리지 말고 사람들의 관계를 파악한다.

■ 소거법과 받아쓰기 연습

각 사진을 보고 해당 한글 보기에 맞는 ○, △, ×에 표시하세요. 표시가 끝났으면, 영어로 녹음
된 성우의 음성을 듣고 중심 어휘 2~3개를 받아쓰세요. 영어 녹음은 각 3번씩 들려드립니다.

예제 1

02_2_01.mp3

(O, △, ✕) (A) 그들은 저녁을 먹는 중이다.

(O, △, ✕) (B) 그들은 바다에서 수영 중이다.

(O, △, ✕) (C) 한 사람은 앉은 상태이다.

(O, △, ✕) (D) 그들은 바다를 바라보고 있다.

 영어 쓰기

(O, △, ✕) (A) _____

(O, △, ✕) (B) _____

(O, △, ✕) (C) _____

(O, △, ✕) (D) _____

 정답

(A) ✕ (B) ✕ (C) ✕ (D) ○

(A) They are having dinner.
(B) They are swimming in the ocean.
(C) One person is sitting down.
(D) They are looking at the beach.

개별과 공통 동작의 혼동없이 시선을 알맞게 묘사한 (D)가 정답이죠.

어휘 •swim 수영하다 •ocean, beach 바다 •be sitting down 앉은 상태이다

 예제 2

02_2_02.mp3

(O, △, ✕) (A) 그들은 음료를 주문 중이다.

(O, △, ✕) (B) 그들은 컵들을 정리 중이다.

(O, △, ✕) (C) 한 남자가 손에 음료를 쥐고 있다.

(O, △, ✕) (D) 모든 남자들이 서 있는 상태이다.

(O, △, ×) (A) _____

(O, △, ×) (B) _____

(O, △, ×) (C) _____

(O, △, ×) (D) _____

 정답

(A) × (B) × (C) ○ (D) ×

(A) They are ordering beverages.   (B) They are arranging cups.

(C) One man is holding a drink.   (D) All of the men are standing.

앉아있는 남자 한 명의 손을 잘 보면 음료를 잡고 있는 것이 보여요. 따라서 정답은 (C)가 돼요.

 어휘   • beverage, drink 음료   • arrange 정리, 정렬하다

소연쌤의
꿀팁! 사람 묘사에 All이나 Every 라는 표현이 들어가면 단 하나의 예외도 허용되지 않으므로 오답으로 가기 쉽다!

 예제 **3**

02_2_03.mp3

(O, △, ×)
(A) 한 사람이 재킷을 입는 중이다.

(O, △, ×)
(B) 한 사람이 모자를 쓴 상태이다.

(O, △, ×)
(C) 한 사람이 친구들과 대화 중이다.

(O, △, ×)
(D) 한 사람이 장식품들을 보는 중이다.

 영어 쓰기

(O, △, ×) (A) _____

(O, △, ×) (B) _____

(O, △, ×) (C) _____

(O, △, ×) (D) _____

 정답

(A) × (B) ○ (C) × (D) ×

(A) One person is putting on a jacket.

(B) One person is wearing a cap.

(C) One person is having a conversation with her friends.

(D) One person is looking at some decorations.

보이지 않는 친구들을 소거하고 시선 처리가 잘못된 보기를 제하면 정답은 (B)가 돼요.

어휘 •cap 캡모자 •conversation 대화 •decoration 장식, 장식품

02_2_04.mp3

(O, △, ×) (A) 그들은 모자를 쓰는 동작 중이다.

(O, △, ×) (B) 두 명이 악수를 하는 중이다.

(O, △, ×) (C) 그들은 옷을 사는 중이다.

(O, △, ×) (D) 모든 사람들은 앉은 상태이다.

(O, △, ×) (A) _____

(O, △, ×) (B) _____

(O, △, ×) (C) _____

(O, △, ×) (C) _____

(A) × (B) ○ (C) × (D) ×

(A) They are trying on hats.

(B) Two persons are shaking hands.

(C) They are shopping for clothes.

(C) All people are seated.

앞에서 악수하는 두 사람이 가장 눈에 띄므로 정답은 (B)를 선택하세요.

어휘 •be trying on 입거나 쓰는 동작 중이다 •shake hands 악수하다 •clothes 옷

음성을 듣고 출제 포인트를 중심으로 4개의 보기 중 가장 알맞은 묘사를 하나만
고르세요. 정답과 대본은 문제를 다 푼 후에 보세요.

1

2

1

(A) A woman is baking a cake.
(B) **A boy is holding a balloon.**
(C) The man is sitting on a chair.
(D) They are arranging the candles.

(A) 여자는 케이크를 굽는 중이다.
(B) 소년은 풍선을 쥐고 있다.
(C) 남자는 의자에 앉은 상태이다.
(D) 그들은 촛불들을 정렬 중이다.

남자아이의 손에 대해 명확하게 묘사한 (B)가 정답이에요.

어휘 • **bake** 굽다 • **balloon** 풍선 • **candle** 촛불, 초

2

(A) People are greeting the audience.
(B) **People are standing side by side.**
(C) People are wearing the same dresses.
(D) A woman is applauding.

(A) 사람들은 청중에게 인사하고 있다.
(B) 사람들은 옆으로 나란히 선 상태이다.
(C) 사람들은 똑같은 드레스를 입은 상태이다.
(D) 한 여자가 박수를 보내는 중이다.

단체로 한 줄로 서 있는 사람들의 상태에 대한 묘사인 (B)가 정답이 돼요.

어휘 • **greet** 인사하다 • **audience** 청중 • **side by side** 옆으로, 나란히 • **same** 같은
• **applaud** 박수치다

3

4

3
(A) People are looking at a monitor.
(B) People are walking around a room.
(C) People are lined up to buy something.
(D) **People are watching something.**

(A) 사람들은 모니터를 바라보는 중이다.
(B) 사람들은 방 주변을 돌아다니는 중이다.
(C) 사람들은 무언가를 사기 위해 줄 서 있다.
(D) 사람들은 무언가를 보는 중이다.

단체로 무언가를 보는 장면을 묘사한 (D)가 정답이에요.

어휘 •**monitor** 모니터, 화면 •**walk** 걷다 •**around** ～의 주위에, 주변에 •**be lined up** 줄지어 있다

4
(A) **The bench is shaded by some plants.**
(B) A woman is moving the bench.
(C) A child is holding a toy.
(D) A child is wearing a hat.

(A) 벤치는 식물들로 그림자져있다.
(B) 여자는 벤치를 옮기고 있다.
(C) 아이는 장난감을 쥐고 있다.
(D) 아이는 모자를 쓴 상태이다.

그림자진 벤치의 상태를 묘사한 (A)가 정답이며 각각 인물을 잘못 묘사한 나머지 보기는 모조리 소거하세요.

어휘 •**be shaded** 그림자지다, 그늘지다 •**plant** 화분, 식물

5

6

5

(A) Books are piled up on the floor.
(B) People are reading books.
(C) **Books have been arranged on a table.**
(D) People are entering the room.

(A) 책들은 바닥에 쌓여 있다.
(B) 사람들은 책을 읽는 중이다.
(C) 책들은 테이블 위에 정렬된 상태이다.
(D) 사람들은 방에 들어가는 중이다.

바닥에 책이 보이지 않으므로 섣불리 (A)를 택하지 않도록 조심하세요. 테이블 위를 잘 설명한 (C)가 답이에요.

어휘 ●**be piled up** 쌓여있다 ●**floor** 바닥 ●**have been arranged** 정렬된 상태이다 ●**enter** 들어가다

6

(A) People are lined up for an interview.
(B) **Pictures are displayed on the wall.**
(C) People are meeting in a store.
(D) A woman is preparing a presentation.

(A) 사람들은 인터뷰를 위해 줄 서 있다.
(B) 그림들은 벽에 진열된 상태이다.
(C) 사람들은 가게에서 만나는 중이다.
(D) 여자는 발표를 준비하는 중이다.

사진 한 장으로 알 수 없는 정보를 담은 보기들을 모두 제하고 나면 정답은 (B)가 돼요.

어휘 ●**be lined up** 줄 서다 ●**be displayed** 진열되다 ●**wall** 벽 ●**presentation** 발표

Lesson 3

theme

PART 1 사물 풍경 사진 유형

❶ 이번에는 PART 1에서 사람이 등장하지 않는 사물, 풍경 중심의 사진을 중점적으로 공부할게요.

❷ 정확하게 문장을 해석할 수 있어야 오답을 피할 수 있습니다. 수동태의 진행형인 be being p.p.는 "p.p.되고 있는 중이다", 수동태의 완료형인 have been p.p.는 "p.p.된 상태이다"라고 해석합니다.

❸ 수동태의 진행형은 "현재 ~되고 있는 중이다"라는 의미이므로, 주로 사람이 사물에 동작을 가하는 중인 장면의 묘사에 해당합니다. 따라서, 사람이 없는 사진에서 "be being p.p."가 나오는 경우는 95% 이상이 오답이에요. 예외의 경우는 be being displayed, be being exhibited, be being cast 세 가지가 가장 대표적이며, 이 경우를 제외한 대부분은 사람이 없는 사진에서 "being"을 듣는 경우 오답이라 여기고 소거할 수 있어요.

❹ 수동태의 완료형은 "이미 ~가 완료된 상태이다"라는 의미이므로, 동작이 일어나는 장면이 나오면 오답이 될 가능성이 매우 높습니다.

❺ 사물 풍경 사진에서는 규칙적이거나 연속적인 모습, 특이한 장소에 맞는 표현을 예상한 뒤 정답으로 연결하세요.

03_1_01.mp3

사진을 보고 해당 한글 보기에 맞는 ○, △, ×에 표시하세요.

(○, △, ×) (A) 자동차들은 주차되고 있는 중이다.

(○, △, ×) (B) 한 여자가 자동차를 운전하는 중이다.

(○, △, ×) (C) 차들이 세차 되는 중이다.

(○, △, ×) (D) 차들이 줄지어 세워진 상태이다.

사람이 없는 사진이므로, 보기에서 사람이 등장하거나 "be being p.p."가 들리는 경우 매우 높은 확률로 오답이 됩니다. 또한, 각 차들이 연속적인 모습으로 주차되어 있다는 것도 놓치지 마세요. 연속적으로 주차된 차들의 모습을 가장 잘 나타낸 (D)가 정답입니다.

앞 페이지의 내용을 영어로 바꾸면 다음과 같아져요.

Script
(A) The cars are being parked.
(B) The woman is driving a car.
(C) The cars are being washed.
(D) The cars are parked in line.

어휘
• **be being parked** 주차되고 있는 중이다 • **be being washed** 세차되고 있는 중이다
• **in line** 줄지어

2 ▶ PART 1의 기본 전략 3

■ 함정을 피해 정답을 고르자

❶ 사람이 없는 사진에도 '소거법'을 그대로 적용시키면 보기에 the woman, the man, the people 등의 인물이 직접적으로 등장하는 경우는 바로 지워줄 수 있어요.

❷ be being p.p.는 사람이 없는 사진에서 주로 오답입니다. 단, display, exhibit, cast 등의 경우와 예외적인 사진이 있을 수 있다는 가능성은 늘 열어 두셔야 해요.

❸ 어휘 하나만 듣고 답을 섣불리 고를 것이 아니라, 사물의 상태와 진행에 대해 정확하게 해석하여 오답을 잘 피해 주세요.

❹ 틀렸거나 잘 들리지 않았던 보기는, 동사를 중심으로 '받아쓰기'하여 반드시 정확하게 다시 보세요.

소연쌤의
꿀팁! 사람이 없는 사진에서는 빙빙(being)거리면 오답이다 (단, 100%는 아니며, 예외의 경우도 종종 시험에 등장한다)

■ 소거법과 받아쓰기 연습

각 사진을 보고 해당 한글 보기에 맞는 O, △, X에 표시하세요. 표시가 끝났으면, 영어로 녹음된 성우의 음성을 듣고 중심 어휘 2~3개를 받아쓰세요. 영어 녹음은 각 3번씩 들려드립니다.

예제 1
🎧
03_2_01.mp3

(O, △, X) (A) 파라솔들은 세워지고 있는 중이다.

(O, △, X) (B) 의자들은 정렬되고 있는 중이다.

(O, △, X) (C) 하늘에 구름이 있다.

(O, △, X) (D) 수영장은 물로 채워지고 있는 중이다.

 영어 쓰기

(O, △, ×) (A) _____

(O, △, ×) (B) _____

(O, △, ×) (C) _____

(O, △, ×) (D) _____

 정답

(A) × (B) × (C) ○ (D) ×

(A) Parasols are being set up.

(B) Chairs are being arranged.

(C) There are clouds in the sky.

(D) The pool is being filled with water.

사람이 없는 사진에서는 빙빙 거리면 오답! (A), (B), (D)는 모두 현재 일어나고 있지 않은 일에 대해 "~되고 있는 중이다"라고 하였으므로 모조리 소거하세요. 의외로 정답은 배경을 묘사한 (C)였어요.

어휘 ▸ •**parasol** 파라솔, 큰 우산 •**set up** 차리다, 세우다, 설치하다 •**cloud** 구름
•**pool** 수영장 •**fill** 채우다

 예제 **2**

03_2_02.mp3

(O, △, ×) (A) 접시들이 테이블에 있다.

(O, △, ×) (B) 빵이 접시에 놓여 서빙되고 있는 중이다.

(O, △, ×) (C) 누군가가 아침을 주문하고 있다.

(O, △, ×) (D) 커피가 컵에 따라지고 있는 중이다.

 영어 쓰기

(O, △, ×) (A) _____

(O, △, ×) (B) _____

(O, △, ×) (C) _____

(O, △, ×) (D) _____

 정답

(A) ○ (B) × (C) × (D) ×

(A) There are plates on the table.

(B) Bread is being served on a dish.

(C) Someone is ordering breakfast.

(D) Coffee is being poured into a cup.

사람이 없는 사진에서 빙빙 거린 (B), (D)는 소거하세요. 사람이 보이지 않는 상황에서 someone을 언급한 (C) 역시 소거하세요. 테이블 위의 모습을 알맞게 묘사한 (A)만 답이 돼요.

어휘 ▸ •**plate, dish** 접시 •**bread** 빵 •**serve** 서빙하다, 나르다 •**pour** (액체 따위를) 졸졸 따르다

예제 3

03_2_03.mp3

(O, △, ✕) (A) 그림자가 드리워진 상태이다.

(O, △, ✕) (B) 오리들이 개울에서 수영 중이다.

(O, △, ✕) (C) 오리들이 아이들에게 쫓기는 중이다.

(O, △, ✕) (D) 하늘은 어둡고 구름이 껴있다.

 영어 쓰기

(O, △, ✕) (A) _____

(O, △, ✕) (B) _____

(O, △, ✕) (C) _____

(O, △, ✕) (D) _____

 정답

(A) ○ (B) ✕ (C) ✕ (D) ✕

(A) Shadows are being cast.

(B) Ducks are swimming in a stream.

(C) Ducks are being chased by children.

(D) The sky is dark and cloudy.

현재 평화로운 오리들 주변에 그림자진 모습을 묘사한 (A)만 정답이에요. 특히 Shadows are being cast. 라는 문장은 그 자체로 암기해두시기 바랍니다.

어휘
• **shadow** 그림자 • **be being cast** 드리워진 상태이다 (* 문장을 통으로 암기하세요)
• **duck** 오리 • **stream** 개울, 물 • **chase** 쫓아가다 • **dark** 어두운 • **cloudy** 구름 낀

예제 4

03_2_04.mp3

(O, △, ×) (A) 조명은 켜지고 있는 중이다.

(O, △, ×) (B) 책상들은 치워지고 있는 중이다.

(O, △, ×) (C) 사람들은 방을 떠나는 중이다.

(O, △, ×) (D) 모든 자리는 비어있는 상태이다.

 영어 쓰기

(O, △, ×) (A) _____

(O, △, ×) (B) _____

(O, △, ×) (C) _____

(O, △, ×) (D) _____

 정답

(A) × (B) × (C) × (D) ○

(A) The lights are being turned on.
(B) The desks are being cleaned.
(C) People are leaving the room.
(D) All of the seats are unoccupied.

사람과 being 표현을 모두 소거하고 나면 현재 자리가 비어있음을 의미하는 (D)만이 정답이 될 수 있겠죠.

- **light** 조명, 불 • **turn on** 켜다 • **clean** 치우다, 청소하다 • **leave** 떠나다 • **seat** 자리
- **unoccupied** 자리가 빈

토익 기초 뛰어넘기

03_3_01.mp3

음성을 듣고 출제 포인트를 중심으로 4개의 보기 중 가장 알맞은 묘사를 하나만 고르세요. 정답과 대본은 문제를 다 푼 후에 보세요.

1

2

1 (A) The trees are being planted.
(B) The pool is filled with guests.
(C) People are swimming in the ocean.
(D) **The trees are reflected on the water.**

(A) 나무들은 심어지고 있는 중이다.
(B) 수영장은 손님들로 가득 차 있다.
(C) 사람들은 바다에서 수영 중이다.
(D) 나무들은 물에 반사되어 있다.

사람이 없는 사진이므로 사람이 등장하거나 be being p.p.가 들린 문항을 소거해주세요. 물이 나올 때 매우 자주 정답으로 가는 표현인 be reflected가 들린 (D)가 정답이에요.

어휘 ●**plant** 식물, 심다 ●**guest** 손님 ●**be reflected** 반사되다

2 (A) The seats are surrounding the piano.
(B) People are listening to music.
(C) **The seats have been arranged in rows.**
(D) The seats are scattered around the room.

(A) 좌석들은 피아노를 에워싸고 있다.
(B) 사람들은 음악을 듣고 있다.
(C) 좌석은 여러 줄로 정렬되어 있다.
(D) 좌석은 방 주변에 마구 흩어져있다.

surround라는 단어는 어떤 대상을 중심으로 말 그대로 에워싸야 하기 때문에 (A)는 소거하세요. 마찬가지로 (D)의 be scattered 라는 표현도 사진과 일치하지 않으므로 답이 될 수 있는 보기는 (C) 뿐이에요.

어휘 ●**surround** 에워싸다 ●**listen to music** 음악을 듣다 ●**in rows** 여러 줄로
●**be scattered** 산발적으로 흩어지다

3

4

3

(A) The plants are growing along the path.
(B) The walkway is being cleaned.
(C) The rooms are decorated with plants.
(D) The lawn is being cut.

> (A) 식물들은 길을 따라 자라나고 있다.
> (B) 산책로는 청소되고 있는 중이다.
> (C) 방은 식물들로 장식되어 있다.
> (D) 잔디는 깎이고 있는 중이다.

사람과 방 안이 보이지 않으므로 오답 보기들을 소거해주면 (A)가 정답이에요. 식물이 죽지 않고 잘 자라고 있을 경우 흔히 grow라는 표현을 사용해요.

어휘 • **grow** 성장하다, 자라다 • **along** ~을 따라서 • **path** 길, 좁은 길, 오솔길 • **walkway** 산책로, 길
• **be decorated** 장식되다, 꾸며지다 • **lawn** 잔디

4

(A) There are water bottles in the refrigerator.
(B) There is a monitor attached to the wall.
(C) The light has been turned off.
(D) The desk is being set up.

> (A) 냉장고 안에는 물병들이 있다.
> (B) 벽에 연결된 모니터가 있다.
> (C) 조명은 꺼진 상태이다.
> (D) 책상이 설치되고 있는 중이다.

냉장고 내부나 책상을 설치 중인 장면, 조명이 꺼진 장면은 보이지 않으므로 오답 보기들을 소거하면 (B)가 정답이죠.

어휘 • **water bottle** 물병 • **refrigerator** 냉장고 • **attached to** ~에 연결된 • **turn off** 끄다
• **set up** 차리다, 설치하다

5

6

5

(A) The drawers are filled with clothes.
(B) The blanket on the bed is neatly folded.
(C) The wall is decorated with patterns.
(D) There is a curtain next to the window.

(A) 서랍장들은 옷들로 채워져 있다.
(B) 침대 위의 담요는 가지런히 접혀있다.
(C) 벽은 무늬로 장식되어 있다.
(D) 창문 옆에 커튼이 있다.

옷, 접혀있는 담요, 무늬 있는 벽 등은 보이지 않으므로 정답은 (D)예요.

어휘
•**drawer** 서랍 •**clothes** 옷 •**blanket** 담요 •**neatly** 가지런하게 •**fold** 접다
•**decorate** 장식하다, 꾸미다 •**pattern** 패턴, 무늬 •**curtain** 커튼

6

(A) Someone is arranging photos.
(B) Photos have been spread out.
(C) Photos are put into two piles.
(D) Photos are being taken.

(A) 누군가가 사진들을 정리하는 중이다.
(B) 사진들은 펼쳐져 있다.
(C) 사진들은 두 개의 무더기로 놓여져 있다.
(D) 사진들이 찍히고 있는 중이다.

사람이 없는 사진이므로 (A), (D)를 소거하고, 두 개의 무더기 역시 보이지 않으므로 (C)를 소거하면 정답은 (B)예요.

어휘
•**arrange** 정리하다, 배열하다 •**spread out** 펼치다, 널리 퍼뜨려두다 •**pile** 쌓다, 쌓여있는 무더기
•**take** 사진 따위를 찍다

음성을 듣고 출제 포인트를 중심으로 4개의 보기 중 가장 알맞은 묘사를 하나만 고르세요. 정답과 대본은 문제를 다 푼 후에 보세요.

1

2

1

(A) Boats are floating on the water.
(B) The benches are occupied.
(C) **There are trees between two benches.**
(D) There are clouds that are covering the sun.

> (A) 배들은 물에 둥둥 떠다니는 중이다.
> (B) 벤치들은 자리가 차 있다.
> (C) 두 개의 벤치들 사이에 나무들이 있다.
> (D) 해를 가리고 있는 구름들이 있다.

보트나 벤치의 사람, 해를 가린 구름 등은 모두 보이지 않으므로 정답은 (C)예요.

어휘 • **float** 둥둥 떠다니다 • **occupied** 자리가 찬 • **between** ~사이에 • **cover** 덮다

2

(A) A man is serving beverages to guests.
(B) People are being shaded by the trees.
(C) **A net has been spread out over the terrace.**
(D) A man is leaning back against his friend.

> (A) 남자는 손님들에게 음료를 서빙하고 있다.
> (B) 사람들은 나무들로 그늘져 있다.
> (C) 네트가 테라스 위쪽에 걸쳐 펼쳐져 있다.
> (D) 남자는 그의 친구에게 뒤편으로 기대어있다.

음료를 나르는 남자나 나무, 친구에게 기대어 드러누운 남자는 보이지 않으므로, 테라스 천장 전체에 걸쳐 펼쳐진 네트를 묘사한 (C)가 답이에요.

어휘 • **net** 네트, 그물망, 엮어놓은 천 따위 • **over** ~위에 • **terrace** 테라스
• **lean back against** 뒤로 기울어져서 ~에 기대다

3

4

3

(A) A movie is being shown on the screen.
(B) The desks have been pushed together.
(C) Some people are drinking water.
(D) **A man is making a presentation.**

(A) 영화는 스크린에 상영되고 있다.
(B) 책상들은 한쪽으로 밀려져 있다.
(C) 덫몇 사람들이 물을 마시는 중이다.
(D) 한 남자는 발표 중이다.

영화나 밀려있는 책상, 물 마시는 사람들은 확인할 수 없는 정보이므로 정답은 (D)가 돼요.

어휘 ●movie 영화 ●show 보여주다 ●screen 화면 ●push 밀다 ●make a presentation 발표하다

4

(A) **He is passing by the entrance.**
(B) He is pointing at the sign.
(C) The shop's sign is being painted.
(D) He is working at the shop.

(A) 남자는 입구를 지나는 중이다.
(B) 남자는 간판을 가리키고 있다.
(C) 가게 간판은 페인트칠 되고 있는 중이다.
(D) 남자는 가게에서 일하고 있다.

한 사람이 입구 근처를 지나치는 장면이므로 정답은 (A)일 수 밖에 없어요. 현재 가리키거나 페인트칠 중, 일하는 중이라는 것은 모두 잘못된 정보이므로 소거하세요.

어휘 ●pass 지나가다 ●entrance 입구 ●point 가리키다 ●sign 간판, 표지판

5

6

5

(A) The counter has been emptied.
(B) Sausages are being hung up in lines.
(C) Products have been piled up for display.
(D) Price tags are being attached to some products.

> (A) 작업대는 비워진 상태이다.
> (B) 소시지들은 여러 줄로 매달려지고 있는 중이다.
> (C) 제품들은 진열을 위해 쌓여있는 상태이다.
> (D) 몇몇 제품들에 가격표들이 붙여지고 있는 중이다.

작업더 공간은 가득 차 있는 상태이며, 소시지처럼 보이는 제품들은 이미 천장에 매달린 상태이죠. 또한 가격표가 지금 붙여지고 있는 중인 동작 역시 해당하지 않으므로 오답 보기들을 모두 소거하고 나면, 진열 중인 장면을 묘사한 (C)가 정답으로 남게 되겠어요.

어휘
• counter 계산대, 작업대 • empty 비우다 • sausage 소시지 • hang up 매달다 • in lines 여러 줄로
• product 제품 • pile up 쌓다 • for display 진열을 위해 • price tag 가격표 • attach 붙이다

6

(A) A poster is being hung up on the wall.
(B) Some people are gathered under the lighting.
(C) A woman is receiving gifts from her guests.
(D) A plant is hanging from the ceiling.

> (A) 포스터 하나가 벽에 걸리고 있는 중이다.
> (B) 몇몇의 사람들이 조명 아래 모여있다.
> (C) 여자 하나가 자신의 손님들로부터 선물들을 받고 있는 중이다.
> (D) 화분 하나가 천장에서부터 걸린 상태이다.

포스터는 지금 걸리고 있는 중이 아니라 이미 걸려있고, 여자가 선물을 받는지는 알 수 없죠. 천장에 매달린 화분은 안타깝지만 찾아볼 수 없네요. 그러므로 가장 좋은 답은 조명 아래 모여있는 사람들을 묘사한 (B)가 되겠어요.

어휘
• poster 포스터 • gather 모으다, 모이다 • under ~의 아래에 • lighting 조명 • receive 받다
• gift 선물 • guest 손님 • plant 화분 • be hanging (사물이) 걸린 상태이다 • ceiling 천장

Lesson 4

PART 2

의문사 의문문 (WHO/ WHAT/ WHICH 의문문)

theme

1 PART 2의 문제 유형

2 PART 2의 기본 전략

3 WHO 의문문

4 WHAT / WHICH 의문문

1 ▶ PART 2의 문제 유형

❶ PART 2은 토익의 두 번째 파트로, 질문을 듣고 보고 보기 3개 중에서 가장 알맞은 답변 1개만 고르는 25개의 문제 유형입니다. 단, <u>질문과 보기는 시험지에 적혀있지 않습니다.</u>

❷ 질의응답은 자연스러운 대화체로 이루어져 있으며, 대부분 각각 짧은 하나의 문장으로 구성되어 있습니다.

❸ PART 2의 질문에 따른 문제 유형은 의문사 의문문, 의문사가 없는 의문문(일반, 부정, 부가, 선택, 제안/제공/요청), 평서문 이렇게 세 가지로 나누어 볼 수 있어요.

예제

04_1_01.mp3

다음 질문에 대한 답변 중 가장 알맞은 것을 보기 (A), (B), (C) 중 하나 선택하세요.

문 당신은 어젯밤에 왜 Sarah를 만났나요?

답 (A) 네, 그것은 어제였습니다.
　(B) 저는 오늘 밤 당신을 만날게요.
　(C) 우리의 프로젝트에 관해 그녀와 얘기해야 했습니다.

물어본 이유에 대해 가장 잘 설명한 보기 (C)를 선택해주면 됩니다. 단, 실전에서는 질문과 보기가 시험지에 적혀있지 않음을 잊지 마세요.

문 Why did you meet Sarah last night?

답 (A) Yes, it was yesterday.
　(B) I will meet you tonight.
　(C) I had to talk to her about our project.

언어가 영어로 바뀐 것뿐이지 정답은 여전히 (C)가 됩니다. 그런데 청취와 해석이 어쩐지 어려울 것 같은 느낌이 든다면 어떡하면 좋을까요? 그 대박 비법을 하나하나 이제부터 공개합니다.

2 ▶ PART 2의 기본 전략

❶ 영어는 '앞에서부터' 중요합니다. 항상 처음 3~4단어를 목숨을 걸고 잡아내세요.

❷ 전형적인 정답과 오답의 유형을 파악하고, PART 2에서 적용되는 소거법의 기술을 저와 함께 연습하세요.

❸ '모른다, 결정되지 않았다, 생각해보겠다' 류의 애매한 답변은 주로 정답으로 채택되니 이 유형들을 암기해주실 겁니다.

❹ 영어는 생략을 좋아하므로, 동사가 빠진 전치사구가 정답으로 자주 등장한다는 사실 역시 잘 활용합니다.

04_2_01.mp3

Why did you meet Sarah last night?

질문 당신은 어젯밤에 왜 Sarah를 만났나요?

└→ '너'에게 '왜', '만났는지(과거)'를 묻는 질문

대답 (A) Yes, it was yesterday.

(B) I ~~will meet~~ you tonight.

(C) I had to talk to her about our project.

의문사 : 의문문에 Yes로 대답한 (A)를 소거하고, 시제가 맞지 않는 (B)를 소거하면, 정답은 (C)만 남게 됩니다. 이 때, 빨리 해석을 완벽하게 하지 못할지라도 크게 염려하지 말고, 처음 3~4단어가 물어보았던 내용이 무엇인지를 끝까지 기억해서 답으로 연결하는 것이 포인트예요.

소연쌤의 **꿀팁!**  처음 세 단어는 목숨 걸고 들어야 한다!

3 Who 의문문

❶ Who는 '누구'를 물어보는 유형

→ 사람을 묻는 것이므로, 대답에 인물이 등장하는 경우 답이 될 확률이 높습니다.

❷ 단골로 출제되는 Who 의문문의 대답

예문을 통해 Who 의문문 대답의 유형을 익혀봅니다. 예제 중 한글로 적힌 각 질문과 답의 관계를 파악한 뒤, 영어로 녹음된 성우의 음성을 듣고 처음 세 단어를 중심으로 받아쓰세요. 영어 녹음은 각 3번씩 들려드립니다.

■ 사람 이름, 직책, 직업, 회사, 부서

04_3_01.mp3

질문 누가 내일 회의의 담당이 될까요?

대답 (1) Drinkwater 씨요.

(2) 우리의 인사부장님이요.

(3) 제 생각으로는 회계부서일 것 같습니다.

영어 쓰기

Q _____ _____ be in _____ of tomorrow's meeting?

A (1) Mr. Drinkwater.

(2) Our _____ _____ manager.

(3) I _____ the _____ _____ will.

Q: Who will be in charge of tomorrow's meeting?

A: (1) Mr. Drinkwater. (명사/ 명사구)

(2) Our human resources manager. (명사/ 명사구)

(3) I believe the accounting department will. (I think/ I believe 등으로 시작하는 간단한 문장)

소연쌤의 **꿀팁!** 꼭 알아둬야하는 빈출 직책 / 부서명

- human resources manager = personnel manager = hiring manager 인사부장
- technical support 기술지원부 ≒ maintenance department 보수과, 관리부
  (완전히 같은 부서는 아니지만, 기기 등에 이상이 있을 때 도움을 요청할 수 있는 부서로 둘 다 많이 등장)
- secretary = assistant 사무보조, 비서
- director 이사 (발음이 미국식으로는 '디렉터' 혹은 영국식으로 '다이렉터' 두 가지 형태로 납니다)
- sales division 영업부
- public relations 홍보부, PR 담당 ('공공관계'라고 어이없이 해석하지 않도록 유의하세요)
- supervisor = superior 상사
- CEO, chairman, executive 최고경영자, 회장, 경영자
- board members 이사진
- accounting, finance, payroll 회계, 재무, 경리 (경영학적으로는 다른 이야기일 수 있으나 토익에서는 특별한 구분 없이 섞어 사용하는 경우가 많은 어휘들)

■ 대명사 / someone / no one / everyone

04_3_02.mp3

질문 누가 우리의 월간 세미나에서 연설을 할까요?

대답 (1) 마케팅 부서의 누군가요.

(2) 제 생각으로는 아무도 안 할 것 같은데요.

영어 쓰기

Q _____ is _____ a _____ at our monthly seminar?

A (1) _____ _____ the marketing _____.

(2) _____ _____, I believe.

Q: Who is giving a talk at our monthly seminar?

A: (1) Someone from the marketing division.

(2) No one, I believe.

■ 가끔은 He / She / They도 정답

04_3_03.mp3

질문 안내 데스크 옆에 서 있는 저 여자분은 누구신가요?

대답 그녀는 새로운 보조 매니저예요.

영어 쓰기

Q _____ is that _____ standing next to the _____ desk?

A _____ is the new _____ _____,

정답

Q: Who is that lady standing next to the reception desk?
A: She is the new assistant manager.

■ 장소로 대답

질문 누가 분기별 예산 보고서를 갖고 있죠?

대답 그건 회의실 안에 있어요.

04_3_04.mp3

영어 쓰기

Q _____ _____ the _____ budget _____?

A It's _____ the meeting _____.

정답

Q: Who has the quarterly budget report?
A: It's in the meeting room.

소엘쌤의 **꿀팁!** Who 의문문과 Where 의문문은 때때로 대답이 호환 가능하다!
항상 그런 것은 아니지만 종종 Who로 물어봤을 때 장소로 대답할 수 있고, Where로 물어봤을 때
사람으로 대답할 수 있다.

■ Who 의문문 문제 풀기

보기 2개 중 질문에 맞는 답을 하나만 고르세요. 대본은 나중에 문제를 다 푼 후 보세요.

04_3_05.mp3

1. Mark your answer. ·················· (A)　(B)

2. Mark your answer. ·················· (A)　(B)

3. Mark your answer. ·················· (A)　(B)

4. Mark your answer. ·················· (A)　(B)

■ Who 의문문 정답과 대본

1

영어

Who knows the schedule for tomorrow?

(A) Ask the secretary.

(B) I went to a presentation.

한국어

누가 내일의 일정을 알죠?

(A) 비서님에게 물어보세요.

(B) 저는 발표에 다녀왔습니다.

누가 일정을 아는지 물었으므로, 이 답을 알만한 대상에게 질문하라고 대답한 (A)가 정답입니다.

어휘 •**secretary** 비서 •**went to** ~에 다녀왔다

2

영어

Who can fix my laptop computer?

(A) No one here can repair it.

(B) I don't know why.

한국어

누가 내 노트북 컴퓨터를 고칠 수 있죠?

(A) 여기에 있는 누구도 그것을 고치지 못합니다.

(B) 저는 왜인지 모릅니다.

모른다는 표현은 주로 정답이 되기 마련이지만, 왜 그런지 모른다고 한 (B)는 정답이 될 수 없습니다. 현재 고칠 수 있는 사람이 누군지를 대답해준 건 실망스럽긴 해도 아무도 없다고 얘기한 (A)뿐이므로, 이를 정답으로 고르세요.

어휘 •**laptop (computer)** 노트북 컴퓨터 •**fix, repair** 고치다

3

영어

Who has seen my wallet?

(A) They were posted on the wall.

(B) It is on your desk.

한국어

누가 내 지갑을 보았죠?

(A) 그것들은 벽에 게시되었습니다.

(B) 그것은 당신의 책상 위에 있습니다.

때때로 who와 where는 대답이 호환 가능하기도 합니다. Wallet의 관련 어휘인 money나 유사한 발음의 함정인 wall에 속지 말고, 그것이 위치한 장소로 대답한 (B)를 정답으로 고르세요.

어휘 •**wallet** 지갑 •**post** 게시하다, 포스팅하다

4

Who is invited to the dinner party?

(A) It starts at 7 p.m.

(B) Everybody is.

한국어 ∘

누가 저녁 파티에 초대받았죠?

(A) 그것은 오후 7시에 시작합니다.

(B) 모두가요.

누구인지를 물었을 때 꼭 한 사람만 대답하라는 법은 없죠. 모두가 초대받았다고 대답한 (B)가 답이네요.

어휘 ▸ • **invite** 초대하다 • **be invited** 초대받다

---

4 WHAT / WHICH 의문문

❶ What은 '무엇'을, Which는 '어떤'을 물어보는 유형

→ What / Which 의문문은 의문사 뒤에 따라 나오는 '키워드'까지 잡아내야 하는 유형이에요.

 소연쌤의 꿀팁! '무엇'을 묻고 있으므로 보기 중 명사가 없는 것들은 대부분 오답이 돼요.

❷ 단골로 출제되는 What / Which 의문문의 질문 유형

예문을 통해 What 의문문 질문의 유형을 익혀봅니다. 예제 중 한글로 적힌 각 질문과 답의 관계를 파악한 뒤, 영어로 녹음된 성우의 음성을 듣고 처음 세 단어를 중심으로 받아쓰세요. 영어 녹음은 각 3번씩 들려드립니다.

 소연쌤의 꿀팁! 한글 예문이 다소 어색한 것은 영어 어순에 맞추어서 그런 것이니, 너그러운 이해 바랍니다.

■ What / Which + '명사' + '동사'

 예제 1

04_4_01.mp3

질문 무슨 색깔을 당신은 당신의 원피스를 위해 원하세요?

대답 저는 보라색을 선호합니다.

 영어 쓰기

Q ＿＿＿＿＿ ＿＿＿＿＿ do you want for your dress?

A I ＿＿＿＿ ＿＿＿＿.

 정답

Q: What color do you want for your dress?
A: I prefer purple.

예제 2

04_4_02.mp3

질문 무슨 요일에 우리가 다음 주에 만납니까?

대답 화요일에요, 제 생각으로는요.

영어 쓰기

Q _____ are we _____ next week?

A _____, I think.

정답

Q: What day are we meeting next week?
A: Tuesday, I think.

질문 어떤 직원이 월례 회의에 참석했나요?

대답 Jack이 한 것 같아요.

영어 쓰기

Q _____ _____ _____ the monthly meeting?

A I believe it was _____.

정답

Q: Which employee attended the monthly meeting?
A: I believe it was Jack.

■ What / Which + 'is/ are/ was/ were' + '명사/형용사'

소연쌤의 꿀팁! What is는 What's라는 축약형이 더 많이 들려요.

예제 3

04_4_03.mp3

질문 무엇이 이 교육의 테마입니까?

대답 은행 투자요.

영어 쓰기

Q _____'s the _____ of this training session?

A Bank _____.

정답

Q: What's the topic of this training session?
A: Bank investment.

예제4

04_4_04.mp3

질문 무엇이 당신의 주말 계획입니까?

대답 친구들이랑 한잔하는 거요.

영어 쓰기

Q _____'s your _____ for the _____?

A _____ some drinks with friends.

정답

Q: What's your plan for the weekend?
A: Having some drinks with friends.

■ What / Which + 조동사 + 본동사

예제5

04_4_05.mp3

질문 무엇을 저녁 메뉴로 주문해야 할까요?

대답 아마도 치즈 피자가 좋겠어요.

영어 쓰기

Q _____ should we _____ for dinner?

A Maybe some cheese pizza.

정답

Q: What should we order for dinner?
A: Maybe some cheese pizza.

■ Which + '명사' + 'be동사' + 사람/ 사물/ 소유

예제6

04_4_06.mp3

질문 어떤 책상이 당신의 것입니까?

대답 하얀 거요.

영어 쓰기

Q _____ _____ is yours?

A The _____ _____.

정답

Q: Which desk is yours?
A: The white one.

스연쌤의
꿀팁! '어떤 것'을 묻고 있으므로 선택의 의미를 지닐 수 있다.
따라서 정해져 있지 않은 모든 것을 지칭할 수 있는 the one이 들릴 경우 십중팔구 정답입니다.

예제 7

04_4_07.mp3

질문 어떤 남자가 당신의 남자친구 입니까?

대답 저기 저 사람이요.

영어 쓰기

Q ________ ________ is your boyfriend?

A The one ________ ________.

정답

Q: Which man is your boyfriend?
A: The one over there.

■ 꼭 기억해야 하는 관용구

- 의견이나 생각 : What do you think of / say about ~?
- 직업이나 생계 : What do you do (for a living)?
- 방법과 해결책 : What shall / should I / we do ~?
- 특징이나 성격 : What be 인간 like?
- 날씨 : What's the weather like? = How's the weather?
- 이유 : What makes / brings ~? = How come ~? = Why ~?
- 주제나 목적 : What ~about?
- 제안 : What about ~?

■ What / Which 의문문 문제 풀기

보기 2개 중 질문에 맞는 답을 하나만 고르세요. 대본은 나중에 문제를 다 푼 후 보세요.

04_4_08.mp3

1. Mark your answer. ·················· (A) (B)
2. Mark your answer. ·················· (A) (B)
3. Mark your answer. ·················· (A) (B)
4. Mark your answer. ·················· (A) (B)

■ What / Which 의문문 정답과 대본

1

영어

What do you want for dinner?

(A) Dinner was great.

(B) Chicken salad, please.

한국어

당신은 저녁으로 무엇을 원하시나요?

(A) 저녁 식사는 훌륭했어요.

(B) 치킨 샐러드를 부탁합니다.

무엇을 원하는지 물어본 질문에 정확하게 메뉴로 대답한 (B)가 정답이에요. (A)에서 중복 사용된 어휘 dinner에 속지 않도록 유의하세요.

2

영어

Which topic are we discussing at tomorrow's workshop?

(A) I have no idea.

(B) Right after lunch today.

한국어

내일 워크숍에서 우리는 어떤 주제를 논하나요?

(A) 저는 모릅니다.

(B) 오늘 점심 직후에.

모른다고 잡아떼는 (A)는 어지간한 경우에는 전부 답으로 채택돼요.

어휘
- **right after** 바로 뒤 (여기서 right은 '바로' 라는 강조의 의미)

3

영어

What do you think about my shoes?

(A) I lost my shoes.

(B) They look great on you.

한국어

제 신발에 대해 어떻게 생각하세요?

(A) 저는 제 신발을 잃어버렸어요.

(B) 당신에게 잘 어울려요.

생각이나 의견을 물어본 질문에 대해 긍정적으로 대답한 (B)가 정답이지요.

어휘
- **what do you think of / about** ~? ~에 대해 어떻게 생각하세요?
- **Lost** (lose의 과거형) 잃어버렸다 • **look great** 잘 어울리다, 멋져 보인다

4

영어

What do you do at your company?

(A) Let's meet after work.

(B) I am in customer service.

한국어

당신은 회사에서 무슨 일을 하시나요?

(A) 일 끝나고 만납시다.

(B) 저는 고객 서비스 부서에서 일해요.

생업을 물어본 질문에 제대로 대답해 준 것은 (B)예요. Company – work라는 관련 있는 어휘의 함정에 빠져 (A)를 고르지 않도록 유의하세요.

보기 3개 중 질문에 가장 알맞은 답을 하나만 고르세요. 정답과 대본은 문제를 다 푼 후에 보세요.

1. Mark your answer. ················ (A)　(B)　(C)

2. Mark your answer. ················ (A)　(B)　(C)

3. Mark your answer. ················ (A)　(B)　(C)

4. Mark your answer. ················ (A)　(B)　(C)

5. Mark your answer. ················ (A)　(B)　(C)

6. Mark your answer. ················ (A)　(B)　(C)

7. Mark your answer. ················ (A)　(B)　(C)

8. Mark your answer. ················ (A)　(B)　(C)

토익 기초 뛰어넘기 정답과 대본

1

영어

Who will be writing the monthly sales reports?

(A) You and Nicole, I think.

(B) Tuesday next week.

(C) They were written last month.

한국어

누가 월간 영업 보고서들을 쓸 예정입니까?

(A) 제 생각엔, 당신과 Nicole일 것 같습니다.

(B) 다음 주 화요일.

(C) 그들은 지난달에 쓰였습니다.

누가 쓸 것인지 물었을 때 write의 유사한 발음의 함정에 빠져 (C)를 고르지 않도록 유의하세요. 정답은 두 명의 책임자로 대답한 (A)니까요.

어휘 • **monthly** 월간, 월례 • **be written** 쓰여지다, 적히다

2

영어

Who does this water bottle belong to?

(A) The meeting was long.

(B) No, it doesn't.

(C) Maybe it's mine.

한국어

이 물병은 누구의 것입니까?

(A) 회의는 오래 걸렸습니다.

(B) 아니요, 그렇지 않습니다.

(C) 아마 제 것인 듯합니다.

소유를 묻는 답변에 소유 대명사로 대답한 (C)를 선택하세요. (A)는 belong – long 유사한 발음의 함정이며, (B)는 No가 들리는 순간에 소거해야 합니다.

어휘 •**belong to** ～에 속하다, ～의 소속이다 •**mine** 나의 것

3

영어

What is the new accountant like?

(A) On the 3rd floor.

(B) Let's open a new account.

(C) I haven't met her yet.

한국어

새로운 회계사는 어떤가요?

(A) 3층에.

(B) 새로운 계좌를 엽시다.

(C) 저는 아직 그녀를 만난 적이 없어요.

어떤지 의견을 물어보았으나, 만난 적이 없어서 모른다는 투로 대답한 (C)를 고르셔야 정답이에요. Accountant – account 유사한 발음의 함정에 빠져 (B)를 선택하면 안 됩니다.

4

영어

What brings you to Hong Kong?

(A) I want to attend a seminar.

(B) I will leave by airplane.

(C) I came here two days ago.

한국어

무엇이 당신을 홍콩에 오도록 만들었습니까? (= 당신은 홍콩에 왜 오셨나요?)

(A) 저는 세미나에 참석하고 싶습니다.

(B) 저는 비행기로 떠나겠습니다.

(C) 저는 여기에 이틀 전에 왔습니다.

홍콩에 온 경위를 대답한 (A)가 답입니다. 질문의 뜻을 명확히 알아야만 실수를 피할 수 있는 문제였어요.

어휘 •**what brings / what makes / how come / why** 왜 (이유를 묻는 표현)

5

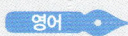

What about asking a technician for help?

(A) I think we should do that.

(B) He was very helpful.

(C) At the technology fair.

한국어

기술자에게 도움을 요청하는 게 어떨까요?

(A) 제 생각엔 그러는 게 좋을 것 같네요.

(B) 그는 매우 도움이 되었습니다.

(C) 기술 박람회에서.

제안을 수락한 (A)가 답이에요. 단, technician – technology, help – helpful 등의 유사 발음의 함정은 늘 조심하세요.

어휘
●**What about ~?** ~하는 게 어때? (제안의 표현)

6

영어

Who has the invitations for the Christmas party?

(A) I can't go to the party.

(B) I don't know the new manager.

(C) They are at the print shop.

한국어

누가 크리스마스 파티의 초대장들을 가지고 있죠?

(A) 저는 파티에 갈 수 없습니다.

(B) 저는 새 매니저를 알지 못합니다.

(C) 그것들은 인쇄소에 있습니다.

누가 갖고 있는지 물어봤을 때 그것이 위치한 장소로 대답할 수 있으니 정답은 (C)입니다. 의외로 인물들이 등장한 (A), (B) 문항은 동사를 보았을 때 모두 말이 되지 않으므로 소거해주세요. 최신 유형에서는 Who로 물었을 때 인물이 등장한다고 해서 무조건 답이 아니라, 동사까지 꼭 해석해야 정확한 답을 찾을 수 있음을 명심하세요.

어휘
●**invitation** 초대, 초대장 ●**print shop** 인쇄소

7

영어

What is the purpose of attending this event?

(A) I'm here to meet new people.

(B) I attended pretty often.

(C) I took the train.

한국어

이 행사에 참여하는 목적이 무엇인가요?

(A) 저는 새로운 사람들을 만나려고 여기에 왔습니다.

(B) 저는 꽤 자주 참석했었습니다.

(C) 저는 기차를 탔습니다.

목적을 묻고 있음을 끝까지 잊지 말고 to meet이라는 목적을 나타내는 to 부정사로 대답한 (A)를 정답으로 택하세요. Attend – attending의 유사한 발음의 함정이나 오게 된 방법을 선택하면 틀려요.

어휘 •**purpose** 목적 •**attend** 참여하다, 참석하다 •**often** 자주 •**take a train** 기차를 타다

8

영어

Who brought cake to the office?

(A) It is very sweet.

(B) I'm on a diet.

(C) Our supervisor did.

한국어

누가 사무실에 케이크를 가지고 왔죠?

(A) 그것은 매우 달콤합니다.

(B) 저는 다이어트 중이에요.

(C) 우리의 상사가 그랬어요.

누가 가지고 왔는지 직급으로 대답한 (C)가 정답입니다.

어휘 •**sweet** 달콤한 •**be on a diet** 식이 조절 중인, 다이어트 중인 •**supervisor** 상사

Lesson 5

PART 2

의문사 의문문 (WHERE / WHEN 의문문)

theme

1 PART 2 소거의 기술 1, 2

■ 소거의 기술 1

◉ 의문사 의문문과 선택 의문문에 'Yes', 'No'로 대답하면 일단 소거!

예외 의문사가 포함된 제안제공요청의 의문문, 대등한 문장이 'or'로 연결된 선택 의문문

예제를 통해 소거의 기술을 익혀봅니다. 예제 중 한글로 적힌 각 질문에 맞는 보기에 O 표시하세요. 표시가 끝났으면, 영어로 녹음된 성우의 음성을 듣고 처음 세 단어를 중심으로 받아쓰세요. 영어 녹음은 각 3번씩 들려드립니다.

예제 1 (05_1_01.mp3)

당신은 어느 방향으로 가시나요?

(　　) (A) 네, 회의실 안에서.

(　　) (B) 그냥 위층이요.

영어 쓰기

________ ________ ________ heading to?

(　　) (A) ________, in the ________ ________.

(　　) (B) Just ________.

정답

(A) ×, (B) ○

Where are you heading to?

(A) Yes, in the meeting room.

(B) Just upstairs.

■ 소거의 기술 2

◉ 3 일치는 언제나 기본. 질문과 보기에서 '주어', '시제', '의문사와 대답'이 어긋나면 소거!

예제 2 (05_1_02.mp3)

당신은 다음 주에 파리로 가시나요?

(　　) (A) 그녀는 지난달에 밀라노에 있었습니다.

(　　) (B) 아마도 그럴 것 같네요.

영어 쓰기

________ ________ ________ to Paris next week?

(　　) (A) ________ ________ in Milan last month.

(　　) (B) I think I ________.

 정답

(A) ✕, (B) ○
<u>Will</u> you go to Paris next week?
(A) She was in Milan last month.
(B) I think I will.

소연쌤의
꿀팁! 의문사 의문문과 선택 의문문에 'Yes', 'No'로 대답하면 소거!
'주어', '시제', '의문사와 대답'이 어긋나면 소거!

2 ▸ Where 의문문

❶ '어디'를 물어보는 유형

→ 장소나 출처를 묻는 것이므로, 대답에 장소나 인물이 등장하는 경우 답이 될 확률이 높습니다.

❷ 단골로 출제되는 Where 의문문의 대답

예문을 통해 Where 의문문 대답의 유형을 익혀봅니다. 예제 중 한글로 적힌 각 질문과 답의 관계를 파악한 뒤, 영어로 녹음된 성우의 음성을 듣고 처음 세 단어를 중심으로 받아쓰세요. 영어 녹음은 각 3번씩 들려드립니다.

■ 구체적 장소로 응답

 **예제 1**
🎧
05_2_01.mp3

질문 당신은 휴가로 어디에 다녀오셨나요?

대답 호주의 브리즈번이요

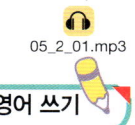 **영어 쓰기**

Q _____ did you _____ for your _____?

A Brisbane, _____.

 정답

Q: Where did you go for your holiday?
A: Brisbane, Australia.

■ 위치/장소의 전치사 (in, on, at, near, opposite)+구체적 장소

 **예제 2**
🎧
05_2_02.mp3

질문 이 서류들을 어디다 둘까요?

대답 책상 위에요.

Q _____ should I _____ these documents?

A _____ the _____.

Q: Where should I put these documents?
A: On the desk.

■ here [there]

예제 3

05_2_03.mp3

질문 어디서 제 교과서를 구입할 수 있죠?

대답 저기 서점에서요.

영어 쓰기

Q _____ can I _____ my textbook?

A _____ _____ at the bookstore.

정답

Q: Where can I buy my textbook?
A: Over there at the bookstore.

■ 방향/ 확인할 장소와 대상 제시
(go to / check / try / to + 장소 / 사람)

예제 4

05_2_04.mp3

질문 어디서 복사용지 여분을 더 구할 수 있죠?

대답 (1) 문구점을 확인해보세요.

(2) 구매부장에게 물어보세요.

영어 쓰기

Q _____ can I _____ some extra copy paper?

A (1) _____ the stationery store.

(2) _____ the purchasing _____.

정답

Q: Where can I get some extra copy paper?
A: (1) Check the stationery store.
(2) Try the purchasing manager.

■ Who 의문문에 대한 응답

질문 어디서 내 돈을 돌려받을 수 있나요?

대답 Annie가 갖고 있어요.

05_2_05.mp3

영어 쓰기

Q _____ can I _____ my money back?

A Annie _____ it.

정답

Q: Where can I get my money back?
A: Annie has it.

■ Where 의문문 문제 풀기

05_2_06.mp3

보기 2개 중 질문에 맞는 답을 하나만 고르세요. 대본은 나중에 문제를 다 푼 후 보세요.

1. Mark your answer. ················· (A) (B)

2. Mark your answer. ················· (A) (B)

3. Mark your answer. ················· (A) (B)

4. Mark your answer. ················· (A) (B)

■ Where 의문문 정답과 대본

1

 영어

 한국어

Where can I buy good coffee?

(A) Just a block from here.

(B) Coffee is only a dollar.

제가 어디서 좋은 커피를 살 수 있죠?

(A) 여기서 한 블록 떨어진 곳에서요.

(B) 커피는 1달러입니다.

어디서 살 수 있는지, 매우 가까운 거리에 존재한다고 대답한 (A)가 정답입니다.

어휘 •**block** 블록 •**a block from here** 여기서 한 블록 거리

2

 영어

Where did I leave my glasses?

(A) I'll have two glasses of water.

(B) Look on your desk.

한국어

제가 제 안경을 어디다 뒀을까요?

(A) 저는 두 잔의 물을 마시겠습니다.

(B) 당신의 책상을 확인해보세요.

어디다 두었는지 물어보았을 때 위치를 알아낼 수 있는 방법을 알려준 (B)가 정답이며, glasses 라는 동일 어휘를 사용한 (A)에 속지 않도록 유의하세요.

어휘
• **glasses** 안경 • **glass** 유리, 잔

3

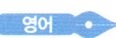 영어

Where do I take the express bus?

(A) Take the bus at 10:15 a.m.

(B) In front of the central station.

한국어

저는 어디서 고속버스를 타나요?

(A) 오전 10시 15분에 버스를 타세요.

(B) 중앙역 앞에서요.

어디를 물어본 것에 대해 순간적으로 흔들려서 (A)를 고르지 않도록 유의하세요. 위치로 대답한 (B)가 정답이죠.

어휘
• **express** 빠른, 고속의 • **central station** 중앙역

4

영어

Where do I get the cheapest TVs?

(A) Check the internet.

(B) Used ones are only $100.

한국어

제가 어디서 가장 싼 티비들을 살 수 있을까요?

(A) 인터넷을 확인해보세요.

(B) 중고들은 100달러밖에 안 해요.

어디서 살 수 있는지 물어본 상황에서 그럴듯한 가격으로 대답한 (B)를 고르지 않도록 조심하세요. 정답은 (A)가 확실하죠?

어휘
• **cheapest** 가장 싼 • **used one** 중고품

2 When 의문문

❶ '언제'를 물어보는 유형

→ 시간이나 시점을 묻는 것이므로, 대답에 시간 관련 표현이 등장하는 경우 답이 될 확률이 높습니다.

 꿀팁! '시간'을 묻고 있으므로 '시제파악'이 큰 힌트가 될 수 있습니다.
When으로 질문할 수 있는 시제는 어차피 과거 아니면 미래 둘 중 하나이며, 따라서 물어본 시제에 맞춰 대답한 것을 찾아주면 더욱 쉽게 정답을 찾을 수 있어요.

❷ 단골로 출제되는 When 의문문의 대답

예문을 통해 When 의문문 대답의 유형을 익혀봅니다. 예제 중 한글로 적힌 각 질문과 답의 관계를 파악한 뒤, 영어로 녹음된 성우의 음성을 듣고 처음 세 단어를 중심으로 받아쓰세요. 영어 녹음은 각 3번씩 들려드립니다.

■ 과거시제 질문에 대한 응답(ago / last /yesterday)

 **예제 1**

05_3_01.mp3

질문 Celia는 언제 직장에 복귀했나요?

대답 (1) 지난 화요일이요.

(2) 5일 전에요.

 **영어 쓰기**

Q _____ _____ Celia come back to work?

A (1) _____ Tuesday.

(2) Five days _____.

 **정답**

Q: When did Celia come back to work?
A: (1) Last Tuesday.
(2) Five days ago.

■ 미래시제 질문에 대한 응답
(in / on / by / not until / next / tomorrow)

05_3_02.mp3

질문 공연은 언제 시작하나요?

대답 (1) 다음 달 초는 돼야 시작해요.

(2) 2주일 후에요.

영어 쓰기

Q When _____ the performance _____?

A (1) _____ _____ the beginning of next month.

(2) _____ two weeks.

정답

Q: When does the performance begin?
A: (1) Not until the beginning of next month.
(2) In two weeks.

■ When 의문문 문제 풀기

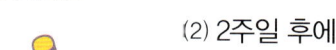
05_3_03.mp3

보기 2개 중 질문에 맞는 답을 하나만 고르세요. 대본은 나중에 문제를 다 푼 후 보세요.

1. Mark your answer. ················· (A) (B)

2. Mark your answer. ················· (A) (B)

3. Mark your answer. ················· (A) (B)

4. Mark your answer. ················· (A) (B)

■ When 의문문 정답과 대본

1

영어

When will Enrique join the meeting?

(A) We will meet in the lobby.

(B) After he finishes his call.

한국어

Enrique는 언제 미팅에 함께하나요?

(A) 우리는 로비에서 만날 것이에요.

(B) 그가 그의 전화 통화를 끝낸 후에요.

언제인지 시점을 묻는 질문에 정확한 시제로 대답한 (B)가 정답이에요.

어휘
•join 함께하다, 참여하다

2

<table>
<tr><td>영어</td><td>한국어</td></tr>
</table>

When will you be free for lunch?

(A) I'm not hungry.

(B) In about 10 minutes.

당신은 언제 점심 먹을 수 있는 시간이 있나요?

(A) 난 배고프지 않아요.

(B) 대략 10분 후에요.

미래에 가능한 시간을 물어본 것이지 현재 상태를 물어본 것이 아니므로 관련 있는 말로 대답한 (A)가 아니라, (B)로 정답을 선택해주세요.

어휘 •**free** 자유로운 •**in about** (시간) 대략 ~후에

3

When did the train arrive?

(A) A few minutes ago.

(B) Yes, it looks like it rained.

기차는 언제 도착했나요?

(A) 몇 분 전에요.

(B) 네, 비가 온 것처럼 보이네요.

언제 도착했는지 과거형으로 물어본 상황에 일단 Yes/No 대답은 소거해줘야 합니다. 따라서 정답은 (A)가 되네요.

어휘 •**arrive** 도착하다 •**a few** 몇몇의 •**rain** 비 오다

4

When will the clothes I ordered get here?

(A) I closed the shop.

(B) Check on the internet.

제가 주문한 옷들이 언제 여기에 도착할까요?

(A) 제가 가게를 닫았어요.

(B) 인터넷을 확인하세요.

언제인지를 물었을 때 정확한 답을 모른다면 비슷한 발음이 들리는 (A)를 소거하고 그에 관한 정보를 얻을 수 있는 방법을 추천한 (B)를 정답으로 채택하세요.

어휘 •**clothes** 옷 •**check on** ~을 확인하다

토익 기초 뛰어넘기

05_3_04.mp3

보기 3개 중 질문에 가장 알맞은 답을 하나만 고르세요. 정답과 대본은 문제를 다 푼 후에 보세요.

1. Mark your answer. ················· (A)　(B)　(C)

2. Mark your answer. ················· (A)　(B)　(C)

3. Mark your answer. ················· (A)　(B)　(C)

4. Mark your answer. ················· (A)　(B)　(C)

5. Mark your answer. ················· (A)　(B)　(C)

6. Mark your answer. ················· (A)　(B)　(C)

7. Mark your answer. ················· (A)　(B)　(C)

8. Mark your answer. ················· (A)　(B)　(C)

토익 기초 뛰어넘기 정답과 대본

1

 영어

Where did Andrew park his car?

(A) I prefer taking the bus.

(B) He likes to go to the park.

(C) You should directly ask him.

한국어

Andrew는 그의 차를 어디에 주차했죠?

(A) 저는 버스 타는 것을 선호합니다.

(B) 그는 공원에 가는 것을 좋아해요.

(C) 당신이 그에게 직접 물어보세요.

주차의 위치를 물어보았으므로 그에 대한 답을 찾을 수 있는 (C)를 선택하세요. Car – bus 같은 관련 있는 어휘의 함정이나, park라는 단어를 중복으로 사용한 함정에 빠지지 않게 조심하세요.

 어휘　●**park** 주차하다, 공원　●**directly** 직접적으로, 바로

2

영어

Where can I find last year's files?

(A) In Olga's filing cabinet.

(B) It was last November.

(C) I did not read them.

한국어

어디서 제가 작년의 파일들을 찾을 수 있죠?

(A) Olga의 파일 캐비닛에서요.

(B) 지난 11월이었어요.

(C) 저는 그것들을 읽지 않았어요.

어디서 찾을 수 있는 지 물었을 때 해당 장소로 대답해준 (A)가 정답이에요.

어휘 ●**filing cabinet** 파일 캐비닛 ●**November** 11월

3

영어

Where should I look for shirts and ties?

(A) Yes, you dress very well.

(B) The boat is tied to the dock.

(C) Marc probably knows.

한국어

제가 어디서 셔츠랑 타이를 찾아봐야 할까요?

(A) 네, 당신은 옷을 매우 잘 입습니다.

(B) 그 배는 부두에 묶여 있습니다.

(C) Marc가 아마 알 거예요.

어디서 찾아봐야 하는지 알려줄 사람을 말한 (C)가 정답이죠. (A)나 (B)는 관련이 있거나 비슷한 발음이 나는 어휘를 사용한 함정 보기들이니 소거하세요.

어휘 ●**tie** 목에 매는 타이, 묶다 ●**dock** 부두

4

영어

Where is the meeting being held?

(A) In the conference hall upstairs.

(B) It's about our new products.

(C) The meeting started 10 minutes ago.

한국어

미팅은 어디에서 열릴 건가요?

(A) 위층 회의장에서요.

(B) 우리의 제품들에 관한 겁니다.

(C) 미팅은 10분 전에 시작했어요.

미팅의 장소를 물어본 것에 대해 정확하게 대답한 (A)가 정답이에요. (B)는 미팅의 주제이고, (C)는 시간에 대한 대답이므로 모두 소거하세요.

어휘 ●**be held** 열리다 ●**conference hall** 회의장

5

When did you last visit the museum?

(A) I did not see them.

(B) I don't remember.

(C) I went with my family.

당신은 언제 마지막으로 박물관을 방문했나요?

(A) 저는 그것들을 보지 못했습니다.

(B) 저는 기억이 나지 않아요.

(C) 저는 제 가족들과 함께 갔습니다.

언제를 물어본 상황에서 누구와 갔는지, 혹은 무엇을 보았는지 그럴듯한 내용을 언급한 오답 보기를 소거해주세요. 어지간한 질문에는 모두 훌륭한 답이 되는 '모른다'류의 (B)가 정답이네요.

어휘 • **last** 마지막의, 가장 최근의, 지난

6

When is our air conditioning going to get fixed?

(A) Check the bulletin board.

(B) I like these conditions.

(C) It will be very expensive.

우리의 에어컨이 언제 고쳐질 예정인가요?

(A) 게시판을 확인하세요.

(B) 저는 조건들이 마음에 들어요.

(C) 그것은 매우 비쌀 거예요.

앞으로의 예정에 관해 물은 미래형 질문에 관해 확인하라 얘기한 (A)가 정답이죠. (B)는 condition이라는 단어의 일부가 중복된 표현으로 오답을 유도하는 함정이었습니다.

어휘 • **air conditioning** 에어컨 • **bulletin board** 게시판 • **condition** 조건

7

영어

When can I expect this report to be finished?

(A) No, he is a reporter.

(B) This week, for sure.

(C) You did a great job.

한국어

이 보고서가 언제 끝날 것으로 제가 기대해도 될까요?

(A) 아니요, 그는 리포터예요.

(B) 확실히 이번 주예요.

(C) 당신은 일을 참 잘하셨네요.

언제라고 물어본 질문에 Yes/No로 대답한 (A)는 소거 대상 1순위! (C)는 과거로 대답했으며 시간에 대한 응답은 하지도 않았어요. 따라서 정답은 (B)겠죠.

어휘 ● **for sure** 확실히

8

영어

When did you contact Mr. Brown's office?

(A) No, I was busy.

(B) It's large and crowded.

(C) Just this morning.

한국어

당신은 언제 Brown 씨의 사무실에 연락했었죠?

(A) 아니요, 전 바빴어요.

(B) 그곳은 크고 붐빕니다.

(C) 오늘 아침에요.

어휘 ● **large** 공간이 큰, 넓은 ● **crowded** 붐비는, 사람이 많은

Lesson 6

PART 2 소거의 기술 3, 4

■ 소거의 기술 3

● 유사 발음의 보기는 소거! 질문과 보기에서 비슷한 발음의 어휘가 반복해 들릴 경우는 90% 이상이, 동일한 발음이 그대로 들릴 경우는 80% 이상이 오답입니다.

예제를 통해 소거의 기술을 익혀봅니다. 예제 중 한글로 적힌 각 질문에 맞는 보기에 O 표시하세요. 표시가 끝났으면, 영어로 녹음된 성우의 음성을 듣고 처음 세 단어를 중심으로 받아쓰세요. 영어 녹음은 각 3번씩 들려드립니다.

06_1_01.mp3

새로운 프로젝트는 언제 시작하나요?

(　　) (A) 다음 수요일이요.

(　　) (B) 프로젝터는 작동하지 않습니다.

영어 쓰기

_____ _____ the new _____ start?

(　　) (A) _____ Wednesday.

(　　) (B) The _____ isn't _____.

정답

(A) ○, (B) ×

When does the new <u>project</u> start?

(A) Next Wednesday.

(B) The <del>projector</del> isn't working.

■ 소거의 기술 4

● 관련 어휘의 보기는 소거! 질문과 보기에서 유의어나 반의어가 등장하는 경우의 대부분이 오답입니다.

06_1_02.mp3

새로운 영화를 보셨나요?

(　　) (A) 예전 거.

(　　) (B) 저는 너무 바빴어요.

영어 쓰기

_____ _____ _____ the new movie?

(　　) (A) The _____ _____ .

(　　) (B) I _____ too _____ .

(A) ✕, (B) ○
Did you watch the <u>new</u> movie?
(A) The old one.
(B) I was too busy.

 의문문 전반에서 유사 발음, 관련 어휘의 보기는 소거!

2 How 의문문

❶ How는 '어떻게'와 '어떤'을 물어보는 유형
  → 방법이나 수단, 구체적인 수치를 묻는 것이므로, 키워드에 따라 답이 많이 차이 나게 됩니다.

❷ 단골로 출제되는 How 의문문의 대답

예문을 통해 How 의문문 대답의 유형을 익혀봅니다. 예제 중 한글로 적힌 각 질문과 답의 관계를 파악한 뒤, 영어로 녹음된 성우의 음성을 듣고 처음 세 단어를 중심으로 받아쓰세요. 영어 녹음은 각 3번씩 들려드립니다.

■ 방법, 상태, 의견: How + be

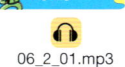
06_2_01.mp3

질문 당신의 마케팅 프로젝트는 어떻게 되어가나요?

대답 (1) 아주 잘 되고 있어요, 고맙습니다.

(2) 사실은 그게 연기됐어요.

 영어 쓰기

Q _____ your marketing project _____?

A (1) Very _____, thank you.

(2) Actually, it's been _____.

 정답

Q: How's your marketing project going?
A: (1) Very well, thank you.
   (2) Actually, it's been postponed.

■ 수단 & 방법

 **예제 2**

06_2_02.mp3

질문 당신은 호텔로 어떻게 가실 건가요?

대답 (1) 버스를 탈 거예요.

(2) 걸어가기 멀지 않다고 들었어요. (그래서 걸어갈 거예요)

 **영어 쓰기**

Q _____ are you _____ to the hotel?

A (1) I'll _____ the bus.

(2) I heard it's not too far to _____ .

 **정답**

Q: How are you getting to the hotel?
A: (1) I'll take the bus.
   (2) I heard it's not too far to walk.

■ 수량

 **예제 3**

06_2_03.mp3

질문 몇 명의 사람이 홍보부에서 일하나요?

대답 (1) 제 생각엔 13명이요.

(2) 적어도 12명은 될걸요.

 **영어 쓰기**

Q _____ _____ _____ are working in the Public Relations?

A (1) _____ , I believe.

(2) At least a _____ .

 **정답**

Q: How many people are working in the Public Relations?
A: (1) Thirteen, I believe.
   (2) At least a dozen.

■ 기간 & 빈도

 **예제 4**

06_2_04.mp3

질문 당신은 이곳에서 얼마나 오래 일했나요?

대답 (1) 4년 동안이요.

(2) 2017년 1월부터요.

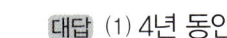

 **영어 쓰기**

Q _____ _____ have you worked here?

A (1) _____ four years.

(2) _____ January 2017.

 **정답**

Q: How long have you worked here?
A: (1) For four years.
   (2) Since January 2017.

 **예제 5**

06_2_05.mp3

질문 당신은 얼마나 자주 방 청소를 하나요?

대답 (1) 일주일에 두 번이요.

(2) 매일요.

 **영어 쓰기**

Q _____ _____ do you clean your room?

A (1) _____ a week.

(2) _____ day.

 **정답**

Q: How often do you clean your room?
A: (1) Twice a week.
   (2) Every day.

■ How 의문문 문제 풀기

06_2_06.mp3

보기 2개 중 질문에 맞는 답을 하나만 고르세요. 대본은 나중에 문제를 다 푼 후 보세요.

1. Mark your answer. ················· (A) (B)

2. Mark your answer. ················· (A) (B)

3. Mark your answer. ················· (A) (B)

4. Mark your answer. ················· (A) (B)

■ How 의문문 정답과 대본

1

How did your business trip go?

(A) I went to Singapore.

(B) It was great.

당신의 출장은 어떻게 됐나요?

(A) 저는 싱가포르에 다녀왔어요.

(B) 매우 좋았어요.

How did ~ go? 라는 구조로 어떤 행사나 일이 어찌 됐는지를 물었을 때 잘 됐다고 얘기한 (B)가 정답이에요. (A)는 출장의 행선지이므로 오답이에요.

어휘 •**business trip** 출장 •**how did ~ go**? (행사가) 어떻게 됐니? 어땠니?

2

How do I get downtown from our office?

(A) Take the bus.

(B) To go shopping.

어떻게 제가 사무실에서 시내까지 갈 수 있죠?

(A) 버스를 타세요.

(B) 쇼핑을 가기 위해.

행선지에 도착할 수 있는 방법을 물었으므로 교통수단으로 대답해준 (A)가 정답이죠. (B)는 목적을 나타내는 to 부정사를 사용한 why에 대한 응답이므로 오답이에요.

어휘 •**downtown** 시내, 번화가

3

How often do you go to the park?

(A) I parked for an hour.

(B) Twice a week.

당신은 얼마나 자주 공원에 가세요?

(A) 저는 한 시간 동안 주차를 했습니다.

(B) 일주일에 두 번.

빈도를 물어본 질문에 정확히 대답한 (B)가 정답이 되고, (A)는 park라는 어휘를 중복으로 사용한 오답의 함정이었어요.

어휘 •**twice** 두 번

4

How many people do you need here?

(A) I go there a lot.

(B) A couple more.

당신은 여기에 몇 명의 사람이 필요한가요?

(A) 저는 그곳에 많이 갑니다.

(B) 두어 명 더요.

몇 명인지에 대해 대답해준 (B)가 답이고, (A)에서 a lot만을 듣고 정답이라 오해하시면 안 되는 거예요.

어휘 •a couple 둘, 두셋

---

3 WHY 의문문

❶ Why는 '왜'를 물어보는 유형
  → 구체적인 이유를 묻는 것이므로, 이유, 목적을 설명하거나 대안을 제시하는 답안을 고르세요.
❷ 단골로 출제되는 Why 의문문의 대답

예문을 통해 Why 의문문 대답의 유형을 익혀봅니다. 예제 중 한글로 적힌 각 질문과 답의 관계를 파악한 뒤, 영어로 녹음된 성우의 음성을 듣고 처음 세 단어를 중심으로 받아쓰세요. 영어 녹음은 각 3번씩 들려드립니다.

■ because + 문장 / because of + 단어/구

06_3_01.mp3

질문 비행기가 왜 연착되는 거죠?

대답 (1) 기계적인 결함이 있어서요.

    (2) 눈 폭풍 때문에요.

영어 쓰기

Q ＿＿＿＿＿ is the flight ＿＿＿＿＿?

A (1) There is a ＿＿＿＿＿ ＿＿＿＿＿.

  (2) Because of the ＿＿＿＿＿.

정답

Q: Why is the flight delayed?
A: (1) There is a mechanical problem.
   (2) Because of the snowstorm.

■ For 이유 / To+동사원형 / So + 조동사

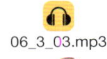

질문 당신은 왜 이렇게 늦게까지 사무실에 남아있는 거죠?

대답 (1) 제 보고서를 끝내기 위해서요.

(2) 제가 발표 슬라이드를 준비할 수 있도록 하려고요.

영어 쓰기

Q _____ are you staying so _____ in the office?

A (1) To _____ my report.

(2) _____ I _____ prepare my presentation slides.

정답

Q: Why are you staying so late in the office?
A: (1) To finish my report.
(2) So I could prepare my presentation slides.

■ 당위성 설명 / 비교(need to~/have to)

질문 왜 프로젝터 화면이 작동 안 하는 거죠?

대답 케이블들을 먼저 확인해보세요.

영어 쓰기

Q _____ isn't the projector screen _____?

A You _____ _____ check the cables first.

정답

Q: Why isn't the projector screen working?
A: You need to check the cables first.

■ 비교급~ than

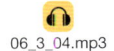

질문 당신은 왜 늘 구석에 있는 가게로 가나요?

대답 거기 가격이 더 싸거든요.

영어 쓰기

Q _____ do you always go to the store in the corner?

A Their prices are _____.

정답

Q: Why do you always go to the store in the corner?
A: Their prices are cheaper.

❸ Why don't ~?는 "~하는 게 어때?"라는 완전히 다른 제안의 의미

참조로 Why don't ~?는 "왜?"라는 질문과는 전혀 의미가 다른 "~하는 게 어때?"라는 뜻으로, 대답도 제안에 대한 수락과 거절이 메인을 이루게 됩니다.

■ Why 의문문 문제 풀기

06_3_05.mp3

보기 2개 중 질문에 맞는 답을 하나만 고르세요. 대본은 나중에 문제를 다 푼 후 보세요.

1. Mark your answer. ················· (A)　(B)

2. Mark your answer. ················· (A)　(B)

3. Mark your answer. ················· (A)　(B)

4. Mark your answer. ················· (A)　(B)

■ why 의문문 정답과 대본

1

영어	한국어
Why were you looking for Steve yesterday?	당신은 어제 왜 Steve를 찾고 있었죠?
(A) Right after lunch.	(A) 점심시간 이후에 바로.
(B) To talk about our project.	(B) 우리 프로젝트의 이야기를 하기 위해서.

이유에 대해 목적을 나타내는 to 부정사로 정확히 대답해준 (B)가 답이에요.

어휘 •**look for** (의지를 가지고) 찾다 •**right after** 바로 뒤

2

영어	한국어
Why are you under your desk?	당신은 왜 당신의 책상 밑에 있나요?
(A) To look for my wallet.	(A) 내 지갑을 찾기 위해서.
(B) Yes, I understand.	(B) 네, 난 이해해요.

상대방이 책상 밑에 들어가 있는 이유를 묻고 거기에 대답한 (A)를 정답으로 선택해야겠죠.

어휘 •**under** 아래에 •**wallet** 지갑 •**understand** 이해하다

3

영어

Why doesn't the printer work?

(A) The technician is checking.

(B) No, I haven't printed it yet.

한국어

왜 프린터가 작동하지 않죠?

(A) 기술자가 확인 중에 있어요.

(B) 아니요, 저는 그것을 아직 출력하지 않았어요.

왜 무언가가 제대로 작동하지 않냐는 질문에 이유나 그것을 해결할 수 있는 방법, 혹은 이들 답변의 실마리를 주는 대답을 해준 (A)만 정답이 되겠습니다.

어휘 •**work** 작동하다 •**technician** 기술자

4

영어

Why are there so many cars on the road?

(A) I usually take the bus.

(B) It is rush hour.

한국어

길에 왜 이렇게 차들이 많죠?

(A) 저는 주로 버스를 탑니다.

(B) 출퇴근 시간이에요.

이유를 물었을 때 설명조의 문장으로 잘 대답해준 (B)가 정답이에요.

어휘 •**on the road** 길에 •**rush hour** 출퇴근 시간, 붐비는 시간, 러시아워

토익 기초 뛰어넘기

06_3_06.mp3

보기 3개 중 질문에 가장 알맞은 답을 하나만 고르세요. 정답과 대본은 문제를 다 푼 후에 보세요.

1. Mark your answer. ·················· (A)　(B)　(C)

2. Mark your answer. ·················· (A)　(B)　(C)

3. Mark your answer. ·················· (A)　(B)　(C)

4. Mark your answer. ·················· (A)　(B)　(C)

5. Mark your answer. ·················· (A)　(B)　(C)

6. Mark your answer. ·················· (A)　(B)　(C)

7 Mark your answer. ·················· (A)　(B)　(C)

8 Mark your answer. ·················· (A)　(B)　(C)

토익 기초 뛰어넘기 정답과 대본

1

영어

How should we celebrate Jerry's promotion?

(A) Let's get cake and flowers.

(B) I feel so happy.

(C) He is a senior manager.

한국어

우리는 Jerry의 승진을 어떻게 축하해야 할까요?

(A) 케이크와 꽃을 사 옵시다.

(B) 전 정말 행복하네요.

(C) 그는 선임 매니저입니다.

축하의 방법에 대한 정답을 제시한 (A)를 골라주세요. (B)와 (C)는 승진이라는 상황에 연관된 관련 어휘의 함정들입니다.

어휘 ▸ •**celebrate** 축하하다　•**promotion** 승진

2

 영어

Why is Isoko moving to Europe?

(A) To take on a new job.

(B) It's 8 hours by plane.

(C) I prefer hotels.

한국어

Isoko는 왜 유럽으로 이동합니까?

(A) 새로운 일을 맡기 위해서요.

(B) 비행기로 8시간이 걸립니다.

(C) 저는 호텔을 선호합니다.

유럽으로 가는 이유에 관해 설명해준 (A)를 고르세요. (B), (C)는 유럽으로 갈 수 있는 방법이거나 유럽 여행에서 연상할 수 있는 어휘를 사용한 오답들입니다.

어휘 •**move to** ~로 가다, 이동하다 •**take on** ~을 맡다 •**by plane** 비행기로 •**prefer** 선호하다

3

 영어

How late is the stationery shop open?

(A) By the train station.

(B) I was late again.

(C) It's already closed.

한국어

얼마나 늦게까지 문구점이 열려있죠?

(A) 기차역 근처에.

(B) 저는 또 늦었어요.

(C) 이미 닫았어요.

얼마나 늦게까지, 즉 시간을 물어본 대답에 '이미'라는 의미의 표현인 already로 대답해준 (C)가 정답이에요.

어휘 •**stationery shop** 문구점 •**already** 이미, 벌써

4

 영어

Why is the bakery closed today?

(A) It's a holiday.

(B) It's very close to my house.

(C) I went there yesterday.

한국어

베이커리는 왜 오늘 문을 닫았죠?

(A) 공휴일이거든요.

(B) 그곳은 내 집에서 매우 가까워요.

(C) 저는 거기에 어제 다녀왔어요.

문을 닫은 이유를 설명조 문장으로 이야기한 (A)가 정답이에요. (B)는 close라는 발음을 중복으로 사용한 유사 발음의 함정입니다. (C)는 today – yesterday 관련 어휘의 함정이니 소거해주셔야 하고요.

어휘 •**holiday** 공휴일

5

 영어

How much coffee should we get?

(A) I prefer tea.

(B) Yes, I would like some.

(C) About 5 boxes.

한국어

우리는 얼마만큼의 커피를 사야 할까요?

(A) 저는 차를 선호합니다.

(B) 네, 저는 약간을 원합니다.

(C) 대략 5박스 정도요.

얼마만큼인지를 대답해준 (C)가 정답이며, 관련 어휘나 yes/ no가 들어간 보기는 바로바로 소거해주세요.

어휘 •**prefer** 선호하다 •**tea** 차(茶)

6

 영어

Why was Martha absent at the meeting?

(A) It went for 2 hours.

(B) She was feeling sick.

(C) It's in the meeting room.

한국어

Martha는 왜 미팅에 빠졌죠?

(A) 그것은 두 시간 동안 계속됐어요.

(B) 그녀가 아팠거든요.

(C) 그것은 회의실에 있습니다.

어째서 빠진 것인지 이유를 설명조로 이야기한 (B)가 정답이에요.

어휘 •**be absent** 빠지다, 결석하다 •**go for** 계속되다, 지속되다 •**feel sick** 아프다

7

 영어

How long will it take to get to the restaurant?

(A) About half an hour.

(B) I'm not that hungry.

(C) It's 12 meters long.

한국어

레스토랑에 가려면 얼마나 오래 걸릴까요?

(A) 약 30분 가량이요.

(B) 저는 그렇게 배가 고프진 않아요.

(C) 그것은 12미터 정도의 길이입니다.

얼마나 오래인지 시간의 길이를 나타낸 (A)가 정답이죠. 숫자만 듣고 (C)를 고르시면 큰일 나요.

어휘 •**take** 시간이 ~ 걸리다 •**half** 절반 •**half an hour** 한 시간의 절반, 즉 30분

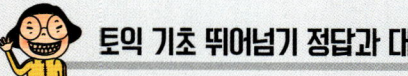

8

영어 ●

Why is Jamal leaving work early?

(A) He is leaving.

(B) He has a doctor's appointment.

(C) Can you finish early?

한국어 ●

Jamal은 왜 일찍 퇴근하나요?

(A) 그는 떠납니다.

(B) 그는 진료예약이 있어요.

(C) 당신은 일찍 끝낼 수 있나요?

Jamal이라는 남자가 일찍 퇴근하는 이유를 밝혀준 것은 오직 (B)뿐이에요. (C)는 early 라는 단어를 중복 사용하였으며, (A)는 leave 라는 단어를 중복으로 사용했어요.

어휘 • leave 떠나다 • leave work 퇴근하다 • doctor's appointment 진료예약

Lesson 7

PART 2
theme

일반 의문문, 부가 의문문

1 일반 의문문
2 부가 의문문

1 ▶ 일반 의문문

❶ 어떠한 내용이 맞거나 틀린지, 인지 아닌지, 옳은지 그른지를 확인하는 의문문이에요.
→ 사실 여부에 대해 정확히 예, 아니오를 대답한 보기가 정답이 될 확률이 높습니다.

❷ 질문의 내용이 맞으면 Yes, 아니면 No라고 명확히 대답해 줄 수도 있지만, Yes, No를 생략한 채 내용에 대한 설명만을 이야기할 수도 있어요.

❸ 질문의 내용은 '본동사' 중심으로 파악하고, 의문사 의문문과 동일한 방법으로 소거와 처음 세 단어 듣기에 집중하여 정답을 골라주세요.

❹ 부정형으로 시작하는 일반의문문도 결국 '본동사'의 성질이 동일하기 때문에, 사실 여부에 대해 긍정형 일반 의문문과 똑같이 대답하면 됩니다. 부정형 일반의문문은 "안 했어?", "~아니야?"가 아니라, "~했죠?", "~한 거죠?" 라는 식으로 확인조로 해석하면 그 의미가 보다 잘 와닿아요.

예문을 통해 일반 의문문 대답의 유형을 익혀봅니다. 예제 중 한글로 적힌 각 질문과 답의 관계를 파악한 뒤, 영어로 녹음된 성우의 음성을 듣고 처음 세 단어를 중심으로 받아쓰세요. 영어 녹음은 각 3번씩 들려드립니다.

■ Yes, No로 응답

07_1_01.mp3

질문 당신은 최근에 살이 빠지셨나요?

대답 (1) 네, 저 다이어트했어요.

(2) 아니요, 오히려 더 쪘는걸요.

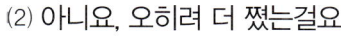

Q Did you _____ some weight recently?

A (1) _____, I've been on a _____.

(2) _____, I even _____ more.

Q: Did you lose some weight recently?
A: (1) Yes, I've been on a diet.
 (2) No, I even gained more.

■ Yes, No를 생략한 응답

07_1_02.mp3

질문 당신은 내일 발표 준비를 모두 마쳤나요?

대답 (1) 저는 아까 전에 다 끝났지요.

(2) 저는 시간이 더 필요할 것 같아요.

영어 쓰기

Q Are you _____ with the _____ for tomorrow's presentation?

A (1) I've _____ it earlier.

(2) I think I'll _____ more _____.

정답

Q: Are you done with the preparation for tomorrow's presentation?
A: (1) I've finished it earlier.
　　(2) I think I'll need more time.

■ 간접적인 응답

07_1_03.mp3

질문 Neil은 예전에 일본에 가본 적이 있죠?

대답 (1) 잘 모르겠는데요.

(2) 그에게 직접 물어보는 게 어때요?

영어 쓰기

Q Hasn't Neil _____ _____ Japan before?

A (1) I'm not _____.

(2) Why don't you _____ him _____?

정답

Q: Hasn't Neil been to Japan before?
A: (1) I'm not sure.
　　(2) Why don't you ask him directly?

■ 일반 의문문 문제 풀기

07_1_04.mp3

보기 2개 중 질문에 맞는 답을 하나만 고르세요. 대본은 나중에 문제를 다 푼 후 보세요.

1. Mark your answer. ················ (A) (B)

2. Mark your answer. ················ (A) (B)

3. Mark your answer. ················ (A) (B)

4. Mark your answer. ················ (A) (B)

■ 일반 의문문 정답과 대본

1

 영어

Do you have my phone number at the office?

(A) I am busy right now.

(B) Yes, but can you tell me again?

 한국어

당신은 사무실에 제 전화번호를 갖고 있죠?

(A) 저 지금 바쁘거든요.

(B) 네, 하지만 다시 한 번 얘기해줄래요?

이미 번호를 갖고 있지만 다시 한번 요청한 (B)가 정답이에요.

2

 영어

Didn't Sue order new chairs last week?

(A) Why don't you ask her?

(B) We ordered dinner.

 한국어

Sue가 지난주에 새 의자들을 주문했죠?

(A) 그녀에게 물어보지 그래요?

(B) 우린 저녁 식사를 주문했습니다.

주문했는지 아닌지 본인은 알 수 없으므로 직접 물어보는 게 어떻겠냐고 역질문을 던진 (A)가 정답이에요. 반드시 평서문으로 대답해야 한다는 규칙이 있는 건 아니므로 가장 자연스러운 답을 택하세요.

3

Wasn't Peter a little late?

(A) No, he wasn't.

(B) At 6:30 p.m.

Peter가 좀 늦었죠?

(A) 아니요, 그는 늦지 않았어요.

(B) 저녁 6시 30분에.

Peter가 늦지 않았음을 정확히 얘기한 (A)가 답이고 (B)는 시간과 관련된 어휘의 함정이므로 소거하세요.

어휘 •**a little** 약간

4

Weren't we going to meet up at four?

(A) Yes, but I took the wrong bus.

(B) I met him on Tuesday.

우리 4시에 만나기로 한 거였죠?

(A) 네, 그런데 제가 버스를 잘못 탔어요.

(B) 저는 그를 화요일에 만났어요.

4시에 만나기로 했으나 왜 늦었냐는 투로 묻는 질문에 약속은 맞으나 본인의 사정이 이랬다고 설명한 (A)가 정답이에요.

어휘 •**meet up** 만나다, 모이다 •**wrong** 잘못된, 틀린

---

2 ▶ 부가 의문문

❶ 평서문에 꼬리를 달아, 어떠한 내용이 맞거나 틀린지, 인지 아닌지, 옳은지 그른지를 확인하는 일반 의문문과 굉장히 비슷한 의문문이에요.

→ 사실 여부에 대해 정확히 예, 아니오를 대답한 보기가 정답이 될 확률이 높습니다.

❷ 질문의 내용이 맞으면 Yes, 아니면 No라고 명확히 대답해 줄 수도 있지만, Yes, No를 생략한 채 내용에 대한 설명만을 이야기 할 수도 있어요.

❸ 질문의 내용은 '본동사' 중심으로 파악하고, 의문사의문문, 일반의문문과 동일한 방법으로 소거와 처음 세 단어 듣기에 집중하여 정답을 골라주세요.

❹ 꼬리말이 긍정이든 부정이든 '본동사'의 성질이 동일하기 때문에, 사실 여부에 대해 긍정형 일반 의문문과 똑같이 대답하면 됩니다. 꼬리말은 복잡하게 직역하지 말고 "그렇지?", "맞지?", "네?" 정도의 확인조로 해석하면 가장 쉬워요.

예문을 통해 부가 의문문 대답의 유형을 익혀봅니다. 예제 중 한글로 적힌 각 질문과 답의 관계를 파악한 뒤, 영어로 녹음된 성우의 음성을 듣고 처음 세 단어를 중심으로 받아쓰세요. 영어 녹음은 각 3번씩 들려드립니다.

■ Yes, No로 응답

07_2_01.mp3

질문 당신은 배송 회사에 이미 전화했죠, 그렇죠?

대답 (1) 네, 오늘 아침에 제가 했어요.

(2) 아니요, 전 바빴어요.

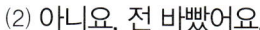

Q You already _____ the delivery company, _____ you?

A (1) _____, I _____ it this morning.

(2) _____, I was _____.

정답

Q: You already called the delivery company, didn't you?
A: (1) Yes, I did it this morning.
  (2) No, I was busy.

■ Yes, No를 생략한 응답

07_2_02.mp3

질문 Conrad가 스페인에 전에 산 적이 있나요, 네?

대답 (1) 그는 사실 그곳에서 자랐는걸요.

(2) 아닌 것 같아요.

Q Conrad hasn't _____ _____ Spain before, has he?

A (1) He actually _____ _____ there.

(2) I _____ think so.

정답

Q: Conrad hasn't lived in Spain before, has he?
A: (1) He actually grew up there.
  (2) I don't think so.

■ **간접적인 응답**

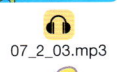

질문 당신은 지난번에 Drew의 전화번호를 저장했죠, 그렇죠?

대답 저는 잘 기억이 나질 않습니다.

영어 쓰기

Q You _____ Drew's phone number last time, right?

A I don't _____.

정답

Q: You saved Drew's phone number last time, right?

A: I don't remember.

■ **부가 의문문 문제 풀기**

보기 2개 중 질문에 맞는 답을 하나만 고르세요. 대본은 나중에 문제를 다 푼 후 보세요.

1. Mark your answer. ················ (A)   (B)

2. Mark your answer. ················ (A)   (B)

3. Mark your answer. ················ (A)   (B)

4. Mark your answer. ················ (A)   (B)

■ **부가 의문문 정답과 대본**

1

 **영어**

The new receptionist who was hired last week is nice, isn't she?

(A) I don't know.

(B) She started last Monday.

한국어

지난주에 채용된 접수원은 친절하죠, 그렇죠?

(A) 전 몰라요.

(B) 그녀는 지난 월요일에 일을 시작했어요.

친절한지 아닌지의 여부를 묻는 질문에 모른다고 딱 잘라 말한 (A)가 정답이에요.

어휘 ●receptionist 접수원 ●hire 채용하다

2

Your job interview for the sales job is on Tuesday, right?

(A) Yes, that's right.

(B) I am busy on that day.

영업직을 위한 당신의 면접이 화요일에 있죠, 그렇죠?

(A) 네, 맞습니다.

(B) 전 그 날 바빠요.

화요일이 면접일이 맞으면 Yes, 아니면 No라 대답하면 되므로 정답은 (A)입니다.

어휘 • **sales job** 영업직

3

She hasn't joined the marketing team, has she?

(A) Okay, I'll tell her.

(B) No, she is in customer service.

그녀가 마케팅팀에 설마 들어간 건가요, 네?

(A) 알겠어요, 제가 그녀에게 얘기할게요.

(B) 아니요, 그녀는 고객 서비스부에 있어요.

'그녀가 그 팀에 안 들어간 건가, 그런가?' 라고 어색하게 해석하지 말고, 부가 의문문이 실제로 의미하는 바를 생각해주면 join이라는 본동사에 보다 집중할 수 있어요. 사실 여부가 맞으면 Yes, 아니라면 no라고 대답하면 되므로 정답은 (B)예요.

어휘 • **join** 함께하다, 합류하다 • **customer service** 고객 서비스 (부서)

4

You will get the movie tickets for this evening, won't you?

(A) I've already bought them.

(B) Yes, I will be there at 7.

당신은 오늘 저녁을 위한 영화표를 살 거죠, 그렇죠?

(A) 전 이미 그것들을 샀어요.

(B) 네, 전 거기에 7시에 갈 거예요.

표를 살 건지를 물어보았는데, 이미 샀으므로 더 이상 살 필요가 없다는 뉘앙스로 대답한 (A)가 정답이에요. (B)는 Yes까지는 괜찮았으나 표를 사는지 않는지에 관한 여부가 아닌 그곳에 갈 건지 아닌지를 얘기하였으므로, 항상 동사를 살피고 이런 류의 오답을 지워주도록 하세요.

어휘 • **movie ticket** 영화표

토익 기초 뛰어넘기

07_2_05.mp3

보기 3개 중 질문에 가장 알맞은 답을 하나만 고르세요. 정답과 대본은 문제를 다 푼 후에 보세요.

1. Mark your answer. ················· (A)　(B)　(C)

2. Mark your answer. ················· (A)　(B)　(C)

3. Mark your answer. ················· (A)　(B)　(C)

4. Mark your answer. ················· (A)　(B)　(C)

5. Mark your answer. ················· (A)　(B)　(C)

6. Mark your answer. ················· (A)　(B)　(C)

7. Mark your answer. ················· (A)　(B)　(C)

8. Mark your answer. ················· (A)　(B)　(C)

토익 기초 뛰어넘기 정답과 대본

1

영어

Will Ms. Ibanez be able to join the factory tour?

(A) It will be a nice trip.

(B) If she has enough time.

(C) Yes, I would like to.

한국어

Ibanez 양이 공장 견학에 올 수 있을까요?

(A) 좋은 여행이 될 거예요.

(B) 만약 그녀가 충분한 시간이 있다면.

(C) 네, 저도 그리하고 싶습니다.

Ibanez 양이 오는지 아닌지에 대해, 토익이 최근 좋아하는 '조건부 표현'을 사용한 (B)가 정답이에요. (A)는 tour - trip 관련 어휘의 함정이며, (C)는 그녀가 아닌 나의 얘기에 해당하므로 소거하세요.

어휘 ▸ • **factory tour** 공장 견학 • **trip** 여행 • **would like to** ~하길 원하다

2

영어

You don't need new business cards, do you?

(A) No, I still have a lot.

(B) It's much faster than the bus.

(C) The design is great, thanks.

한국어

당신 설마 새로운 명함이 필요한 건가요, 네?

(A) 아니요, 전 여전히 많이 가지고 있어요.

(B) 그것은 버스보다 훨씬 빠르답니다.

(C) 디자인이 훌륭하네요, 감사합니다.

필요한지 아닌지만 대답해주면 되므로, 똑 부러지게 원하는 말을 해준 (A)를 선택하세요.

어휘 •**business card** 명함 •**still** 여전히 •**faster** 더 빠른

3

영어

Have you finished your assignments?

(A) I'm almost done.

(B) You should finish it soon.

(C) The assignments are quite complicated.

한국어

당신은 당신의 업무를 끝냈나요?

(A) 전 거의 다 돼가요.

(B) 당신은 그것을 곧 끝내셔야 해요.

(C) 업무가 꽤 복잡해요.

본동사 finish에 집중해서 끝났는지 아닌지를 찾아주세요. 아직은 아니지만 거의 끝나간다고 대답한 (A)가 정답이에요. (B), (C)에서 finish라든가 assignment라는 단어를 중복으로 사용한 경우는 오히려 유사 발음의 함정일 확률이 높아요.

어휘 •**assignment** 업무, 과제 •**almost** 거의 •**be done** 끝내다, 마치다
•**quite** 꽤 •**complicated** 복잡한

4

영어

Courtney didn't quit her weekly tennis class, did she?

(A) Yes, she didn't like it.

(B) Yes, every Tuesday.

(C) You should join us.

한국어

Courtney가 설마 그녀의 주간 테니스 수업을 그만둔 건가요, 네?

(A) 네, 그녀는 그것을 별로 좋아하지 않았어요.

(B) 네, 매주 화요일에.

(C) 당신도 우리와 함께하세요.

그만둔 건지의 여부를 물었을 때, 그것이 맞고 그 이유까지 이렇다고 설명해준 (A)가 정확한 답이에요.

어휘 •**quit** 나가다, 그만두다 •**class** 수업 •**every** 매, 매 ~마다

5

영어

Aren't you attending the product seminar tomorrow?

(A) Sally wants you to come.

(B) I need to think about it.

(C) The product is selling very well.

한국어

당신은 내일 제품 세미나에 오는 거죠?

(A) Sally는 당신이 오길 원해요.

(B) 저는 생각해봐야 할 것 같아요.

(C) 제품은 매우 잘 팔리고 있어요.

참석 여부를 묻는 것에 대해 생각해보겠다고 대답을 보류한 (B)가 정답이에요. (C)는 product라는 어휘를 중복으로 사용한 함정이었어요.

어휘 •**attend** 참석하다 •**sell well** 잘 팔리다

6

영어

This is the technical support office, right?

(A) Thank you for your help.

(B) No, that's upstairs.

(C) I left it on.

한국어

여기가 기술 지원부 사무실이죠, 그렇죠?

(A) 당신의 도움에 감사드립니다.

(B) 아니요, 그건 위층이에요.

(C) 제가 그것을 켜진 채로 두었어요.

이곳이 어떤 장소가 맞는지 확인하는 것에 대해, 사실이 아니며 어디로 가면 되는지까지 알려준 (B)가 정답이에요.

어휘 •**technical support** 기술지원 (부서) •**upstairs** 위층 •**left ~ on** 켜진 채로 두다

7

Don't you think we need a new coffee maker?

(A) No, the copies are great.

(B) Yes, but it's expensive.

(C) The prints are done.

우리에게 새로운 커피메이커가 필요하다고 당신은 생각하죠?

(A) 아니요, 복사본들은 훌륭합니다.

(B) 네, 그렇지만 그건 가격이 비싸요.

(C) 출력이 끝났어요.

최근 토익이 좋아하는 but 어휘를 사용한 (B)가 정답으로, 사실은 맞으나 조건이 이렇다고 덧붙인 유형이에요. (A)는 coffee – copy 라는 전형적인 유사 발음의 함정 유형이에요.

어휘 ● **coffee maker** 커피메이커, 커피 내리는 기계 ● **expensive** 값비싼

8

It's very expensive to replace this phone, isn't it?

(A) This is a good place to call.

(B) Yes, it will cost a lot.

(C) I already have a phone.

이 전화기를 교체하는 것은 매우 비싸죠, 그렇죠?

(A) 이곳은 전화하기에 좋은 장소입니다.

(B) 네, 돈이 많이 들 거예요.

(C) 전 이미 전화기가 있어요.

비싼지 아닌지에 대답해준 (B)가 답으로, call이나 phone 따위의 관련 어휘나 유사 발음에 속지 말고 항상 묻는 내용이 무엇이었는지 기억하세요.

어휘 ● **replace** 교체하다 ● **cost** 비용이 들다

Lesson 8

1 선택 의문문

❶ 선택 의문문은 두 개의 선택지 중 하나를 택하도록 하는 의문문이에요

　→ '예, 아니요'로 대답하면 오답이 될 확률이 높습니다.

❷ 하나를 택할 수 있지만, 둘 다 선택하거나 아무것도 선택하지 않을 수도 있어요. 심지어 좀 더 생각해보겠다고 하거나 결정하기 어렵다고 간접적으로 얘기할 수도 있습니다.

❸ 질문의 내용은 늘 그렇듯 '본동사' 중심으로 파악하고, 소거와 처음 세 단어 듣기에 집중하여 정답을 골라주세요.

❹ 때때로 완벽한 문장 두 개가 연결된 긴 선택 의문문에서 Yes/No 대답을 할 수 있는 경우도 존재하지만, 출제 비중은 낮은 편이에요.

❺ 단골로 출제되는 선택의문문의 대답

예문을 통해 선택 의문문 대답의 유형을 익혀봅니다. 예제 중 한글로 적힌 각 질문과 답의 관계를 파악한 뒤, 영어로 녹음된 성우의 음성을 듣고 처음 세 단어를 중심으로 받아쓰세요. 영어 녹음은 각 3번씩 들려드립니다.

■ 둘 중 하나를 고르는 응답

08_1_01.mp3

질문 빨간색이 좋으신가요 아니면 파란색이 좋으신가요?

대답 (1) 저는 빨간색이 더 좋아요.

　　(2) 저는 사실 파란색을 선호합니다.

영어 쓰기

Q Would you _____ the red or the blue?

A (1) I like red _____.

　　(2) I actually _____ the blue one.

정답

Q: Would you like the red or the blue?
A: (1) I like red better.
　 (2) I actually prefer the blue one.

■ 둘 다 괜찮다, 모두 원한다는 응답

08_1_02.mp3

질문 당신은 파스타를 드실래요, 피자를 드실래요?

대답 (1) 어느 쪽이든 좋아요.

(2) 저 사실은 둘 다 먹을래요.

(3) 둘 다 좋겠는데요.

Q Would you like to _____ pasta or pizza?

A (1) _____ is fine.

(2) I'd like _____, in fact.

(3) _____ sounds great.

Q: Would you like to have pasta or pizza?
A: (1) Whichever is fine.
  (2) I'd like both, in fact.
  (3) Either sounds great.

■ 둘 다 선택하지 않거나 거절하는 응답

08_1_03.mp3

질문 제가 저녁을 살까요 아니면 술을 살까요?

대답 (1) 둘 다 아니요.

(2) 사양할래요. 전 쉬고 싶어요.

Q Should I buy you _____ or some _____?

A (1) _____

(2) _____ _____. I want to get some rest.

Q: Should I buy you dinner or some drinks?
A: (1) Neither.
  (2) No thanks. I want to get some rest.

■ 돌려 말하거나 간접적으로 하는 응답

08_1_04.mp3

질문 우리 토요일에 만날까요, 아니면 일요일에 만날까요?

대답 (1) 나중에 알려드릴게요.

(2) 일정을 확인해봐야겠어요.

영어 쓰기

Q Do you want to _____ _____ on Saturday or Sunday?

A (1) I'll _____ you _____ later.

(2) I need to _____ the schedule.

정답

Q: Do you want to meet up on Saturday or Sunday?
A: (1) I'll let you know later.
(2) I need to check the schedule.

■ 선택 의문문 문제 풀기

08_1_05.mp3

보기 2개 중 질문에 맞는 답을 하나만 고르세요. 대본은 나중에 문제를 다 푼 후 보세요.

1. Mark your answer. ⋯⋯⋯⋯⋯⋯ (A)　(B)

2. Mark your answer. ⋯⋯⋯⋯⋯⋯ (A)　(B)

3. Mark your answer. ⋯⋯⋯⋯⋯⋯ (A)　(B)

4. Mark your answer. ⋯⋯⋯⋯⋯⋯ (A)　(B)

■ 선택 의문문 정답과 대본

1

 영어

Is it faster to take the bus to the airport, or should I take a taxi?

(A) Actually, take the subway.

(B) Every 15 minutes.

 한국어

공항에 갈 때 버스를 타는 게 빠를까요, 아니면 제가 택시를 타야 할까요?

(A) 실은, 지하철을 타세요.

(B) 매 15분마다.

선택의 옵션을 벗어난 제3의 수단으로 대답한 (A)가 정답이에요.

어휘 •**faster** 더 빠른 •**airport** 공항 •**taxi** (= **cab**) 택시

2

Do you want to sit outside or inside?

(A) I prefer outside.

(B) There are enough seats.

바깥 아니면 안에 앉을래요?

(A) 저는 바깥을 선호해요.

(B) 충분한 좌석이 있어요.

바깥과 안이라는 옵션 중 확실하게 하나를 고른 (A)가 정답이에요.

어휘
- **prefer** 선호하다

3

Would you like to go to the concert or just watch it on TV?

(A) Let me think about it.

(B) I like music.

콘서트에 직접 갈래요 아니면 TV로 볼래요?

(A) 생각 좀 해봐야겠는데요.

(B) 저는 음악을 좋아해요.

둘 중 하나를 결정하지 못해 생각해보겠다고 대답한 (A)가 정답이에요. Concert – music 관련 어휘의 함정에 빠지지 않게 유의하세요.

어휘
- **Let me** 내가 ~할게요

4

Do you think these shoes are okay, or are they too small?

(A) Yes, I agree.

(B) Smaller would be better.

이 신발들이 괜찮은 것 같나요, 아니면 너무 작은가요?

(A) 네, 저는 동의합니다.

(B) 더 작은 게 나을 것 같은데요.

신발의 사이즈가 잘 맞는지 아닌지 묻는 질문에 대해 더 작은 사이즈를 원한다고 얘기한 (B)가 정답이에요.

어휘
- **agree** 동의하다 • **smaller** 더 작은, 더 작은 것

2 제안/ 제공/ 요청 의문문

❶ 제안이나 제공, 요청을 하여 상대방의 수락이나 거절을 유도하는 의문문이에요

→ '예, 아니오'로 대답하거나, 돌려서 답할 수도 있습니다.

❷ 대부분의 경우 흔쾌히 수락(1순위)하거나 정중하게 거절(2순위)하는 문항이 답으로 많이 채택돼요.

❸ 질문의 내용은 늘 그렇듯 '본동사' 중심으로 파악하고, 소거와 처음 세 단어 듣기에 집중하여 정답을 골라주세요.

❹ 자주 나오는 제안/ 제공/ 요청의 표현을 기억해두고 활용하면 편리해요.

　(1) 제안: ~하는 게 어때? / ~할래요? / ~하자

　　• How about ~ ing? / What about ~ ing?

　　• Why don't you / we ~ ?

　　• Would you like to ~ ?

　　• Do you want to ~ ?

　　• Let's ~

　(2) 제공: 제가 ~해드릴까요? / 내가 ~해줄게

　　• Do you want me to ~?

　　• Would you like me to ~?

　　• Let me ~

　　• Can I ~?

　(3) 요청: ~좀 해줄래요?

　　• Can you ~ / Could you ~ / Will you ~ / Would you ~?

　　• Do you mind ~ / Would you mind ~ ?

❺ 단골로 출제되는 제안/ 제공/ 요청의문문의 대답

예문을 통해 제안/ 제공/ 요청 의문문 대답의 유형을 익혀봅니다. 예제 중 한글로 적힌 각 질문과 답의 관계를 파악한 뒤, 영어로 녹음된 성우의 음성을 듣고 처음 세 단어를 중심으로 받아쓰세요. 영어 녹음은 각 3번씩 들려드립니다.

■ 수락을 의미하는 응답

08_2_01.mp3

질문 저랑 같이 영화 보러 가실래요?

대답 (1) 좋아요.

(2) 물론이죠. 언제가 당신에게 좋은가요?

Q _____ _____ _____ _____ go to the movies with me?

A (1) That sounds _____.

(2) _____. When is good for you?

Q: Would you like to go to the movies with me?
A: (1) That sounds nice.
   (2) Sure. When is good for you?

 긍정적인 어휘는 보통 수락을 의미해요.

08_2_02.mp3

질문 창문 닦는 거 혹시 꺼려하시나요?

대답 (1) 아니요, 전혀 아닙니다.

(2) 물론 해드릴게요. 이 천을 사용하면 될까요?

Q Do you _____ _____ the window?

A (1) No, _____ _____ _____.

(2) _____. Can I use this _____?

Q: Do you mind cleaning the window?
A: (1) No, not at all.
   (2) Sure. Can I use this cloth?

 Do you mind 질문은 부정적으로 답해야 꺼려하지 않는 것이므로 수락의 의미.

■ 거절을 의미하는 응답

질문 내가 이 박스들을 나르는 거 도와줄래요?

08_2_03.mp3

대답 (1) 미안하지만, 나 바로 나가야 해요.

(2) 유감이지만, 내 손도 꽉 차 있어요.

(3) Violet이 아마 도와줄 수 있을 거예요.

 영어 쓰기

Q Can you help me _____ these boxes?

A (1) _____, I need to leave right away.

(2) _____, my hands are full too.

(3) Maybe Violet can _____ _____ for you.

정답

Q: Can you help me carry these boxes?
A: (1) Sorry, I need to leave right away.
  (2) Unfortunately, my hands are full too.
  (3) Maybe Violet can do it for you.

소연쌤의 **꿀팁!** 부정적인 어휘나 이유, 변명, 대안 제시는 주로 거절을 의미해요.

■ 간접적으로 하는 응답

질문 제가 당신을 차 태워드릴까요?

08_2_04.mp3

대답 (1) 잘 모르겠어요.

(2) 생각 좀 해볼게요.

(3) 당신이 그럴 여유가 있어요? (시비조 아님)

영어 쓰기

Q Do you want me to _____ you _____ _____ ?

A (1) I'm not _____.

(2) Let me _____ about it.

(3) Are you _____ to do that?

 **정답**

Q: Do you want me to give you a ride?
A: (1) I'm not sure.
  (2) Let me think about it.
  (3) Are you free to do that?

■ 제안/ 제공/ 요청 의문문 문제 풀기

08_2_05.mp3

보기 2개 중 질문에 맞는 답을 하나만 고르세요. 대본은 나중에 문제를 다 푼 후 보세요.

1. Mark your answer. ················· (A) (B)

2. Mark your answer. ················· (A) (B)

3. Mark your answer. ················· (A) (B)

4. Mark your answer. ················· (A) (B)

■ 제안/ 제공/ 요청 의문문 정답과 대본

1

 영어

Do you mind reviewing my report?

(A) Not at all.

(B) Yes, I'll review hers.

한국어

당신 혹시 제 보고서를 보시는 걸 꺼리시나요? (= 봐줄 수 있나요?)

(A) 전혀 꺼리지 않습니다. (= 기꺼이 해 드릴게요.)

(B) 네, 제가 그녀의 것을 보겠습니다

Do you mind~로 공손하게 물어본 질문에 전혀 꺼리지 않는다고 대답한 (A)가 정답.

어휘 ● **review** 검토하다

2

 영어

Could we visit the store on our way home?

(A) That's a great idea.

(B) I visited the store once.

한국어

우리 집에 가는 길에 가게에 좀 들러도 될까요?

(A) 좋은 생각이에요.

(B) 저는 그 가게에 한 번 갔습니다.

제안에 대해 흔쾌히 수락한 (A)가 정답.

어휘 ● **on one's way** ~에 가는 길에 ● **once** 한 번

3

영어

Do you want me to help you with your presentation?

(A) I'm presenting at the seminar tomorrow.

(B) That would be nice.

도움을 제공하려 하자 이를 수락한 (B)가 정답이에요.

한국어

제가 당신의 발표 작업을 도와드리길 원하시나요?

(A) 저는 내일 세미나에서 발표합니다.

(B) 그러면 좋겠습니다.

4

영어

Why don't we go swimming on Saturday?

(A) I bought a new swimsuit.

(B) I have other plans, sorry.

거절을 할 때는 이유를 들거나 정중한 표현을 사용해주면 좋은 답이 돼요. 공손한 거절인 (B)가 정답이에요.

한국어

우리 토요일에 수영하러 가는 게 어때요?

(A) 저는 새 수영복을 샀어요.

(B) 전 다른 계획이 있어요, 미안해요.

어휘 • swimsuit 수영복

보기 3개 중 질문에 가장 알맞은 답을 하나만 고르세요. 정답과 대본은 문제를 다 푼 후에 보세요.

1. Mark your answer. ················· (A) (B) (C)

2. Mark your answer. ················· (A) (B) (C)

3. Mark your answer. ················· (A) (B) (C)

4. Mark your answer. ················· (A) (B) (C)

5. Mark your answer. ················· (A) (B) (C)

6. Mark your answer. ················· (A) (B) (C)

7. Mark your answer. ················· (A) (B) (C)

8. Mark your answer. ················· (A) (B) (C)

토익 기초 뛰어넘기 정답과 대본

1

영어

Can Sue join us today, or is she still abroad in Italy?

(A) She is already back.

(B) Because her family lives there.

(C) No, she is from Italy.

한국어

Sue는 오늘 우리와 함께할 수 있나요, 아니면 그녀는 아직도 해외인 이탈리아에 있나요?

(A) 그녀는 이미 돌아왔어요.

(B) 왜냐하면 그녀의 가족이 거기에 살기 때문에.

(C) 아니요, 그녀는 이탈리아 출신입니다.

Sue가 함께 할 수 있는지 없는지를 물은 경우에 대해 이미 돌아왔기 때문에 가능하다는 투로 대답한 (A)가 정답이에요. (B)와 (C)는 모두 Italy에서 연상되는 표현들은 사용한 함정들이에요.

어휘 ●**abroad** 해외에 ●**from** ~로부터, ~출신인

2

 영어

Would you like me to call you tonight?

(A) Yesterday afternoon.

(B) I like her very much.

(C) Yes, around 9 p.m., please.

한국어

제가 오늘 밤 당신에게 전화해드릴까요?

(A) 어제 오후.

(B) 저는 그녀를 매우 좋아해요.

(C) 네, 밤 9시쯤 부탁해요.

전화를 원하고 그 시각은 9시경으로 부탁한다고 똑 부러지게 대답한 (C)가 정답이에요.

3

 영어

Should I help you set up the room or send someone to assist you?

(A) The assistant left.

(B) This room is upstairs.

(C) Oh, do you have time to give me a hand?

한국어

당신이 방 세팅하는 것을 도와드릴까요 아니면 당신을 도와줄 누군가를 보내드릴까요?

(A) 보조가 떠났어요.

(B) 이 방은 위층에 있습니다.

(C) 오, 저를 도와줄 시간이 있나요?

둘 중 하나를 선택하게 한 상황에서 도와준다는 상황을 반기는 듯한 대답을 해준 (C)가 정답이에요.

어휘 •**assist** 돕다 •**assistant** 어시스턴트, 보조 •**give a hand** 도와주다

4

 영어

What about joining the gym together?

(A) I enjoyed it, too.

(B) How much is the monthly fee?

(C) What was it about?

한국어

같이 헬스장에 등록하는 게 어때요?

(A) 저도 그것이 즐거웠습니다.

(B) 월회비가 얼마인가요?

(C) 그것은 무엇에 관한 것이었습니까?

등록을 같이하자는 말에 대해 월회비를 물어보며 흥미를 표현 (B)가 답이에요. Join – enjoyed 같은 유사 발음은 함정에 빠지지 않도록 조심하세요.

어휘 •**gym** 헬스장, 체육관 •**monthly fee** 월회비

5

영어

Do you want to watch a movie or go to the dinner party?

(A) No, I'm not moving.

(B) Yes, I lost my watch.

(C) Let's go eat – I'm hungry.

한국어

영화를 볼까요 아니면 저녁 파티에 갈래요?

(A) 아니요, 저는 이사 가지 않아요.

(B) 네, 저는 시계를 잃어버렸어요.

(C) 가서 먹읍시다, 저 배고파요.

두 개의 옵션을 들었을 때, 둘 중 하나가 아니라 더 좋은 다른 선택이 있다면 그것을 답으로 골라도 돼요. 제3의 선택도 답이 될 수 있으므로 정답은 (C)가 돼요.

어휘 • **watch** 손목시계

6

영어

Would you lend me 10 dollars?

(A) No problem. Here you go.

(B) The rent was high.

(C) It cost 30 dollars.

한국어

저에게 10달러만 빌려주시겠습니까?

(A) 문제없습니다. 여기 있어요.

(B) 임대료는 비쌌어요.

(C) 그건 30달러가 들었어요.

돈을 꿔달라는 말에 수락해준 (A)가 정답이에요. Lend – rent 같은 유사 발음의 함정에 유의하세요.

어휘 • **lend** 빌려주다 • **Here you go.** 여기 있습니다. • **rent** 임대, 임대료

7

영어

Should we do more work, or do you want to stop here?

(A) I would rather drive.

(B) The office is over there.

(C) It doesn't matter to me.

한국어

우리 일을 더 해야 할까요, 아니면 여기서 멈출까요?

(A) 저는 차라리 운전하겠어요.

(B) 사무실은 저기에 있어요.

(C) 저는 상관없어요.

선택의 옵션에 대해 어느 쪽이든 괜찮다고 얘기한 (C)가 정답이에요.

어휘 • **drive** 운전하다 • **over there** 저기 저쪽에

8

Can you finish this document today, or do you need more time?

(A) She finished it earlier.

(B) The day after tomorrow.

(C) I think I can complete it by Wednesday.

당신은 이 서류를 오늘 끝낼 수 있나요, 아니면 시간이 더 필요한가요?

(A) 그녀는 그것을 아까 끝냈습니다.

(B) 내일모레.

(C) 저는 이것을 수요일까지 끝낼 수 있을 것 같습니다.

오늘이 아닌 수요일까지 끝낼 수 있을 것 같다고 돌려 말한 (C)가 정답이에요.

어휘 •**earlier** 아까, 일전에 •**the day after tomorrow** 내일모레 •**complete** 끝내다, 마치다

Lesson 9

1 평서문

❶ 평서문으로도 일반적인 사실, 감정, 의견 전달, 문제점 제시, 질문 모두가 가능해요.
　→ 평서문은 상대방이 가장 '듣고 싶을 만한' 대답을 해주는 게 열쇠에요.

❷ 상대방의 말에 동의하고 맞장구를 치거나 대안을 제시하여 '행복한 결말'을 만들어주는
　대답이 정답으로 채택되는 경우가 가장 많습니다.

❸ 평서문의 내용도 '본동사' 중심으로 파악하고, 의문문과 동일한 방법으로 소거와 처음
　세 단어 듣기에 집중하여 정답을 골라주세요.

❹ 만약 평서문의 해석에 실패했거나 정답을 찾기 어려울 때는 답으로 역질문을 골라주는
　것이 최선의 선택이 될 수 있어요. 이는 역질문이 평서문에 대한 가장 자연스러운 반응
　중 하나이기 때문이죠.

예문을 통해 평서문 대답의 유형을 익혀봅니다. 예제 중 한글로 적힌 각 질문과 답의 관계를 파악한 뒤, 영어로 녹음된 성우의 음성을 듣고 처음 세 단어를 중심으로 받아쓰세요. 영어 녹음은 각 3번씩 들려드립니다.

■ 동의와 맞장구로 응답

09_1_01.mp3

질문 새로운 프로그램은 사용하기 쉬워요.

대답 네, 확실히 그래요.

Q The new program is ＿＿＿＿ to ＿＿＿＿.

A ＿＿＿＿, it definitely is.

Q: The new program is easy to use.
A: Yes, it definitely is.

■ 아닌 건 아니라고 응답

09_1_02.mp3

질문 프로젝트의 마감이 이번 목요일이에요.

대답 아니에요, 사실 다음 주 화요일이에요.

Q The _____ for our project is this Thursday.

A _____, it's next Tuesday, in fact.

Q: The deadline for our project is this Thursday.

A: No, it's next Tuesday, in fact.

■ 좋지 않은 상황에서 위로하거나 해결책을 제시하는 응답

09_1_03.mp3

질문 제가 제 핸드폰을 잃어버린 것 같아요.

대답 (1) 분실물 센터를 확인해봅시다.

(2) 어디다 두었는지 기억이 나나요?

Q I think I _____ my mobile phone.

A (1) Let's _____ the lost and found.

(2) Do you remember _____ you _____ it?

Q: I think I lost my mobile phone.

A: (1) Let's check the lost and found.

(2) Do you remember where you left it?

■ 평서문 문제 풀기

09_1_04.mp3

보기 2개 중 질문에 맞는 답을 하나만 고르세요. 대본은 나중에 문제를 다 푼 후 보세요.

1. Mark your answer. ················· (A)   (B)

2. Mark your answer. ················· (A)   (B)

3. Mark your answer. ················· (A)   (B)

4. Mark your answer. ················· (A)   (B)

■ 평서문 정답과 대본

1

영어

The new movie was exciting.

(A) It will be an exciting evening.

(B) I totally agree.

한국어

그 새 영화는 정말 신났어요.

(A) 신나는 저녁이 될 거예요.

(B) 저는 완전히 동의해요.

의견에 대해 동의해준 (B)가 정답이에요.

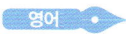 •**exciting** 신나는 •**totally** 완전히 •**agree** 동의하다

2

영어

I thought you moved to the London branch.

(A) Actually, the plan was cancelled.

(B) England is a good place to visit.

한국어

당신이 런던 지사로 옮긴 줄 알았어요.

(A) 사실, 그 계획은 취소됐어요.

(B) 영국은 방문하기 좋은 곳이에요.

~인 줄 알았다면서 얘기했을 때, 계획의 취소로 그게 아니라고 얘기하는 (A)가 정답이에요.

3

영어

No way, I don't have my wallet with me.

(A) Did you check your pockets and purse?

(B) There's a way out.

한국어

말도 안 돼, 나 지갑이 없어요.

(A) 주머니들과 가방은 확인했어요?

(B) 나가는 길이 있어요.

문제점 상황에 대해 역질문으로 대답하며 문제를 해결해주려 하는 (A)가 답이에요.

 •**no way** 말도 안 돼 •**wallet** 지갑 •**pocket** 주머니 •**purse** 여자용 핸드백

4

영어

I don't think I can finish my paper in time.

(A) A few papers.

(B) Let me give you a hand.

한국어

저 보고서를 제때 다 못 끝낼 것 같아요.

(A) 몇몇의 서류들.

(B) 제가 도와드릴게요.

문제점을 언급했을 때 도와주겠다고 나선 (B)가 정답이에요.

2 간접 의문문

❶ 의문문 두 개가 연결된 간접 의문문은, '의문사를 포함한 일반 의문문'이라고도 불립니다.
→ 의문사가 있을 때, 항상 의문사가 1순위예요.

❷ 구조는 '조동사 의문문 + 의문사(접속사) + 주어 + 동사?' 형태이므로, 보통의 의문사 의문문과 같은 요령으로 대답하되 Yes/No 대답을 해도 돼요.

❸ 간접 의문문의 내용은 중간에 껴 있는 '의문사'와 '본동사' 중심으로 파악하고, 앞에 제시된 소거법을 그대로 적용시켜주세요.

❹ 간접 의문문은 주로 Do you know / Can you tell me ~ 로 많이 시작해요.

⑴ Do you know…

- Do you know ~ ?
- Do you remember ~ ?
- Does anyone know ~ ?

⑵ Can you tell me…

- Could you tell me ~ ?
- Can anyone tell me ~ ?
- Would you tell me ~ ?

예문을 통해 간접 의문문의 대답 유형을 익혀봅니다. 예제 중 한글로 적힌 각 질문과 답의 관계를 파악한 뒤, 영어로 녹음된 성우의 음성을 듣고 처음 세 단어를 중심으로 받아쓰세요. 영어 녹음은 각 3번씩 들려드립니다.

■ Yes / No를 포함하는 응답

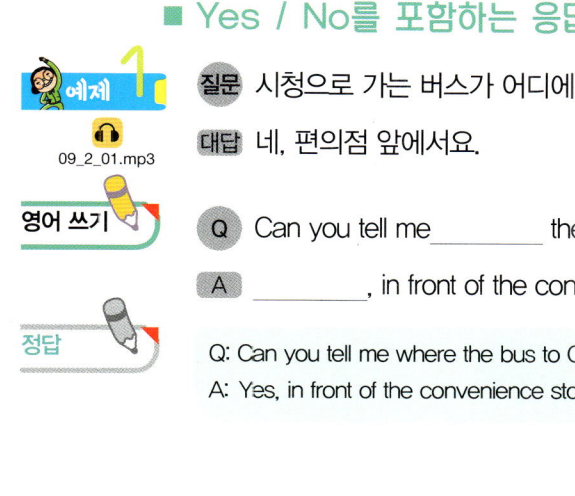

예제 1

09_2_01.mp3

영어 쓰기

질문 시청으로 가는 버스가 어디에 서는지 알려주실래요?

대답 네, 편의점 앞에서요.

Q Can you tell me_____ the bus to City Hall stops?

A _____, in front of the convenience store.

정답

Q: Can you tell me where the bus to City Hall stops?
A: Yes, in front of the convenience store.

예제 2

09_2_02.mp3

영어 쓰기

질문 당신은 금융센터로 어떻게 가는지 아세요?

대답 아니요, 미안합니다.

Q Do you know _____ to _____the finance center?

A _____, I'm sorry.

정답

Q: Do you know how to get to the finance center?
A: No, I'm sorry.

■ Yes / No를 포함하지 않는 응답

예제 3

09_2_03.mp3

영어 쓰기

정답

질문 내가 당신에게 언제 파일을 넘기면 되는지 알려줄래요?

대답 가능하다면 수요일에요.

Q Would you tell me _____ I should _____ you the file?

A Wednesday, if possible.

Q: Would you tell me when I should give you the file?
A: Wednesday, if possible.

질문 세미나가 얼마나 자주 열리는지 당신은 기억하세요?

대답 매주마다.

09_2_04.mp3

영어 쓰기

Q Do you remember _____ _____ the seminar is held?

A _____ week.

정답

Q: Do you remember how often the seminar is held?
A: Every week.

■ 돌려 말하기

질문 당신은 누가 다음 달에 승진할지 아세요?

대답 아직 결정되지 않았어요.

09_2_05.mp3

영어 쓰기

Q Do you know _____ will get promoted next month?

A It hasn't been _____ yet.

정답

Q: Do you know who will get promoted next month?
A: It hasn't been decided yet.

■ 간접 의문문 문제 풀기

09_2_06.mp3

보기 2개 중 질문에 맞는 답을 하나만 고르세요. 대본은 나중에 문제를 다 푼 후 보세요.

1. Mark your answer. ················· (A) (B)

2. Mark your answer. ················· (A) (B)

3. Mark your answer. ················· (A) (B)

4. Mark your answer. ················· (A) (B)

■ 간접 의문문 정답과 대본

1

 영어

Do you know when Ms. Pitt left?

(A) That's where she went.

(B) Probably around noon.

한국어

당신은 Pitt 씨가 언제 떠났는지 아세요?

(A) 그게 그녀가 떠난 곳이에요.

(B) 아마 정오쯤이었을 거에요.

언제라고 묻는 질문에 시간으로 대답한 (B)가 답이에요.

2

 영어

Can anyone tell me where the bus to Garden City stops?

(A) Just down the road.

(B) The city map.

한국어

Garden City로 가는 버스가 어디에 서는지 누구 말해줄 사람 있나요?

(A) 길을 쭉 따라서 가면 돼요.

(B) 도심 지도.

어딘지를 묻는 질문에 정확히 위치로 대답한 (A)가 답이에요.

어휘 •**down the road** 길을 쭉 따라 •**map** 지도

3

 영어

Would you tell me how to get to the bank?

(A) To deposit some money.

(B) Keep walking for 5 more minutes, and you can't miss it.

한국어

은행에 어떻게 가는지 말해주실래요?

(A) 약간의 돈을 입금하기 위해서.

(B) 5분 더 계속 걸어가면, 놓칠 수 없을 거예요.

5분을 더 걸어가면 반드시 찾을 수 있다고 길 안내를 해준 (B)가 정답이죠.

어휘 •**deposit** 입금하다 •**can't miss** 놓칠 수 없다

4

 영어

Do you remember who took those files?

(A) Wasn't it Ashton?

(B) The files aren't completed yet.

한국어

누가 그 파일들을 가져갔는지 기억나요?

(A) Ashton 아니었나요?

(B) 그 파일들은 아직 완성되지 않았습니다.

The files가 그대로 들리는 (B)는 유사 발음의 함정이므로 who에 대해 똑똑하게 대답한 (A)를 선택하세요.

토익 기초 뛰어넘기

09_2_07.mp3

보기 3개 중 질문에 가장 알맞은 답을 하나만 고르세요. 정답과 대본은 문제를 다 푼 후에 보세요.

1. Mark your answer. ···················· (A)　(B)　(C)

2. Mark your answer. ···················· (A)　(B)　(C)

3. Mark your answer. ···················· (A)　(B)　(C)

4. Mark your answer. ···················· (A)　(B)　(C)

5. Mark your answer. ···················· (A)　(B)　(C)

6. Mark your answer. ···················· (A)　(B)　(C)

7. Mark your answer. ···················· (A)　(B)　(C)

8. Mark your answer. ···················· (A)　(B)　(C)

토익 기초 뛰어넘기 정답과 대본

1

영어

I found this book really well-written.

(A) I need to pay the late fee.

(B) I want to write a book.

(C) Who's the author?

한국어

이 책은 정말 잘 쓰였네요.

(A) 저는 연체료를 내야 해요.

(B) 나는 책을 쓰고 싶습니다.

(C) 누가 저자인데요?

책을 보며 감탄하는 사람에게 관심을 표현해준 역질문 보기 (C)가 정답이에요. (A)는 책을 늦게 반납하면 낼 수 있는 연체료의 이야기이고, (B)는 상대방의 말을 경청하지 않았을 때 나오는 반응이죠.

어휘 ●**well-written** 잘 쓰여진 ●**late fee** 연체료 ●**author** 작가, 저자

2

<table>
<tr><td>영어</td><td>한국어</td></tr>
<tr><td>

Do you know what will be tomorrow's topic at the meeting?

(A) A new marketing strategy, I believe.

(B) Several meeting locations.

(C) No, she's not coming.

</td><td>

당신은 내일 회의에서의 주제가 뭔지 아세요?

(A) 제 생각엔 새로운 마케팅 전략이요.

(B) 여러 회의 장소들.

(C) 아니요, 그녀는 오지 않아요.

</td></tr>
</table>

회의 주제가 무엇인지 궁금해한 것이므로 의문사 what에 대해 똑바로 대답한 (A)를 선택해야 해요.

어휘 •**topic** 주제 •**strategy** 전략 •**several** 여러 개의 •**location** 위치, 장소

3

<table>
<tr><td>영어</td><td>한국어</td></tr>
<tr><td>

I heard Jane is getting a promotion.

(A) This shirt is on sale now.

(B) To promote the new product.

(C) The plan is postponed, in fact.

</td><td>

Jane이 승진한다고 들었어요.

(A) 이 셔츠는 지금 할인 중입니다.

(B) 새로운 제품을 홍보하기 위해서.

(C) 그 계획은 사실 연기되었어요.

</td></tr>
</table>

Jane의 승진 소식에 만약 변동 사항이 있다면 그것을 알려주면 되는 거겠죠? 따라서 정답은 (C)가 될 것이고, promotion – promote 같은 유사 발음의 함정은 잘 피하셔야겠어요.

어휘 •**promotion** 승진, 판촉, 홍보 •**be on sale** 할인 중이다, 판매 중이다 •**postpone** 연기하다

4

<table>
<tr><td>영어</td><td>한국어</td></tr>
<tr><td>

Can you tell me how often you exercise?

(A) I told you to leave.

(B) Just a couple of times a week.

(C) That's how it works.

</td><td>

당신이 얼마나 자주 운동하는지 말해줄 수 있어요?

(A) 제가 당신에게 떠나라고 했잖아요.

(B) 일주일에 두어 번 정도요.

(C) 바로 그렇게 하는 거예요.

</td></tr>
</table>

얼마나 자주를 물어보았으므로 빈도를 그대로 대답한 (B)가 정답이에요.

어휘 •**exercise** 운동하다, 연습하다 •**a couple of times** 두어 번 •**work** 작동하다, 이루어지다

5

영어

We need to order more office supplies.

(A) Should I talk to the manager?

(B) The office needs more employees.

(C) The supplier was busy.

한국어

우리는 사무용품을 더 주문해야 해요.

(A) 매니저님한테 얘기할까요?

(B) 사무실에는 더 많은 직원이 필요합니다.

(C) 업체는 바빴어요.

사무용품의 필요성에 대해 이야기하자, 그것을 해결할 수 있는 방법을 역질문으로 제시한 (A)가 정답이에요. (B) 보기에서 office라는 단어가 그대로 들렸다고 해서, 또는 (C)에서 supplier가 들렸다고 해서 유사 발음의 함정에 걸려들지 않도록 조심하세요.

어휘 ●**office supplies** 사무용품 ●**supplier** 공급자, 업체

6

영어

Do you remember why we canceled the charity event?

(A) We didn't have enough money.

(B) A charitable organization.

(C) The cancellation fee is 7 dollars.

한국어

당신은 우리가 왜 자선행사를 취소했는지 기억나세요?

(A) 우리는 돈이 충분히 없었거든요.

(B) 자선 단체.

(C) 취소 수수료는 7달러입니다.

행사 취소를 결정한 이유를 물어보았으므로, 이에 대해 설명조로 이야기한 (A)가 정답이에요. 유사 발음인 charity – charitable, canceled – cancellation 등을 조심하세요.

어휘 ●**charity** 자선 ●**charitable organization** 자선 단체 ●**cancellation fee** 취소 수수료

7

영어

I'd like to talk to Mr. Nelson now.

(A) The talk didn't take long.

(B) He is in a meeting, unfortunately.

(C) They didn't like it much.

한국어

저는 Nelson 씨와 지금 이야기하고 싶습니다.

(A) 담화는 그리 오래 걸리지 않았어요.

(B) 유감이지만 그는 지금 회의 중이세요.

(C) 그들은 그것을 그리 마음에 들어 하지 않았어요.

무언가를 거절할 때는 이유, 변명을 같이 얘기해주는 편이 합리적이에요. 따라서 정답은 (B)이고, talk 이란 단어를 그대로 사용한 (A)와 관련 없는 주어인 they를 사용한 (C)는 소거해주세요.

어휘

- **unfortunately** 유감이지만

8

영어

Could you tell me which car is yours?

(A) The blue one right over there.

(B) I need to wash my car.

(C) Yours is better, thanks.

한국어

당신의 차가 어떤 것인지 얘기해줄래요?

(A) 저기 저쪽의 파란 거요.

(B) 저는 세차를 해야 해요.

(C) 당신 것이 낫네요, 고마워요.

차의 종류를 물어본 which 의문사에 대해 the one의 구조로 대답한 (A)가 정답이에요.

보기 3개 중 질문에 가장 알맞은 답을 하나만 고르세요. 정답과 대본은 문제를 다 푼 후에 보는 거 이제 아시죠? ^^

07. Mark your answer. ················ (A)   (B)   (C)

08. Mark your answer. ················ (A)   (B)   (C)

09. Mark your answer. ················ (A)   (B)   (C)

10. Mark your answer. ················ (A)   (B)   (C)

11. Mark your answer. ················ (A)   (B)   (C)

12. Mark your answer. ················ (A)   (B)   (C)

13. Mark your answer. ················ (A)   (B)   (C)

14. Mark your answer. ················ (A)   (B)   (C)

15. Mark your answer. ················ (A)   (B)   (C)

16. Mark your answer. ················ (A)   (B)   (C)

17. Mark your answer. ················ (A)   (B)   (C)

18. Mark your answer. ················ (A)   (B)   (C)

19. Mark your answer. ················ (A)   (B)   (C)

20. Mark your answer. ················ (A)   (B)   (C)

21. Mark your answer. ················ (A)   (B)   (C)

22. Mark your answer. ················ (A)   (B)   (C)

23. Mark your answer. ················ (A)   (B)   (C)

24. Mark your answer. ················ (A)   (B)   (C)

25. Mark your answer. ················ (A)   (B)   (C)

26. Mark your answer. ················ (A)   (B)   (C)

27. Mark your answer. ················ (A)   (B)   (C)

28. Mark your answer. ················ (A)   (B)   (C)

29. Mark your answer. ················ (A)   (B)   (C)

30. Mark your answer. ················ (A)   (B)   (C)

31. Mark your answer. ················ (A)   (B)   (C)

7

영어

Who needed a new chair?

(A) Mr. McCoy, I think.

(B) The chair needs to be fixed.

(C) We can share lunch.

한국어

누가 새 의자를 필요로 했죠?

(A) 제 생각엔 McCoy 씨 같아요.

(B) 의자는 수리가 필요합니다.

(C) 우리는 점심을 같이 먹으면 돼요.

Chair가 중복으로 사용된 (B)나 유사 발음 share가 들리는 (C)를 소거하고, 인물로 정확하게 대답한 (A)를 선택하세요.

어휘 •share 나누다

8

영어

What time does your coworker arrive?

(A) Yes, he is still alive.

(B) He will be here soon.

(C) No, I am pretty busy.

한국어

당신의 동료는 몇 시에 도착하나요?

(A) 네, 그는 아직도 살아있습니다.

(B) 그는 여기에 곧 올 것입니다.

(C) 아니요, 저는 꽤 바쁩니다.

Alive - arrive 유사 발음의 함정은 늘 등장하는 오답의 유형이므로 소거하시고 정답은 "곧"이라 대답한 (B)를 선택하세요.

어휘 •alive 살아있는 •arrive 도착하다 •pretty 꽤

9

영어

Would you like to go for a drive this weekend?

(A) Usually twice a week.

(B) Ether one is fine.

(C) I would love to.

한국어

주말에 드라이브 하러 나갈래요?

(A) 보통 한 주에 두 번.

(B) 아무거나 괜찮아요.

(C) 그러고 싶습니다.

지금은 원하는지 아닌지를 물은 것이지 두 옵션 중 하나를 택하게 한 것이 아니므로, (B)를 고르지 않도록 유의하세요. 본인의 의사를 밝혀준 (C)가 정답이에요.

어휘 •go for a drive 드라이브 나가다 •would love to 기꺼이 하겠다

10

 영어

The train is 15 minutes late, isn't it?

(A) 15 minutes ago.

(B) The training starts now.

(C) That's right.

한국어

기차가 15분 늦고 있죠, 그렇죠?

(A) 15분 전에.

(B) 교육은 지금 시작해요.

(C) 맞습니다.

기차가 늦는다고 확실하게 대답한 (C)가 정답이고, train – training 전형적인 유사 발음의 함정에 빠지지 않도록 유의하세요.

11

 영어

Who will drive our director to the station?

(A) This Friday.

(B) Look up the directions.

(C) No one yet.

한국어

누가 우리 이사님을 역까지 태워줄 건가요?

(A) 이번 금요일.

(B) 길 안내를 보세요.

(C) 아직 아무도 없어요.

누가 태워줄 거냐 물어보았는데 아무도 하고 싶지 않았나 봐요. 정답은 (C)이구요, director – directions와 같은 유사 발음의 함정은 조심하세요.

어휘 •**director** 이사 •**look up** 찾아보다, 확인하다 •**directions** 길 안내, 방향

12

 영어

Do you want my email address or my phone number?

(A) It's paul@companymail.com.

(B) She is very busy.

(C) Neither, I have them already.

한국어

당신은 내 이메일 주소를 원하세요 아니면 내 전화번호를 원하세요?

(A) 그것은 paul@companymail.com입니다.

(B) 그녀는 매우 바쁩니다.

(C) 둘 다 아니에요, 전 이미 그들을 갖고 있거든요.

둘 중 무엇을 원하느냐고 했을 때 둘 다 아니라고 똑 부러지게 대답한 (C)가 정답이에요. 갑자기 미지의 이메일 주소를 불러주는 (A)를 고르고 이것이 이메일 주소를 선택한 것이라고 착각하면 절대 안 되겠죠.

13

영어

Where can I get a new battery for my watch?

(A) I also watched it.

(B) On the 3rd floor.

(C) Because it's empty.

한국어

어디서 제가 제 시계의 새로운 배터리를 구할 수 있죠?

(A) 저도 그거 봤어요.

(B) 3층에서요.

(C) 왜냐하면 그것은 비어있기 때문이죠.

어디냐고 물은 질문에 위치 전치사를 적절하게 사용한 (B)가 정답입니다. watch – watched 같은 유사 발음의 함정은 항상 조심하세요.

어휘 • **watch** 보다, 손목시계 • **empty** 빈, 비어있는

14

영어

When did Thomas accept this new duty?

(A) Everyone except for me.

(B) In a duty–free shop.

(C) It's been a while.

한국어

Thomas는 언제 이 새로운 업무를 수락했나요?

(A) 저만 빼고 모두.

(B) 면세점에서.

(C) 꽤 됐어요.

언제였냐고 물은 대답에 시간 표현으로 대답한 유일한 보기 (C)를 선택하세요. accept – except, duty – duty–free shop 같은 유사 발음의 함정은 잘 피했으리라 믿어요. 믿는 도끼에 오늘도 발등 찍지 말아 주시길 부탁해요.

어휘 • **accept** 수락하다, 받아들이다 • **duty** 업무, 임무 • **except** ~을 제외하고
• **duty–free shop** 면세점 • **a while** 잠시, 잠깐, 꽤 오랜 시간

15

영어

How big is the party room?

(A) I think so, too.

(B) Because it's Jane's birthday.

(C) I think it's too small for the event.

한국어

파티룸은 얼마나 크죠?

(A) 저도 그렇게 생각해요.

(B) 왜냐하면 Jane의 생일이기 때문이죠.

(C) 제 생각엔 이 행사를 위해선 그게 너무 작은 것 같아요.

파티룸이 얼마나 큰지를 물어본 것에 대해 너무 작으므로 크지 않다고 대답한 (C)가 정답이에요. (A)는 동의의 표현이며, (B)는 why 질문에 대한 대답이므로 모두 소거하세요.

16

영어

Why don't you join us at the baseball game on Sunday?

(A) Tickets were expensive.

(B) To meet the players.

(C) Sure, I have no plans.

한국어

일요일 야구 경기에 우리랑 같이 가는 게 어때요?

(A) 표들은 비쌌습니다.

(B) 선수들을 만나기 위해.

(C) 물론입니다, 전 아무 계획도 없어요.

같이 가는 게 어떻냐는 제안에 흔쾌히 대답한 (C)가 정답입니다. (A)에서 야구 경기의 표를 연상하고 오답을 고르지 않도록 유의하세요. (B)는 why에 대한 대답 정도가 되므로 오답으로 소거하세요.

어휘 •player 선수, 경기자

17

영어

Who will be the new CEO after Mr. Waters leaves?

(A) Mr. Lebowski.

(B) Yes, he is leaving.

(C) I would like water, too.

한국어

Waters 씨가 떠나면 누가 새 CEO가 될 건가요?

(A) Lebowski 씨요.

(B) 네, 그는 떠날 겁니다.

(C) 저도 물을 원합니다.

누가 차기 CEO가 될 것인지를 물은 질문에 인물로 대답한 (A)가 정답입니다. (B)는 의문사 의문문에 대해 Yes로 대답한 오답, (C)는 water라는 발음이 중복으로 사용된 오답이므로 소거하세요.

어휘 •leave 떠나다, 일 따위를 그만두다

18

영어

Don't you have to pick up our new hire at the train station?

(A) Yes, but he said he will be late.

(B) No, I hired him.

(C) No, I don't like to take the train.

한국어

당신은 기차역에서 우리의 새 직원을 데려와야 하지 않나요?

(A) 네, 그런데 그가 늦을 거라고 했어요.

(B) 아니요, 제가 그를 채용했습니다.

(C) 아니요, 저는 기차를 타는 것을 좋아하지 않습니다.

데려와야 하는 건지를 확인하는 질문에, 맞지만 이런 사정이 있다고 설명한 (A)가 정답이에요. hire가 새로 채용한 직원이라는 의미가 있다는 것도 같이 기억하세요. (B)와 (C)는 새 직원과 채용, 기차와 기차역의 관계를 이용한 관련 어휘의 함정이므로 소거하세요.

어휘 •pick up 데려오다 •new hire 새로 채용한 직원 •hire 채용하다, 새로 채용한 직원

19

영어

Do you like the new design of our new homepage?

(A) The signs are too small.

(B) I haven't looked at it.

(C) I'll send you an email.

한국어

당신은 우리의 새로운 홈페이지 디자인이 마음에 드나요?

(A) 간판들이 너무 작습니다.

(B) 저는 아직 그것을 보지 못했어요.

(C) 제가 당신에게 이메일을 보낼게요.

마음에 들고 말고를 떠나 아직 보지 못했어서 알 수 없다는 투로 대답한 (B)가 정답이 되겠죠. sign – design 유사 발음의 함정, homepage – email 관련 어휘 함정이므로 오답을 고르지 않도록 조심하세요.

어휘 •**design** 디자인 •**sign** 간판, 표지, 표식

20

영어

Sam said he needed help with his computer.

(A) Yes, he will help you.

(B) I cownloaded the information.

(C) No, it was Lauren, in fact.

한국어

Sam이 자신의 컴퓨터 때문에 도움이 필요하다고 했어요.

(A) 네, 그가 당신을 도울 겁니다.

(B) 저는 그 정보를 내려받았습니다.

(C) 아니요, 그건 사실 Lauren이었어요.

상대방이 잘못 알고 있는 정보를 수정해주고 사실을 알려준 (C)가 정답이에요. help라는 단어의 중복 사용에 속아서 (A)를 고르지 않는 게 문제의 포인트에요.

어휘 •**download** 내려받다, 다운로드하다

21

영어

Can we go over the reports now, or would you prefer later?

(A) I have time right now.

(B) The report was due yesterday.

(C) Let's go over there.

한국어

우리 보고서를 지금 볼 수 있을까요, 아니면 나중에 보는 걸 선호하세요?

(A) 전 지금 시간이 있어요.

(B) 보고서의 마감은 어제였어요.

(C) 저쪽으로 갑시다.

지금 아니면 나중을 선택하게 한 질문에서 명확하게 지금을 고른 (A)가 정답이에요. 보고서라는 단어가 중복 사용된 보기에 현혹되거나 go over 라는 단어를 잘못 해석하는 경우가 없도록 신경 써주세요.

어휘 •**go over** 검토하다, 보다 •**prefer** 선호하다 •**later** 나중에
•**over there** 저기 저쪽에, 저기 저쪽으로

22

영어

What will the weather be like tomorrow?

(A) I am getting up at 6 a.m.

(B) Whether he comes or not tomorrow.

(C) It will be sunny.

한국어

내일 날씨는 어떨까요?

(A) 저는 오전 6시에 일어날 것입니다.

(B) 그가 내일 오든 안 오든.

(C) 맑을 예정입니다.

weather - whether 유사 발음의 함정만 잘 피하면 정답 (C)를 금방 찾을 수 있을 거예요.

어휘
•**whether** ~인지 아닌지 •**sunny** 맑은, 해가 나는

23

영어

Is the new printer getting delivered today or tomorrow?

(A) No, the printer is old.

(B) Ask Anne, she knows.

(C) Yes, I will pick it up.

한국어

새 프린터는 오늘 아니면 내일 배달됩니까?

(A) 아니요, 그 프린터는 낡았습니다.

(B) Anne에게 물어보세요, 그녀가 알아요.

(C) 네, 제가 그것을 픽업할게요.

오늘 아니면 내일 둘 중 하나를 고르는 질문에서 본인은 알 수 없으니 타인에게 물어보라고 대답한 전형적인 간접적인 응답 (B)가 정답이었어요.

어휘
•**get delivered** 배달되다 •**pick up** 집어가다, 가져가다, 픽업하다

24

영어

Do you know who will be the new project manager?

(A) I did not manage it.

(B) I don't know.

(C) Ms. Nguyen joined the team last month.

한국어

당신은 누가 새 프로젝트 매니저가 될지 아세요?

(A) 저는 그것을 책임지지 않았어요.

(B) 저는 모릅니다.

(C) Ms. Nguyen이 지난달에 팀에 들어왔습니다.

자, 이름만 듣고 얼씨구나 (C)를 골랐으면 엄청난 낭패였겠죠? 항상 최고의 답 1순위는 모른다고 잡아떼는 거예요. (C)는 동사를 포함하여 끝까지 들어보면, 새 프로젝트 매니저가 될 것이라는 앞으로의 계획이 아닌 지난달에 팀에 합류했다는 과거의 설명일 뿐임을 알 수 있어서 더 좋은 답인 (B)를 선택하셔야 했죠.

25

 영어

Don't you want to have dinner with us?

(A) That sounds great, but I'll send this email first.

(B) Dinner will be served at 8 p.m.

(C) He enjoyed it.

한국어

우리랑 같이 저녁 먹는 게 어떻겠어요?

(A) 아주 좋겠지만, 이 이메일부터 먼저 보낼게요.

(B) 저녁 식사는 8시에 제공될 거예요.

(C) 그는 그것을 즐겼어요.

저녁을 같이 먹자는 제안에 좋지만 일부터 끝내겠다고 조건을 달아 대답한 (A)가 정답이에요. (B)는 저녁 시간만 언급할 뿐 같이 먹겠다는 건지 아닌지 대답을 하고 있지 않으므로 오답이에요.

26

영어

It's nice today, isn't it?

(A) Yes, he's nice.

(B) Oh yeah, the weather is beautiful.

(C) You're welcome.

한국어

오늘 날씨 좋죠, 그렇죠?

(A) 네, 그는 친절합니다.

(B) 오 네, 날씨가 아름답네요.

(C) 천만에요.

날씨가 좋다는 것에 동의를 구하는 조로 질문하자 바로 맞장구쳐준 (B)가 정답이에요. (A)는 he라는 주어를 놓치지 말고 잘 들어주셔야 했어요.

어휘 •**it is nice today** 오늘 날씨가 좋다 •**weather** 날씨

27

영어

Who is responsible for this work?

(A) I need more time.

(B) Mr. Sanchez did most of it.

(C) That's a lot of work.

한국어

누가 이 일의 책임자입니까?

(A) 저는 시간이 더 필요해요.

(B) Sanchez 씨가 그것의 대부분을 했습니다.

(C) 할 일이 많네요.

누가 책임자인지를 묻는 질문에 어떤 사람이 그 일의 대부분을 했다고 말하는 것은 그가 책임자라는 뜻이므로 정답은 (B)입니다. 일에 시간이 더 필요할 것 같다고 연상시키는 (A)나, work라는 단어를 중복으로 사용한 (C)는 소거해주세요.

어휘 •**be responsible for** ~에 책임이 있다, 담당이다 •**most** 대부분 **a lot of** 많은

28

One what days are you offering vegetarian food?

(A) Tuesdays and Thursdays.

(B) Yes, I offered enough food.

(C) At many restaurants.

어떤 요일에 당신들은 채식요리를 제공합니까?

(A) 화요일과 목요일이요.

(B) 네, 저는 충분한 음식을 제공했습니다.

(C) 많은 레스토랑들에서.

질문에 들렸던 단어가 보기에서 비슷하게 다시 들리면 이들은 대부분 함정인 거 기억하시죠? (B)는 Yes 때문에도 틀리지만, 뒤에 유사 발음의 함정들(offered, food)에서 가차 없이 소거하세요. 정답은 오로지 (A)뿐입니다.

어휘 •what day 무슨 요일 •offer 제공하다, 주다

29

I'd like to order something to eat.

(A) Today's meal was great.

(B) Can you ask Mary what she wants to have?

(C) We have a lot of orders.

나 무언가 먹을 것을 주문해야겠어요.

(A) 오늘 식사는 훌륭했어요.

(B) Mary에게 그녀가 무엇을 먹고 싶은지 물어봐 줄래요?

(C) 우리는 주문을 많이 받았어요.

먹는 얘기가 나왔다고 해서 덜컥 (A)를 고르는 실수를 꼭 피하세요. 항상 주어와 시제를 지키는 일은 소중하니까요. 반면 친절하게 Mary라는 동료까지 챙긴 (B)가 진짜 답이 되겠죠.

30

영어

Are you going on the business trip alone or with someone from your team?

(A) My train leaves in 30 minutes.

(B) I'm not sure yet.

(C) Teamwork is important.

한국어

당신은 혼자 아니면 당신 팀의 누군가와 함께 출장을 갑니까?

(A) 제 기차는 30분 후에 출발합니다.

(B) 저는 아직 모릅니다.

(C) 팀워크는 중요합니다.

출장을 혼자 가는지 아니면 같이 가는지 물어본 것에 대해 모른다고 대답한 (B)가 답이죠. 출발 시각이나 유사 발음의 함정에 빠지지 않게 끝까지 유의하세요.

어휘 • **teamwork** 팀워크, 팀 작업, 팀 정신

31

영어

What is the pay like?

(A) It is very good.

(B) I don't like him.

(C) They paid me last week.

한국어

급여는 어떻습니까?

(A) 매우 좋습니다.

(B) 저는 그가 마음에 안 듭니다.

(C) 그들이 저에게 지난주에 돈을 주었습니다.

명사가 어떤지를 물어보았으므로, 자신의 생각을 대답한 (A)가 정답이죠. 단, 급여에 관해 물어봤는데 엉뚱하게 "남자"라는 대상에 관해 얘기한 (B)는 소거 대상, 또한 pay – paid 유사 발음의 함정인 (C) 역시 소거 대상이 되겠습니다.

어휘 • **pay** 지불, 급여, 지불하다

Lesson 10

PART 3

theme

긴 지문 풀잇법과 신유형 정복

1 긴 지문 유형

❶ PART 3-4는 앞의 문제들과는 달리 긴 지문을 듣고 연계된 3개의 문제를 푸는 유형이에요.

❷ 시험지에 써 있는 질문과 보기를 먼저 읽은 뒤 지문을 듣는 게 문제를 푸는 열쇠예요.

❸ 3문제가 1세트로 PART 3는 39문제(남녀 2~3인의 대화, 13지문), PART 4는 30문제(1인 담화, 10지문)가 출제됩니다.

❹ 미리 읽어둔 문제지를 바탕으로 지문을 듣다가 정답이 들리는 순간 바로바로 답을 체크하세요.

❺ PART 3~4 문제 푸는 순서 (4단계)

우선순위 ① 문제 읽기: 의문사, 인물, 그 외 눈에 띄는 단어를 찾아 표시하며 읽으세요.

우선순위 ② 보기 읽기: 4개의 보기 중 길고 복잡한 보기를 먼저 공략하세요.

우선순위 ③ 지문이 시작되면 다 놓고 일단 듣기: 처음 세 문장은 목숨을 걸고 듣습니다!

우선순위 ④ 지문 끝나면 답을 못 찾았어도 바로 찍고 앞으로 나올 문제를 읽으세요.

2 시각 정보 연계 문제

❶ PART 3~4 중 각각 한 지문당 한 문제로 2~3문항가량 출제되는 유형이에요.

❷ 주어진 시각 정보와 담화의 내용을 연결하여 정답을 고르는 유형으로, 문제 풀기에 앞서 도표나 그래프의 내용이 무엇인지 제목과 세부사항을 미리 파악해 두어야 해요.

❸ 담화의 중후반에 정답의 단서가 많이 나오므로 맨 마지막까지 집중해서 청취하는 연습이 많이, 정말 많이 필요해요.

❹ 도표나 그래프는 차분하게 먼저 제목부터 살핀 뒤 요일, 시간이나 금액 등 데이터의 최고점과 최저점, 변화점, 예외적인 부분 4가지를 빠르게 살피세요.

❺ 방송과 시각 정보가 일치하지 않는 부분은 무조건 문제로 출제되니, 꼭 기억해 두세요.

■ 시각 정보 연계 담화의 예

 **예제** 5층을 청소하는 요일은 어제인가?

사무실 청소 일정	
장소	요일
1층, 4층 사무실	월요일
3층, 5층 사무실	화요일
청소가 없는 날	수요일
2층 사무실, 화장실	목요일

|정답| 화요일

■ 시각 정보는 어떻게 제시될까요?
다음의 시각 정보와 대화의 내용을 종합하여 질문에 답하세요.

 **예제1**

남 안녕, Julie. 우리 근무 시간표가 제대로인지 확인했니?

여 응, 다른 건 다 괜찮아. 그런데 Meredith와 Paul의 일정은 바뀌어야 해.

Work Schedule	
Name	Date
Julie	January 2nd
Johnson	January 3rd
Meredith	January 4th
Paul	January 5th

1월 5일에 실제로 근무할 사람은 누구인가?

(A) Meredith   (B) Paul

정답은 (A). 둘이 근무 일자가 바뀌는 것이므로 근무표에서 두 사람의 이름을 바꿔주면 돼요.

예제 2

여 지역별 영업 실적을 오늘 아침 받아보았어.

남 나도 봤어. 실적이 거의 두 배 가까이 상승한 곳은 이 한 곳밖에 없었어.

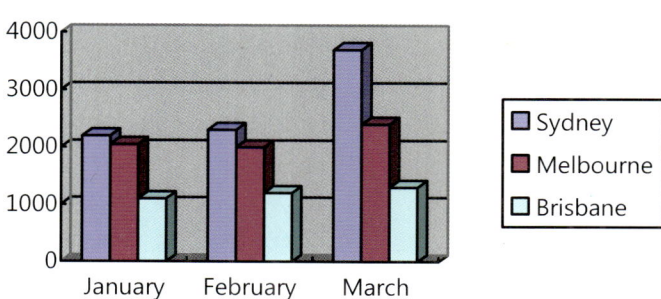

⟨Sales per Regions⟩

1월부터 3월까지 영업실적이 가장 많이 상승한 지역은 어디인가?

(A) Sydney (B) Melbourne

그래프 변화가 가장 큰 곳인 정답은 (A)예요.

예제 3

여 여기가 바로 내가 가장 좋아하는 아침 식사 레스토랑이야.

남 맞아, 여기 진짜 최고야. 잠깐, 나 무료 커피를 위한 쿠폰이 있는 것 같아.

Barney's Breakfast Bar

**1 Free Coffee
Or
1 Free Apple Pie**

Valid until 15th of April
With an order of our regular menu

무료 커피를 마시려면 어떻게 해야 하는가?

(A) 애플파이를 주문한다

(B) 레귤러 메뉴 중 하나를 주문한다

|정답| (B)

 남 오, 이런. 오후에 중요한 미팅이 있는데 재킷에 커피를 쏟았어요.

여 이럴 때는 길 건너 세탁소에 긴급 세탁을 맡기는 게 최고예요.

남자는 자신의 재킷을 어떻게 할 것 같은가?

(A) 표백제에 담근다 (B) 세탁소에 맡긴다

|정답| (B)

 남 이따가 그 회의실에서 만나요.

여 네, 마케팅 부서와 회계부서에서 다 가까운 그곳 말이죠? 우리 둘 다에게 편하겠네요.

화자들은 어떤 장소를 사용할 예정인가?

(A) Meeting Room A (B) Meeting Room B

|정답| (A)

남 자, 그럼 이제 차로 돌아가 볼까? 넌 차를 어디에 세웠어?

여 나는 캠핑 구역 바로 옆에 세웠지.

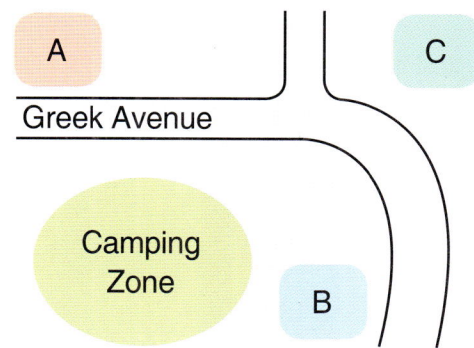

여자는 다음에 가장 어디로 갈 것 같은가?

(A) A   (B) B

|정답| (B)

3 ▶ 화자의 의도 파악 문제

❶ 화자의 의도 파악 문제는 방송에서 화자가 했던 말의 '진짜 의도'를 물어보는 문제예요.

❷ 화자의 의도 파악 문제는 " " 부분을 먼저 해석하고, 그 부분이 들릴 때 앞뒤를 연결하여 진짜 의도를 찾아내세요.

❸ 화자가 말한 단어를 그대로 반복 사용한 보기가 답이 아닐 수 있으므로, 무조건 보기 4개를 모두 꼼꼼하게 읽고 지문은 끝까지 정확하게 들으세요.

❹ 방송에서 나오는 명령형 표현이나 강렬한 조동사, 조건절은 반드시 청취하세요.

■ 화자의 의도 파악 문제의 예

남자가 "다시 생각해보는 게 좋겠어"라고 말하는 의미는 무엇인가?

여 안녕 Jeremy, 너 주말 파티에 갈 거니?

남 생각해보니 파티가 시험 직전이라, 그 계획은 다시 생각해보는 게 좋겠어.

'말하다'라는 표현은 주제를 동반할 수 있으므로 항상 잡아내세요.
말하다 → tell, inform, notify, let know, discuss, talk about, announce, address, share
멋지게 해석하지 말고 모두 '말하다'라는 의미로 바르게 잡아내는 게 중요해요!

예문을 통해 화자의 의도 파악 문제 유형을 익혀봅니다. 예제 중 한글로 적힌 각 질문과 답의 관계를 파악한 뒤, 영어로 녹음된 성우의 음성을 듣고 빈칸에 받아쓰세요. 영어 녹음은 각 3번씩 들려드립니다.

10_1.mp3

남 안녕하세요, 전 유명한 베스트셀러 '바다에서 온 이야기'의 작가 Holly Mitchel이 여기서 책들에 싸인을 해준다고 들었어요.

여 네, 여기엔 이미 수많은 팬들이 사인을 받고자 기다리고 있으니, 여기로 오셔서 줄을 빨리빨리 계속 움직입시다. 당신이 너무 오래 시간을 잡아먹으면, 많은 사람들이 기다려야 합니다. 이 점을 명심해주세요.

질문 "이것을 명심해주세요"라고 여자가 말하는 의미는 무엇인가?

대답 (A) 방문객들은 인내심을 갖고 기다려야 한다.

(B) 방문객들은 다른 이들을 기다리게 해서는 안 된다.

M I heard Holly Mitchell, the _____ of the famous bestseller, Tales from the Sea, is here and will _____ the books.

W Yes, there are already a lot of fans here for an autograph, so _____ come here and let's keep the line moving. If you take too long, a lot of people have to wait. Please _____ that _____ _____.

Q What does the woman mean when she says, "Please keep that in mind"?

A (A) Visitors should be patient.

(B) Visitors should not make others wait.

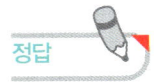

M: I heard Holly Mitchell, the author of the famous bestseller, Tales from the Sea, is here and will sign the books.

W: Yes, there are already a lot of fans here for an autograph, so please come here and let's keep the line moving. If you take too long, a lot of people have to wait. Please keep that in mind.

성우가 "If you take too long, a lot of people have to wait. Please keep that in mind."라고 말한 부분에서 민폐 끼치지 말고 빨리빨리 움직여서 남들을 기다리지 않도록 해달라는 내용인 (B)를 정답으로 고를 수 있습니다.

어휘 •**author** 작가 •**sign** 서명, 사인해주다 •**keep moving** 계속 움직이다
•**autograph** 싸인 •**keep in mind** 명심하다

소연쌤의
꿀팁! Part 3 Directions가 들리는 동안 문제 1~3번과 그 보기들을 먼저 읽어
두세요. 지문이 시작되면 성우의 말을 들으면서 해당 문제의 답을 바로 골라내
세요. 지문이 끝나면 바로 다음 문제 3개를 재빨리 읽기 시작하세요. Part 3와
Part 4는 문제가 3개씩 묶여있으므로 항상 같은 요령으로 풀어줍니다.

1 What do the speakers need?

(A) New equipment

(B) More staff

(C) A deadline extension

(D) A budget proposal

2 What does the woman imply when she says, "Don't even think about it."?

(A) She doesn't think it will happen.

(B) She can't think of any good ideas.

(C) The man thinks too much.

(D) The office is too warm.

3 Where is this conversation taking place?

(A) At a hotel

(B) At a service center

(C) At an office

(D) At a gym

Magic Pictures Photo Studio

Business Hours:

Monday, Tuesday, Thursday, Friday

9 a.m. – 6 p.m.

4 What are the employees required to do?

(A) Pay for a service

(B) Clean up the studio

(C) Attend a reception

(D) Take photos

5 Where should the employees go to hand in the pictures?

(A) To a movie studio

(B) To the reception desk

(C) To the human resources department

(D) To the conference room

6 Look at the graphic. What day is the deadline for the submission?

(A) Monday

(B) Tuesday

(C) Thursday

(D) Friday

7   What did the man do last month?

(A) He went on a business trip.

(B) He moved to a different city.

(C) He was on holiday.

(D) He got a promotion.

8   What does the man mean when he says, "I really didn't want to come back."?

(A) He doesn't like working here.

(B) His flight was delayed.

(C) He had great fun.

(D) He doesn't like one of the women.

9   What are the speakers planning to do next?

(A) Discuss a new product

(B) Share some pictures

(C) Write a report

(D) Listen to a weather forecast

■ **Questions 1 through 3 refer to the following conversation.**

대본	해석
M: (1)We really need a new air conditioner. It's not working again.	남: 우린 정말로 새로운 에어컨이 필요해. 그것이 또 작동을 안 하고 있어.
W: (2)Don't even think about it. We never have enough money for that.	여: 생각조차 하지 않는 게 나을걸. 우리는 그것을 위한 돈이 절대로 없거든.
M: (3)But it's too hot in this office.	남: 그렇지만 여기 사무실 안은 너무 더워.
W: I know. We'll probably have to wait until next year to get a new one.	여: 나도 알아. 우리는 아마 새것을 사기 위해 내년까지는 기다려야 할 거야.

1

영어

What do the speakers need?

(A) New equipment
(B) More staff
(C) A deadline extension
(D) A budget proposal

한국어

화자들은 무엇을 필요로 하는가?

(A) 새로운 기기
(B) 추가적인 직원
(C) 마감일 연장
(D) 예산안

2

영어

What does the woman imply when she says, "Don't even think about it."?

(A) She doesn't think it will happen.

(B) She can't think of any good ideas.

(C) The man thinks too much.
(D) The office is too warm.

한국어

여자가 "생각조차 하지 않는 게 나을걸." 이라고 이야기한 것이 암시하는 바는 무엇인가?

(A) 그녀는 그 일이 일어나지 않으리라 생각한다.

(B) 그녀는 그 어떤 좋은 생각도 나지 않는다.

(C) 남자는 너무 생각이 많다.
(D) 사무실이 너무 덥다.

3

 영어

Where is this conversation taking place?

(A) At a hotel

(B) At a service center

(C) At an office

(D) At a gym

 한국어

이 대화는 어디에서 일어나는가?

(A) 호텔에서

(B) 서비스 센터에서

(C) 사무실에서

(D) 체육관에서

어휘 • **air conditioner** 에어컨

■ **Questions 4 through 6 refer to the following conversation and schedule.**

> **매직 픽처스 사진관**
>
> 영업 시간:
>
> 월요일, 화요일, 목요일, 금요일
> 오전 9시부터 저녁 6시까지

 대본

W: (4)I heard all our employees need to get their pictures taken at Magic Pictures.

M: I heard that too. We will be switching to new picture IDs very soon, right?

W: Yes, the shooting is free of charge and (5)you must hand in your pictures at the reception desk (6)by Friday.

 해석

여: 우리 직원 모두가 매직 픽처스에서 사진을 찍어야 한대!

남: 나도 들었어. 곧 새로운 사진 신분증으로 시스템이 바뀔 거라던데, 맞지?

여: 응, 촬영은 무료이고 사진은 금요일까지 안내 데스크에 제출해야 한대.

토익 기초 뛰어넘기 정답과 대본

어휘 • **switch** 바꾸다, 전환하다 • **picture ID** 사진이 있는 신분증 • **shooting** 촬영
• **free of charge** 무료인 • **reception desk** 안내 데스크 • **reception** 피로연, 연회

4

 영어

What are the employees required to do?

(A) Pay for a service

(B) Clean up the studio

(C) Attend a reception

(D) Take photos

한국어

직원들은 무엇을 하도록 요청받는가?

(A) 서비스에 대해 비용을 지불할 것

(B) 스튜디오를 치울 것

(C) 피로연에 참석할 것

(D) 사진을 찍을 것

5

 영어

Where should the employees go to hand in the pictures?

(A) To a movie studio

(B) To the reception desk

(C) To the human resources department

(D) To the conference room

한국어

직원들은 사진을 제출하기 위해 어디로 가야 하는가?

(A) 영화 스튜디오로

(B) 안내 데스크로

(C) 인사과로

(D) 회의실로

6

 영어

Look at the graphic. What day is the deadline for the submission?

(A) Monday

(B) Tuesday

(C) Thursday

(D) Friday

한국어

시각 정보를 보아라. 제출의 마감기한은 무슨 요일인가?

(A) 월요일

(B) 화요일

(C) 목요일

(D) 금요일

■ Questions 7 through 9 refer to the following conversation.

대본

W1: Hey Jordan, (7)how was your vacation in Bali last month?

M: It was great. The beaches were beautiful and the weather was perfect. (8)I really didn't want to come back.

W1: Of course you didn't. Oh, there's Sophie. She was looking for you all morning.

W2: Hi, it's good to see you again Jordan.

M: Thanks, me too. (9)So are we ready to talk about the new product now?

해석

여1: 안녕 Jordan, 지난달 발리에서 휴가는 어땠어?

남: 정말 좋았어. 바다는 아름답고 날씨는 완벽했어. 나 정말 돌아오고 싶지 않았어.

여1: 당연히 그랬겠지. 오, 저기 Sophie가 있네. 그녀가 아침 내내 널 찾고 있었어.

여2: 안녕, Jordan, 다시 만나서 반가워.

남: 고마워, 나도. 그럼 이제 우리 새 제품 이야기할 준비가 된 거지?

어휘
- holiday, vacation 휴가, 방학

7

영어

What did the man do last month?

(A) He went on a business trip.

(B) He moved to a different city.

(C) He was on holiday.

(D) He got a promotion.

한국어

남자는 지난달에 무엇을 하였는가?

(A) 출장을 갔다.

(B) 다른 도시로 이사 갔다.

(C) 휴가를 떠났다.

(D) 승진을 했다.

8

영어

What does the man mean when he says, "I really didn't want to come back."?

(A) He doesn't like working here.

(B) His flight was delayed.

(C) He had great fun.

(D) He doesn't like one of the women.

한국어

남자가 "나 정말 돌아오고 싶지 않았어." 이라고 이야기한 것이 암시하는 바는 무엇인가?

(A) 그는 이곳에서 일하는 것을 좋아하지 않는다.

(B) 그의 비행기가 연착되었다.

(C) 그는 매우 즐거운 시간을 보냈다.

(D) 그는 여자들 중 하나가 마음에 들지 않는다.

9

영어

What are the speakers planning to do next?

(A) Discuss a new product

(B) Share some pictures

(C) Write a report

(D) Listen to a weather forecast

한국어

화자들은 다음에 무엇을 할 계획인가?

(A) 새 제품에 관해 논의한다.

(B) 사진을 나누어본다.

(C) 보고서를 작성한다.

(D) 일기예보를 듣는다.

Lesson 11

1 ▶ 문제의 유형

❶ 주제, 목적, 대화의 화자, 현재의 대화 장소를 묻는 경우가 많아요

❷ 대화 초반에 정답이 나오므로 항상 시작하자마자 "처음 세 문장"에 목숨 건다 생각하고 잘 들어주세요!

❸ 대화의 처음 세 문장에서는 항상 가장 중요한 이야기들이 나와요.

2 ▶ 정답을 알려주는 키워드

❶ 대화의 주제나 목적을 물어보는 문제

What are the speakers discussing? 화자들은 무엇에 관해 논의하는가?

What are the speakers talking about? 화자들은 무엇에 관해 이야기하는가?

 여기서 discuss / talk about "주제는"이라고 해석하세요. 그러면 'What ~ discussing? 주제는 무엇인가? What ~ talking about? 주제는 무엇인가?'라는 공식이 성립하게 돼요.

What is the main topic/ purpose/ subject of the talk?

무엇이 대화의 메인 주제 / 목적 / 주제인가?

Why is the man calling the woman? 남자는 왜 여자에게 전화하는가?

What is this conversation mainly about? 대화는 주로 무엇에 관한 것인가?

 main, mainly 라는 단어가 보이면 필연적으로 대화의 주제를 묻는 경우일 수 밖에 없어요.

❷ 화자들의 직업이나 정체를 묻는 문제

Who most likely is the woman? 여자는 가장 누구일 것 같은가?

Where does the man work? 남자는 어디에서 일하는가?

Who are the speakers? 화자들은 누구인가?

Who is the man talking to? 남자는 누구에게 이야기하는가? (* 상대방을 묻는 문제)

Who is the woman calling? 여자는 누구에게 전화하는가? (* 여자가 아닌 상대방을 묻는 문제)

What is the woman's occupation? 여자의 직업은 무엇인가?

 토익이라는 시험의 특성상 대부분 화자들이 같은 회사에서 일하는 동료인 경우가 많고, 일 관련 주제를 다룰 확률이 높은 편이죠.

❸ 현재의 대화 장소를 묻는 문제

Where does this conversation take place? 이 대화는 어디에서 일어나는가?

Where most likely are the speakers? 화자들은 (현재) 어디에 있겠는가?

 most likely = probably

■ **다음의 문제들을 해석하고 가장 중요한 단어, 즉 키워드에 표시해 주세요.**

1

영어

What are the speakers talking about?

(A) A new colleague

(B) Next week's presentation

한국어

대화자들의 주제는 무엇인가?

(A) 새 동료

(B) 다음 주의 발표

2

영어

What is the main topic of the conversation?

(A) A factory tour

(B) An upcoming deadline

한국어

무엇이 이 대화의 주제인가?

(A) 공장 투어

(B) 다가오는 마감일

3

영어

Why is the woman calling the man?

(A) To ask about his schedule

(B) To book a seat

한국어

여자는 왜 남자에게 전화하는가?

(A) 그의 일정을 물어보기 위해

(B) 자리를 예약하기 위해

4

영어

What is the purpose of the talk?

(A) To check a delivery date

(B) To cancel an order

한국어

이 담화의 목적은 무엇인가?

(A) 배송 일정을 확인하기 위해

(B) 주문을 취소하기 위해

5

영어

Who most likely is the woman talking to?

(A) A sales clerk

(B) A restaurant manager

한국어

여자는 누구에게 가장 말하는 것 같은가?

(A) 영업 직원

(B) 레스토랑 매니저

6

영어

Where most likely are the speakers?

(A) An office

(B) A hotel room

한국어

화자들은 가장 어디에 있을 것 같은가?

(A) 사무실

(B) 호텔 방

예문을 통해 문제 유형을 익혀봅니다. 예제 중 한글로 적힌 대화문을 파악한 뒤, 영어로 녹음된 성우의 음성을 듣고 키워드를 중심으로 받아쓰세요. 영어 녹음은 각 3번씩 들려드립니다.

예제 1

11_1.mp3

영어 쓰기

남 안녕, Jessica. 오늘 아침에 일을 시작한 새 직원을 만나봤어요?

여 네, 그 남자는 매우 친절한 것처럼 보였어요.

M Hi Jessica. Have you _____ the _____ _____ that just started working at our office?

W Yes, he seemed to be really _____.

Q What are the speakers talking about?

(A) A new colleague

(B) Next week's presentation

정답

M: Hi Jessica. Have you met the new employee that just started working at our office?
W: Yes, he seemed to be really nice.

|정답| (A)

예제 2

11_2.mp3

영어 쓰기

여 다음 주가 우리 보고서의 마감이라는 것을 믿을 수가 없어요.

남 맞아요. 저는 심지어 아직 절반도 못 끝냈어요.

W I can't believe the _____ for our _____ is next week.

M I know. I'm not even _____ _____.

Q Whatis the main topic of the conversation?

    (A) A factory tour

    (B) An upcoming deadline

정답

W: I can't believe the deadline for our report is next week.
M: I know. I'm not even halfway done. |정답| (B)

예제 3

11_3.mp3

영어 쓰기

여 수요일에 브리즈번으로 가는 아침 비행기를 예약하고 싶습니다.

남 문제없습니다. 이름이 어떻게 되시나요?

W I'd like to _____ a morning flight _____ to Brisbane on Wednesday.

M No problem. What is your _____, please?

Q Why is the woman calling the man?

    (A) To ask about his schedule

    (B) To book a seat

정답

W: I'd like to reserve a morning flight ticket to Brisbane on Wednesday.
M: No problem. What is your name, please? |정답| (B)

예제 4

11_4.mp3

영어 쓰기

남 안녕하세요. 제가 주문한 물건이 언제 도착하는지 확인해야겠어요.

여 물론입니다. 당신의 주문 번호를 알려주세요.

M Hello, I need to _____ my order will be _____.

W Sure, sir. Let me know your _____, please.

Q Whatis the purpose of the talk?

(A) To check a delivery date

(B) To cancel an order

M: Hello, I need to check when my order will be arriving.
M: Sure, sir. Let me know your order number, please.

|정답| (A)

11_5.mp3

여 혹시 이 바지는 다른 색깔은 없나요?

남 죄송합니다. 그 바지는 오로지 검은색만 나와요.

W Do you have these _____ in different _____?

M I'm sorry. The _____ _____ _____ _____ black.

Q Who most likely is the woman talking to?

(A) A sales clerk

(B) A restaurant manager

W: Do you have these pants in different colors?
M: I'm sorry. The pants come only in black.

|정답| (A)

11_6.mp3

남 그 미팅 4시인 거 알고 있죠, 그렇죠?

여 4시라고요? 나는 5시인 줄 알고 있었어요.

M Hey, you know the _____ is at 4, right?

W At 4? _____ _____ it was at 5.

Q Where most likely are the speakers?

(A) An office

(B) A hotel room

M: Hey, you know the meeting is at 4, right?
W: At 4? I thought it was at 5.

|정답| (A)

원어민의 대화를 듣고 3문제씩 풀어 봅니다. 각 질문에 대해 가장 알맞은 답을 하나만 고르시고, 정답과 대본은 꼭~ 문제를 다 푼 후에 보세요.

1 Where most likely are the speakers?

(A) In a grocery store

(B) In a clothing shop

(C) At a restaurant

(D) At a conference

2 What does the man want to do?

(A) Get a refund

(B) Order some food

(C) Exchange some goods

(D) Buy an extra item

3 What does the woman say she will do for the man?

(A) Call a manager

(B) Place an order

(C) Bring a product

(D) Visit a different store

Flight to Manila, Wednesday, 21st October VeryFast Airways				
Time	18:10	19:50	21:40	22:30
Seats	Business Class	Business Class	Economy Class	First Class Economy Class

4 Who most likely is the man?

(A) An airline agent

(B) A tour guide

(C) A flight attendant

(D) A passenger

5 What is the woman trying to do?

(A) Delay a schedule

(B) Hold a conference

(C) Book an airplane

(D) Reserve a table

6 Look at the graphic. What time will the woman probably choose?

(A) 18:10

(B) 19:50

(C) 21:40

(D) 22:30

7 Why is the man calling the woman?

(A) To wake her up

(B) To check in to the hotel

(C) To request a service

(D) To change a room

8 What time does the man want to get up tomorrow?

(A) 05:40

(B) 06:10

(C) 13:00

(D) 17:00

9 What will probably happen next?

(A) The man will leave the room.

(B) The man will take a bath.

(C) The woman will call the man again.

(D) The woman will send somebody to the man's room.

토익 기초 뛰어넘기 정답과 대본

■ **Questions 1 through 3 refer to the following conversation.**

대본

M : Hi, I'd like to get an exchange for these pants.

W : Of course. Would you like a bigger or a smaller size?

M : Umm, bigger please. I prefer to wear something comfortable at work, so…

W : No problem. I'll go to our stockroom, and bring exactly the same product in a different size.

해석

남 : 안녕하세요, 이 바지를 교환하고 싶습니다.

여 : 물론입니다. 더 큰 사이즈 혹은 더 작은 사이즈 어떤 것을 원하세요?

남 : 음, 더 큰 거요. 제가 직장에서 좀 편한 것을 입는 것을 더 좋아해서, 그래서요…

여 : 문제없어요. 제가 저희 창고로 가서 똑같은 물건을 다른 사이즈로 가져오겠습니다.

1

영어

Where most likely are the speakers?

(A) In a grocery store

(B) In a clothing shop

(C) At a restaurant

(D) At a conference

한국어

화자들은 가장 어디에 있는 것 같은가?

(A) 식료품점에

(B) 옷가게에

(C) 음식점에

(D) 회의에

2

영어

What does the man want to do?

(A) Get a refund

(B) Order some food

(C) Exchange some goods

(D) Buy an extra item

한국어

남자는 무엇을 하고 싶어 하는가?

(A) 환불받기

(B) 음식 주문하기

(C) 물건 교환하기

(D) 추가의 물건 구입하기

lesson **11** • 177

3

 영어

What does the woman say she will do for the man?

(A) Call a manager

(B) Place an order

(C) Bring a product

(D) Visit a different store

한국어

여자는 자신이 남자를 위해 무엇을 해주겠다고 하는가?

(A) 매니저에게 전화하겠다.

(B) 주문을 하겠다.

(C) 제품을 가져오겠다.

(D) 다른 가게를 방문하겠다.

어휘
- **exchange** 교환, 교환하다 • **refund** 환불 **comfortable** 편안한 • **stockroom** 창고
- **bring** 가져오다

■ Questions 4 through 6 refer to the following conversation and flight schedule.

마닐라행 비행기, 수요일, 10월 21일 VeryFast Airways				
시각	18:10	19:50	21:40	22:30
좌석	비즈니스석	비즈니스석	이코노미석	일등석, 이코노미석

 대본

M: Good afternoon, VeryFast Airways Services. How can I help you?

W: Good afternoon. I'd like to reserve a flight to Manila on Wednesday. Are there any evening flights available?

M: Yes, we do have a few seats left. Do you have any seat preferences?

W: I'd like the earliest one in business class, please.

 해석

남: 좋은 오후, VeryFast Airways 서비스입니다. 무엇을 도와드릴까요?

여: 즐거운 오후예요. 저는 수요일에 마닐라에 가는 비행기를 예약하고 싶어요. 저녁 비행기 이용 가능한 게 있나요?

남: 네, 우리는 몇 자리 남은 것들이 있습니다. 당신은 혹시 선호하는 좌석이 있나요?

여: 저는 비즈니스석으로 가장 이른 시간을 원합니다.

어휘 •**preference** 선호, 선호도 •**agent** 직원, 담당 •**the earliest** 가장 이른

4

영어

Who most likely is the man?

(A) An airline agent

(B) A tour guide

(C) A flight attendant

(D) A passenger

한국어

남자는 가장 누구일 것 같은가?

(A) 항공사 직원

(B) 투어가이드

(C) 승무원

(D) 승객

5

영어

What is the woman trying to do?

(A) Delay a schedule

(B) Hold a conference

(C) Book an airplane

(D) Reserve a table

한국어

여자는 무엇을 하고자 하는가?

(A) 일정 미루기

(B) 회의 열기

(C) 비행기 예약하기

(D) 테이블 예약하기

6

영어

Look at the graphic. What time will the woman probably choose?

(A) 18:10

(B) 19:50

(C) 21:40

(D) 22:30

한국어

시각 정보를 보아라. 몇 시를 여자가 아마도 선택할 것 같은가?

(A) 18:10

(B) 19:50

(C) 21:40

(D) 22:30

■ Questions 7 through 9 refer to the following conversation.

대본

W: Front desk. What can I do for you today?

M: Hi, I'm from room 1317 and I need a wake-up call at 5:40 tomorrow morning.

W: Sure, do you have any other inquiries?

M: Umm, could you possibly send me some extra bath towels? Thank you.

W: No problem, we will send someone in for you right away.

해석

여: 프런트 데스크입니다. 당신을 위해 오늘 무엇을 도와드릴까요?

남: 안녕하세요, 전 1317호의 투숙객인데 내일 아침 5시 40분에 전화로 잠을 깨워주셔야 해요.

여: 물론입니다, 다른 요청 사항은 없나요?

남: 음, 혹시 목욕 타올 여분을 좀 더 보내줄 수 있나요? 고마워요.

여: 문제없습니다, 당신을 위해 누군가를 바로 보내드리도록 할게요.

어휘 ● **wake-up call** 잠을 깨우기 위해 하는 전화 (모닝콜은 콩글리시예요) ● **towel** 수건

7

영어

Why is the man calling the woman?

(A) To wake her up

(B) To check in to the hotel

(C) To request a service

(D) To change a room

한국어

남자는 왜 여자에게 전화하는가?

(A) 그녀를 깨우기 위해서

(B) 호텔에 체크인하기 위해서

(C) 서비스를 요청하기 위해서

(D) 방을 바꾸기 위해서

8

영어

What time does the man want to get up tomorrow?

(A) 05:40

(B) 06:10

(C) 13:00

(D) 17:00

한국어

남자는 내일 몇 시에 일어나기 원하는가?

(A) 05:40

(B) 06:10

(C) 13:00

(D) 17:00

9

영어

What will probably happen next?

(A) The man will leave the room.

(B) The man will take a bath.

(C) The woman will call the man again.

(D) The woman will send somebody to the man's room.

한국어

아마도 다음에는 무슨 일이 일어날 것인가?

(A) 남자가 방을 떠난다.

(B) 남자가 목욕을 한다.

(C) 여자가 남자에게 다시 전화한다.

(D) 여자가 남자의 방으로 누군가를 보낸다.

Lesson 12

PART 3

theme

대화 중후반에 정답이 나오는 문제

1 ▶ 문제의 유형

❶ 다화 초반이 지나간 뒤에 답이 나오는 유형으로, 지문을 끝까지 잘 들어야 정답이 보여요.

❷ 그래도 늘 "처음 세 문장"은 잘 들어야 해요. 그래야 뒷부분이 더 잘 들린답니다.

❸ 화자들의 문제점이나 걱정거리, 제안 · 요청하는 사항, 앞으로 일어날 일 등을 즐겨 물어보아요.

2 ▶ 문제점이나 걱정거리를 물어보는 문제

❶ 문제점이나 걱정거리가 등장하면 그 원인을 분석하고 대안과 해결책을 찾아가는 내용이 나와요. 토익은 늘 무난한 Happy ending(해피 엔딩)을 좋아하기 때문에 대화의 마무리는 주로 원만하고 긍정적인 해결의 방향으로 가게 돼요.

> **예**
>
> 남: 나는 새로 산 컴퓨터로 인해 문제를 겪고 있어. (문제점 언급)
> 여: 아마 제대로 설치가 안 된 것이 그 이유일 것이야. (원인 분석)
>   내가 매뉴얼을 보여줄 테니 그대로 하면 해결할 수 있어. (대안)
> 남: 오, 고마워. 그럼 매뉴얼을 받는 대로 그대로 하도록 할게. (해결)

❷ 질문에서 묻고 있는 해당 성별이 누구인지 꼭 확인하세요.

❸ 문제점이나 걱정거리는 보통 사무실 등에서 소소하게 일어날 수 있는 불편한 상황을 뜻해요. 또한, 문제점이란 것이 근본적으로 '불편한 상황'에 해당하므로, 지문 속의 '부정적인 어휘와 상황'을 찾아내는 것이 정답 파악의 열쇠가 됩니다.

소단쌤의 **꿀팁!** 문제점을 물어볼 때는 '부정적인 어휘와 상황'을 공략!

❹ 화자들의 어조와 강세로도 문제점이나 걱정거리에 관한 힌트를 얻을 수 있으므로 대화 속의 분위기 파악도 중요해요.

❺ 문제점이나 걱정거리를 물어볼 때 나오는 대표 어휘들
  – Problem, concern, worry, difficulty, matter, issue, complain

3 ▶ 제안/ 제공/ 요청에 관해 물어보는 문제

❶ 말을 한 사람이 누구인지, 무엇을 제안/ 제공/ 요청하였는지, 아니면 무엇을 받는지 반드시 문제를 꼼꼼히 읽어야 해요.

❷ 제안, 제공, 요청의 답은 지문의 중후반에서 'Can you, Could you, Will you, Would you, Do you mind, Please, I want you to, I'd like to, Let me, I can, Do you want me to' 등의 표현으로 많이 등장해요.

❸ 조동사나 조건절, 명령형으로 답을 이야기할 수도 있으므로 '강한 의미'가 담긴 표현은 항상 집중해서 청취하세요.

❹ 제안 · 요청에 관해 물어볼 때 나오는 대표 어휘들
  – Suggest, propose, ask, request, recommend, offer

4 ▶ 앞으로 일어날 일에 관해 물어보는 문제

❶ 주로 화자가 다음에 할 일이나 일정, 계획을 물어보는 유형이에요.

❷ 앞으로 일어날 일은 대부분 대화의 끝부분에서 미래형으로 제시되는 경우가 많아요. 또한 제안이나 요청을 할 경우 상대방이 이를 수락하는 것이 답으로 제시되는 경우도 상당수예요.

❸ 미래형, 조동사, 조건절 등은 항상 집중해서 청취하세요.

❹ 앞으로 일어날 일에 관해 물어볼 때 나오는 대표 어휘들
  – Next, later, probably

■ 다음의 문제들을 해석하고 가장 중요한 단어, 즉 키워드에 표시해 주세요.

1

What problem are the speakers talking about?

(A) A broken machine

(B) A missing item

화자들은 어떤 문제에 관해 이야기하는가?

(A) 고장 난 기계

(B) 없어진 물건

2

What does the man suggest the woman do?

(A) Go on a tour

(B) Reserve a ticket

남자는 여자에게 무엇을 하라고 제안하는가?

(A) 투어를 갈 것

(B) 티켓을 예약할 것

3

영어

What does the woman offer to do for the man?

(A) To pick him up at the airport

(B) To make a dinner reservation

한국어

여자는 남자를 위해 무엇을 하겠다고 제안 하는가?

(A) 그를 공항에서 픽업해오는 것

(B) 저녁 식사 예약을 하는 것

4

영어

What is the man concerned about?

(A) Being late for the presentation

(B) Losing clients

한국어

남자는 무엇에 대해 염려하는가?

(A) 발표에 늦는 것

(B) 고객을 잃는 것

5

영어

What will probably happen on Saturday?

(A) A delivery will arrive.

(B) A new building will open.

한국어

토요일에는 아마도 무슨 일이 일어날 것인가?

(A) 새로운 배송이 도착한다.

(B) 새로운 건물이 문을 연다.

6

영어

What are the speakers going to do next?

(A) Keep working

(B) Get something to eat

한국어

화자들은 다음에 무엇을 하려고 하는가?

(A) 일을 계속한다.

(B) 무언가 먹을 것을 사 온다.

예문을 통해 문제 유형을 익혀봅니다. 예제 중 한글로 적힌 대화문을 파악한 뒤, 영어로 녹음된 성우의 음성을 듣고 키워드를 중심으로 받아쓰세요. 영어 녹음은 각 3번씩 들려드립니다.

12_1.mp3

남 오 이런, 이 복사기가 안 켜지네요. 이번이 처음이 아니에요.

여 우리는 수리공에게 전화를 해서 이것이 고쳐질 수 있는지 봐야겠어요.

M Oh no, this _____ wouldn't _____ _____. It's not the first time.

W We should _____ the _____ to see if it can get _____.

Q What problem are the speakers talking about?

(A) A broken machine

(B) A missing item

정답

M: Oh no, this copier wouldn't turn on. It's not the first time.
W: We should call the repairman to see if it can get fixed.

복사기가 켜지지 않는다고 하였으므로 고장 난 기계에 해당하는 (A)가 정답이에요.

12_2.mp3

여 나의 다음 출장 목적지는 취리히예요. 그곳에 가 본 적이 있나요?

남 네, 있어요. 저는 당신이 융프라우 투어를 가볼 것을 추천합니다.

W The destination for my next business trip is Zurich. Have you been there?

M Yes, I have. I _____ you _____ _____ a _____ of Jungfrau.

Q What does the man suggest the woman do?

(A) Go on a tour

(B) Reserve a ticket

정답

W: The destination for my next business trip is Zurich. Have you been there?
M: Yes, I have. I recommend you go on a tour of Jungfrau.

융프라우에 가보라고 말한 남자의 말로 보건대, (A)가 정답이에요.

남 나는 일요일에 오사카에서 돌아올 거야. 음… 난 집에 어떻게 와야 하지?

여 오, 걱정하지 마. 네가 공항에 도착하면 내가 픽업 나갈게.

M I'll be coming back from Osaka on Sunday. Hmm... How should I _____ _____?

W Oh, don't worry. I can _____ you _____ when you arrive at the _____.

Q What does the woman offer to do for the man?

(A) To pick him up at the airport

(B) To make a dinner reservation

M: I'll be coming back from Osaka on Sunday. Hmm... How should I get home?
W: Oh, don't worry. I can pick you up when you arrive at the airport.

"I can pick you up."이라 하였으므로 그를 공항에서 데려오려 한다는 내용인 (A)가 정답이에요.

남 나 아마도 내 발표를 위해 제때 도착하지 못할 것 같아요.

여 그거 별로네요. 이번이 당신의 새 고객과의 첫 만남이잖아요.

M I might not be able to make it _____ _____ for my presentation.

W That's not good. It's your first time _____ with your new _____.

Q What is the man concerned about?

(A) Being late for the presentation

(B) Losing clients

M: I might not be able to make it on time for my presentation.
W: That's not good. It's your first time meeting with your new clients.

남자는 늦는 것만을 언급하였으므로 정답은 (A)가 돼요.

12_5.mp3

영어 쓰기

여 내 생각엔 Lincoln Avenue의 새 건물 공사가 거의 끝난 것 같아.

남 응, 내가 듣기로는 그들이 토요일에 문을 열 거래. 그곳이 문을 열면 가서 구경할래?

W I think the building _____ on Lincoln Avenue is almost _____ .

M Yes, I heard they are going to _____ on _____ . Would you like to go to have a _____ when it opens?

Q **What will probably happen on Saturday?**

(A) A delivery will arrive.

(B) A new building will open.

정답

W: I think the building construction on Lincoln Avenue is almost done.
M: Yes, I heard they are going to open on Saturday. Would you like to go to have a look when it opens?

건물이 완공되어 토요일에 문을 열 것이라 하였으므로 정답은 (B)가 돼요.

12_6.mp3

영어 쓰기

남 우리 하루종일 일했고, 나 완전 배고파. 난 더 이상 일에 집중할 수가 없어.

여 나도 그래. 나가서 먹을 샌드위치를 좀 사자.

M We've been working all day and I'm starving. I can't _____ _____ work anymore.

W Me too. Let's _____ _____ and _____ some sandwiches to _____ .

Q **What are the speakers going to do next?**

(A) Keep working

(B) Get something to eat

정답

M: We've been working all day and I'm starving. I can't focus on work anymore.
W: Me too. Let's go out and grab some sandwiches to eat.

배가 고파서 일을 할 수도 없을 정도라 말하는 남자에게 그러면 나가서 샌드위치를 사자고 하였으므로 정답은 (B)를 선택하세요.

원어민의 대화를 듣고 3문제씩 풀어 봅니다. 각 질문에 대해 가장 알맞은 답을 하나만 고르시고, 정답과 대본은 꼭~ 문제를 다 푼 후에 보세요.

1 Where does the conversation take place?

(A) At a restaurant   (B) In an office

(C) At a hotel   (D) In a conference room

2 What does the woman offer to do for the man?

(A) Serve some dishes   (B) Put him on a list

(C) Show him some slides   (D) Book a room

3 How long will the man most likely wait for?

(A) 10 minutes   (B) 30 minutes

(C) 45 minutes   (D) 60 minutes

- -

4 Where do the speakers have the conversation?

(A) At a gym   (B) At a museum

(C) At a concert hall   (D) At a library

5 What does the man want to do?

(A) Ask the title of a book (B) Get discounted tickets

(C) Buy a guidebook   (D) Register for a class

6 What does the man mean when he says, "I can't afford both the tickets and guidebook"?

(A) He's not going to buy the tickets.

(B) He doesn't want to watch the exhibition.

(C) He will probably not buy the guide book.

(D) He will pay for two items at a time.

Show	Starting Time
Fish of Amazon	09:30
Kittens of Asia	10:30
Desert Animals	11:30
Birds of the world	12:00

7   What information does the woman tell the man?

(A) An email address

(B) The name of her pet

(C) An ID card

(D) A registration number

8   What does the man say about the list of the shows?

(A) It is near the gate.

(B) It is not available anymore.

(C) It was just published.

(D) It can be found at the booth.

9   Look at the graphic. What show will probably be shown first?

(A) Fish of Amazon

(B) Kittens of Asia

(C) Desert Animals

(D) Birds of the world

토익 기초 뛰어넘기 정답과 대본

■ **Questions 1 through 3 refer to the following conversation.**

대본

M: Good evening, (1)can I get a table for three?

W: We don't have any table available at the moment, (2)but would you like me to put your name on our waiting list?

M: Yes, please. My name is Shawn Sukimura. How long do you roughly expect the waiting time will be?

W: (3)It'll be about half an hour, I guess. I'll guide you to our waiting area.

해석

남: 좋은 저녁입니다, 세 명이 앉을 수 있는 테이블이 있을까요?

여: 지금은 없어요, 하지만 제가 당신의 이름을 대기 명단에 올려드릴까요?

남: 네, 부탁해요. 제 이름은 Shawn Sukimura입니다. 당신은 대기 시간이 얼마나 될 거라 예상하세요?

여: 대략 30분 정도 되리라 생각해요. 제가 당신을 우리의 대기 공간으로 안내해드릴게요.

어휘 •**expect** 기대하다 •**waiting list** 대기 명단 •**at the moment** 현재, 지금

1

영어

Where does the conversation take place?

(A) At a restaurant

(B) In an office

(C) At a hotel

(D) In a conference room

한국어

이 대화는 어디에서 일어나는가?

(A) 레스토랑에서

(B) 사무실에서

(C) 호텔에서

(D) 회의실에서

토익 기초 뛰어넘기 정답과 대본

2

 영어

What does the woman offer to do for the man?

(A) Serve some dishes

(B) Put him on a list

(C) Show him some slides

(D) Book a room

한국어

여자는 남자를 위해 무엇을 하겠다고 하는가?

(A) 음식을 서브해주겠다고

(B) 그를 명단에 올려주겠다고

(C) 그에게 슬라이드들을 보여주겠다고

(D) 방을 예약해주겠다고

3

 영어

How long will the man most likely wait for?

(A) 10 minutes

(B) 30 minutes

(C) 45 minutes

(D) 60 minutes

한국어

아마도 남자는 얼마나 오래 기다리게 되겠는가?

(A) 10분

(B) 30분

(C) 45분

(D) 60분

■ Questions 4 through 6 refer to the following conversation.

대본	해석
M: I'd like to buy 2 tickets for the 7 o'clcck concert tonight. Is there any way I can get a student discount?	남: 저는 7시 콘서트의 티켓을 두 장 사고 싶습니다. 제가 학생 할인을 받을 수 있는 방법이 있을까요?
W: Yes, you can get a 20% discount with a valid student ID.	여: 네, 유효한 학생증을 제시하면 20% 할인을 받을 수 있어요.
M: Wow, here's my student ID.	남: 와우, 제 학생증은 여기 있습니다.
W: Good. Do you want to purchase a guidebook of tonight's performance as well?	여: 좋습니다. 오늘 밤 공연의 가이드북도 같이 구매하고 싶나요?
M: I'm afraid I can't afford both the tickets and guidebook.	남: 유감이지만 저는 티켓과 가이드북 모두를 살 능력이 없네요.

어휘 •**valid** 유효한 •**afford** ∼할 만한 경제적인 능력이 있다

4

영어	한국어
Where do the speakers have the conversation?	어디에서 화자들은 이 대화를 하는가?
(A) At a gym	(A) 헬스장에서
(B) At a museum	(B) 박물관에서
(C) At a concert hall	(C) 콘서트홀에서
(D) At a library	(D) 도서관에서

5

영어

What does the man want to do?

(A) Ask the title of a book

(B) Get discounted tickets

(C) Buy a guidebook

(D) Register for a class

한국어

남자는 무엇을 하고 싶어 하는가?

(A) 책의 제목을 물어보는 것

(B) 할인된 티켓을 사는 것

(C) 가이드북을 사는 것

(D) 수업에 등록하는 것

6

영어

What does the man mean when he says, "I can't afford both the tickets and guidebook"?

(A) He's not going to buy the tickets.

(B) He doesn't want to watch the exhibition.

(C) He will probably not buy the guide book.

(D) He will pay for two items at a time.

한국어

남자가, "저는 티켓과 가이드북 모두를 살 능력이 없네요" 이라고 이야기한 것이 의미하는 바는 무엇인가?

(A) 남자는 티켓을 사지 않을 것이다.

(B) 남자는 전시회를 보고 싶지 않아 한다.

(C) 남자는 아마도 가이드북을 사지 않을 것이다.

(D) 남자는 한 번에 두 물건의 가격을 지불할 것이다.

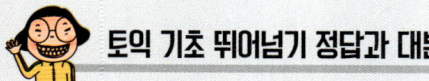

■ Questions 7 through 9 refer to the following conversation.

쇼	시작 시간
아마존의 물고기들	09:30
아시아의 아기 고양이들	10:30
사막 동물들	11:30
세계의 새들	12:00

대본

M: Good afternoon and welcome to our annual pet show. Have you signed up online for the event in advance?

W: Of course I have. My registration number is #820815, and here's a copy of the confirmation email.

M: Thank you very much. Please feel free to pick up a copy of the list of our shows from the right side of the entrance. The first show begins at 10:30 a.m. as the one at 9:30 has been canceled. So, while you wait, you can look around the booths.

W: Okay, can I go inside now?

해석

남: 좋은 오후입니다, 우리의 연례 반려동물 쇼에 오신 것을 환영해요. 당신은 행사를 위해 미리 온라인에서 등록하셨나요?

여: 물론입니다. 제 등록번호는 #820815이고, 여기에 저의 확인 이메일의 복사본이 있습니다.

남: 매우 고맙습니다. 부디 입구 오른쪽에서 우리의 쇼 목록 한 부를 마음 편히 챙겨가세요. 아침 9시 반 쇼가 취소되었기 때문에, 첫 쇼는 아침 10시 반에 시작합니다. 그러니 당신이 기다리는 동안 부스들을 구경하면 됩니다.

여: 네, 저 이제 안으로 들어가도 될까요?

어휘
• entrance, gate, door 문

7

What information does the woman tell the man?

(A) An email address

(B) The name of her pet

(C) An ID card

(D) A registration number

어떠한 정보를 여자가 남자에게 말하는가?

(A) 이메일 주소

(B) 그녀의 반려동물 이름

(C) 신분증

(D) 등록번호

8

What does the man say about the list of the shows?

(A) It is near the gate.

(B) It is not available anymore.

(C) It was just published.

(D) It can be found at the booth.

남자가 쇼의 목록에 대해 무엇이라 하는가?

(A) 문 근처에 있다.

(B) 더 이상 이용할 수 없다.

(C) 이제 막 출간되었다.

(D) 부스에서 찾을 수 있다.

9

Look at the graphic. What show will probably be shown first?

(A) Fish of Amazon

(B) Kittens of Asia

(C) Desert Animals

(D) Birds of the world

시각 정보를 보아라. 어떤 쇼가 아마도 가장 먼저 보여질까?

(A) 아마존의 물고기들

(B) 아시아의 아기 고양이들

(C) 사막 동물들

(D) 세계의 새들

Lesson 13

1 ▶ 회사 생활 중심 대화의 유형

❶ 토익은 기본적으로 비즈니스 상황이 많이 주어지므로, 두 명 혹은 세 명의 화자가 사무실에서 일 관련 대화를 하는 경우가 압도적으로 많이 출제되지요.

❷ 대화자들의 관계를 파악해주세요.
　　→ 빈출 정답: 직장 동료들, 일 관계자들: coworkers, colleagues, work associates

❸ 대화의 장소도 파악해주세요.
　　→ 빈출 정답: 사무실 office (1위!), 공장, 레스토랑, 가게

소연쌤의 꿀팁! 시험에서 여전히 가장 많이 출제되는 상황은 사무실이지만, 최근에는 공장이나 레스토랑도 많이 등장해요.

어휘 ▶ 공장의 경우 등장하는 어휘
- **factory, plant** 공장 ·**production, manufacture** 생산 ·**assembly line** 조립라인
- **safety inspection** 안전 점검

❹ 혹시 문제점이 제시되면 무엇인지 빠르게 파악하세요. 회사 생활에서는 대부분 그 문제점이 주제 자체로 많이 출제돼요.

2 ▶ 기기, 고장 관련 대화

❶ 시험에 자주 나오는 사무용 및 사무실 주변기기

어휘 ▶
- 복사기/ 팩스기 관련: **copy machine, copier** 복사기 **fax machine** 팩스
  plug in 전원 연결 **machine, equipment, device** 기계, 기기
- 컴퓨터/ 프로그램 관련: **computer, laptop** 컴퓨터, 노트북 **battery** 배터리
  program 프로그램 **software** 소프트웨어 **spreadsheet** 스프레드시트
- 온라인, 웹 관련: **access, log on, sign in** 접속, 로그인
  email account 이메일 계정 **password** 비밀번호 **username** 사용자 이름
- 조명 관련: **light, lighting, lighting fixture, lamp** 조명기구
- 냉난방/ 환기 관련: **air conditioning** 에어컨 **heater** 히터
  ventilation, air circulation 환풍, 환기
- 출입쿤 관련: **key card** 출입 열쇠 **swipe** 기기에 긁다 **door, entrance** 출입구
  employee badge 사원 출입증 (일명 개목걸이)

❷ 시험에 자주 나오는 고장, 이상에 관한 표현들:

어휘 ▶
- **broken, down, malfunction** 고장 ·**error, problem, trouble** 에러, 이상, 문제점
- **inconvenience** 불편 ·**jammed, stuck** 끼임, 막힘 ·**freeze** 멈춤

lesson 13 • 199

프로젝트와 행사 관련 대화

❶ 시험에 자주 나오는 프로젝트, 대상 및 행사

어휘

- **construction** 건설 • **marketing** 마케팅 • **finance, accounting** 재무, 회계
- **research, new product development** 연구, 새 제품 개발 • **contract** 계약
- **presentation** 발표 • **new client** 새 고객 • **committee** 위원회
- **company outing, picnic** 회사 소풍, 야유회 • **farewell, retirement** 작별, 은퇴

❷ 시험에 자주 나오는 프로젝트 및 행사 관련 문제점

어휘

- **late** 늦은 • **delay, postpone, put off** 연기, 지연 • **cancel, call off** 취소
- **change, reschedule** 변경
- **competitor** 경쟁자, 경쟁 • **similar product** 비슷한 제품 • **cost** 비용
- **not enough, out of stock** 충분하지 않은, 재고가 없는 • **short on staff** 일손이 부족한
- **deadline extension** 마감일 연장

❸ 시험에 자주 나오는 해결책

(1) 기기 이상, 고장의 경우 수리 서비스 요청

어디에? 누구한테? → repairman, technician (기술자, 수리공)

maintenance department (보수과, 관리부)

tech support department (기술부서)

(2) 상대방에게 도움 제공

'내 쪽에서 도움을 주는 상황'이므로 '나'라는 표현이 많이 들어가요

I will ~ / Let me ~ / Can I ~ / I can ~ (내가 해줄게~ 내가 해줄 수 있어)

help / give a hand / check / take care of, handle (내가 도와줄게)

(3) 도와줄 수 있는 동료에게 연락

call / contact / talk to / speak to (말하다, 연락하다)

(5) 임시로 활용할 수 있는 대안 제공 / 교체 제안

lend (때때로 자신의 소유물을 빌려주기도 한다)

another, alternative (다른 것), spare (여분의), replace (교체하다)

소연쌤의
꿀팁! 주로 시험에 고장, 이상 등 문제점 상황이 등장하면 수리 서비스를 요청하여 이를 해결하는 패턴이 가장 많이 답으로 채택됨을 알아 두세요.

■ 다음의 문제들을 해석하고 가장 중요한 단어, 즉 키워드에 표시해 주세요.

1

 영어

According to the man, what is the cause of the problem?

(A) A building renovation

(B) A machine error

한국어

남자가 말하는 문제점의 원인은 무엇인가?

(A) 건물 수리

(B) 기기 이상

2

 영어

Why is the woman asking the man for help?

(A) She wants to buy a new computer.

(B) She needs to work on a file.

한국어

여자는 왜 남자에게 도움을 요청하는가?

(A) 새로운 컴퓨터를 사야 하기 때문에

(B) 파일 관련 작업을 해야 하기 때문에

3

 영어

What part of the project is the man concerned about?

(A) They have to hire more people.

(B) The cost is higher than expected.

한국어

남자가 프로젝트에 관해서 걱정하는 것은 어떤 부분인가?

(A) 더 많은 사람을 고용해야 한다.

(B) 예상했던 것보다 비용이 더 높다.

4

 영어

What does the man suggest the woman do?

(A) Borrow his personal computer

(B) Get assistance from other colleagues

한국어

남자는 여자가 무엇을 할 것을 제안하는가?

(A) 자신의 노트북을 빌릴 것

(B) 다른 동료의 도움을 받을 것

예제를 통해 사무기기 고장, 컴퓨터, 프로젝트 관련 유형을 익혀봅니다. 예제 중 한글로 적힌 각 질문에 알맞은 답을 고른 뒤, 영어로 녹음된 성우의 음성을 듣고 빈칸에 받아쓰세요. 영어 녹음은 각 3번씩 들려드립니다.

예제 1
13_1.mp3

남 안녕하세요, 저는 마케팅 부서의 Glenn Diaz입니다. **저는 오늘 키 카드 리더가 작동하지 않아 건물로 들어가는 데 문제를 겪었습니다.** 제가 여러 차례 시도를 해봤지만, 문이 열리질 않네요.

여 네, 저희는 오늘 당신과 같은 불평을 많이 들었습니다. 우리는 아마도 카드 리더를 교체해야 할 것 같아요.

영어 쓰기

M Hi, _____ _____ Glenn Diaz with marketing. I _____ _____ getting into the building today because the key card reader didn't _____. I tried several times, but the door wouldn't _____.

W Yes, we got lots of _____ like yours today. We might have to _____ the card reader.

Q According to the man, what is the cause of the problem?

(A) A building renovation

(B) A machine error

정답

M: Hi, this is Glenn Diaz with marketing. **I had trouble getting into the building today because the key card reader didn't work.** I tried several times, but the door wouldn't open.
W: Yes, we got lots of complaints like yours today. We might have to replace the card reader.

정답 (B). 카드 리더의 문제로 인해 건물에 들어가고 있지 못하는 상황이므로, 문제점의 원인은 카드 리더를 포괄적으로 표현한 기기 이상을 선택하세요.

예제 2
13_2.mp3

여 안녕 Frank. 당신의 컴퓨터는 꽤 빠르죠, 그렇죠? 혹시 제가 일 끝나고 그것을 사용해도 괜찮을까요?

남 당신이 그것을 사용해도 괜찮을 것 같습니다. 하지만 당신은 왜 그것이 필요한가요?

여 지난 주에 있었던 파티 기억나세요? **제가 비디오와 사진을 많이 찍었어요. 저는 그들을 수정해서 인터넷에 올리고 싶습니다.** 그것을 위해 저는 빠른 컴퓨터가 필요해요.

W: Hey Frank. Your _____ is pretty _____, right? Do you _____ if I _____ it for after work?

M: I guess it's _____ if you use it. But why do you need it?

W: Remember the _____ last week? I took lots of _____ and _____. I want to _____ and _____ them on the internet. I need a _____ _____ for that.

Q Why is the woman asking the man for help?

(A) She wants to buy a new computer.

(B) She needs to work on a file.

정답

W: Hey Frank. Your computer is pretty fast, right? Do you mind if I use it after work?

M: I guess it's alright if you use it. But why do you need it?

W: Remember the party last week? **I took lots of videos and pictures. I want to edit and upload them on the internet.** I need a fast computer for that.

정답 (B). 영상과 사진들을 수정하고 업로드해야 한다고 했으므로, 파일 작업을 해야한다는 말로만 살짝 바꿔준 보기를 선택하세요.

예제 3

13_3.mp3

여 안녕하세요 Joshua, 저는 당신의 보고서를 검토해봤어요. 건설 프로젝트가 제대로 잘 진행되고 있는 것처럼 보여요.

남 안녕, 메리. 네, 그것은 계획에 따라 진행되고 있습니다. 하지만 저는 노동의 비용에 대해 염려가 됩니다. 우리가 기대했던 것보다 그것이 높아요.

여 우리는 사실 올해 노동 비용(인건비)이 오를 것이라 예상했기 때문에 그건 큰 문제가 되지 않을 거예요.

영어 쓰기

W: Hello Joshua, I've _____ _____ your report. It seems the _____ project is going well.

M: Hi, Mary. Yes, it is going according to plan. But I am _____ _____ the _____ of labor. It is _____ than we expected.

W: We actually expected the _____ of labor to increase this year so that won't be a big _____.

Q What part of the project is the man concerned about?

(A) They have to hire more people.

(B) The cost is higher than expected.

W: Hello Joshua, I've looked through your report. It seems the construction project is going well.

M: Hi, Mary. Yes, it is going according to plan. But I am worried about the cost of labor. It is higher than we expected.

W: We actually expected the cost of labor to increase this year so that won't be a big problem.

정답 (B). 사람 수가 부족하다고 얘기한 적은 없으나 노동 비용이 염려된다고 표현하였으므로, 결국 남자는 비용에 대해 걱정한 거예요.

13_4.mp3

남 Yuki, 오후 4시 미팅에 모든 준비가 돼 있나요?

여 알고 있어요. 그냥 제 노트북 컴퓨터가 안 켜지고 있네요. 제가 배터리도 확인하고 심지어 전원선도 연결해보았지만, 소용이 없네요. 미팅하는 동안 정보를 찾아보려면 노트북이 필요한데 말이죠.

남 별로 좋은 상황처럼 들리지 않네요. 위층에 가서 Roger나 Steve가 그것을 확인해보도록 하세요.

M Yuki, are you all set for the 4 p.m. _____?

W I know. It's just that my _____ won't _____ _____. I checked the battery and even plugged it in, but no luck. I'll need the laptop to look up information during the meeting.

M That doesn't _____ _____. You should go upstairs and have Roger or Steve check it out.

Q What does the man suggest the woman do?

(A) Borrow his personal computer

(B) Get assistance from other colleagues

M: Yuki, are you all set for the 4 p.m. meeting?

W: I know. It's just that my laptop won't turn on. I checked the battery and even plugged it in, but no luck. I'll need the laptop to look up information during the meeting.

M: That doesn't sound good. You should go upstairs and have Roger or Steve check it out.

정답 (E). 노트북에서 연상되는 컴퓨터가 있는 보기 (A)를 덜컥 고를 것이 아니라, 마지막까지 문제의 주체인 남자의 말을 잘 듣고 답을 선택해야 해요. Roger나 Steve는 같은 회사에서 일하는 동료일 것이므로, 그들의 도움을 받는다고 돌려 말한 (B)가 정답이죠.

원어민의 대화를 듣고 3문제씩 풀어 봅니다. 각 질문에 대해 가장 알맞은 답을 하나만 고르시고, 정답과 대본은 꼭~ 문제를 다 푼 후에 보세요.

1 What most likely is the man's job?

(A) Tech support staff

(B) Human resources manager

(C) Marketing director

(D) Accounting manager

2 According to the woman, what happened two days ago?

(A) A new system was set up.

(B) A password was changed.

(C) A new employee was introduced.

(D) A meeting was held.

3 What does the man ask the woman to do?

(A) Wait for him to visit her

(B) Provide more information

(C) Visit him in person

(D) Call him back later

Name	Extension Number
Jay	101
Joseph	102
Marion	103
Lauren	104

4 What does the woman say happened recently?

(A) A merger was made.

(B) A new manager was hired.

(C) Some stocks arrived.

(D) A contract was signed.

5 What problem does the man mention?

(A) They need to cancel the meeting.

(B) They are short on stock.

(C) They failed to meet the deadline.

(D) They lost their client.

6 Look at the graphic. What number should the man call?

(A) 101   (B) 102

(C) 103   (D) 104

7 Why is the woman calling the man?

(A) To report a machine problem

(B) To change a meeting schedule

(C) To postpone a meeting

(D) To request some information

8 What does the woman imply when she says, "I am on my way to see the vice president now"?

(A) She wants the job done immediately.

(B) She doesn't trust the man.

(C) She can't go to the meeting.

(D) She doesn't want the man to work on it now.

9 What does the man say he will do?

(A) He will meet with the vice president.

(B) He will check the equipment at a later time.

(C) He will interview an applicant.

(D) He will buy a new machine.

■ "회사 관련 Conversations"

Questions 1 through 3 refer to the following conversation.

대본	해석
W: Hi, Seth. (1)Can I ask you some questions about our company Website?	여: 안녕, Seth. 우리 회사 웹사이트에 관해 질문 좀 해도 될까요?
M: Of course. What are they about?	남: 물론이죠. 무엇에 관한 것인데요?
W: I keep getting error messages when I try to log in to my account. It happened ever since (2)I changed my password the day before yesterday. Also, I can't see the menu tab on the left side.	여: 제가 제 계정에 로그인하려 하면 계속 오류 메시지가 와요. 이것은 제가 그저께 비밀번호를 바꾼 이후로 일어난 일이에요. 또한, 전 왼쪽에 있는 메뉴 탭이 보이지 않아요.
M: Hmm. I think I can fix the problem. (3)Just give me a second and I'll be there for you.	남: 흠. 제 생각엔 제가 문제를 해결할 수 있을 것 같아요. 잠깐만 기다리면 제가 당신을 위해 가겠습니다.

어휘

- **Tech support** 기술 지원(부서)
- **the day before yesterday** 그저께 (= **two days ago** 이틀 전)

 소연쌤의 **꿀팁!** the day before yesterday(그저께)는 보통 two days ago(이틀 전)라고 바꿔 얘기해요. 마찬가지로 the day after tomorrow (내일모레)는 대부분 in two days(이틀 후)라고 바꿔 얘기하는 경우가 많아요.

1

영어

What most likely is the man's job?

(A) Tech support staff

(B) Human resources manager

(C) Marketing director

(D) Accounting manager

한국어

남자의 직업은 가장 무엇일 것 같은가?

(A) 기술 지원부서 직원

(B) 인사부장

(C) 마케팅 이사

(D) 회계 매니저

2

영어

According to the woman, what happened two days ago?

(A) A new system was set up.

(B) A password was changed.

(C) A new employee was introduced.

(D) A meeting was held.

한국어

여자에 따르면 이틀 전에 어떤 일이 일어났는가?

(A) 새로운 시스템이 설치됐다.

(B) 비밀번호가 바뀌었다.

(C) 새로운 직원이 소개됐다.

(D) 미팅이 열렸다.

3

영어

What does the man ask the woman to do?

(A) Wait for him to visit her

(B) Provide more information

(C) Visit him in person

(D) Call him back later

한국어

남자는 여자에게 무엇을 하라고 요청하는가?

(A) 자신이 그녀를 방문할 때까지 기다릴 것

(B) 더 많은 정보를 제공할 것

(C) 직접 자신을 방문할 것

(D) 자신에게 나중에 전화할 것

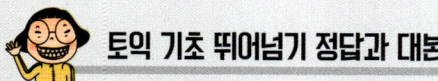

Questions 4 through 6 refer to the following conversation.

이름	내선 번호
Jay	101
Joseph	102
Marion	103
Lauren	104

대본

W: Great news! (4)We just signed the contract with Madsen Industries to be their supplier.

M: That's amazing, (5)but we are almost out of office supplies stock now. We were supposed to get a new shipment in but it never arrived.

W: That's not good. Can you please contact the person in charge and see what's happening?

M: Okay. What number should I dial though?

W: (6)It's Lauren that handles it.

해석

여: 좋은 소식이에요! 우리가 Madsen Industries의 공급자가 되기로 계약서에 방금 서명했어요.

남: 정말 훌륭하네요, 그런데 우리 지금 사무용품 재고가 거의 다 떨어졌어요. 우리는 새로 배송을 받기로 되어 있었는데 그것이 도착하질 않았어요.

여: 그거 별론데요. 담당자에게 전화해서 무슨 일인지 알아볼래요?

남: 네. 그런데 몇 번으로 전화해야 되는 거죠?

여: Lauren이 담당자예요.

어휘 ●**Be almost out of stock** 재고가 거의 떨어진 ●**be short on stock** 재고가 부족한

 소연쌤의 **꿀팁!** 문제에서 "recently"는 정말 자주 "just"라고 바꿔서 이야기해요. 이 문제는 꼭 기억하고, recently → just의 관계를 기억하세요.

4

영어

What does the woman say happened recently?

(A) A merger was made.

(B) A new manager was hired.

(C) Some stocks arrived.

(D) A contract was signed.

한국어

여자에 따르면 최근에 무슨 일이 일어났는가?

(A) 합병이 일어났다.

(B) 새로운 매니저가 채용됐다.

(C) 재고가 도착했다.

(D) 계약서가 서명됐다.

5

영어

What problem does the man mention?

(A) They need to cancel the meeting.

(B) They are short on stock.

(C) They failed to meet the deadline.

(D) They lost their client.

한국어

남자는 어떤 문제점을 언급하는가?

(A) 그들이 미팅을 취소해야 한다.

(B) 그들은 재고가 부족하다.

(C) 그들은 마감일을 맞추지 못했다.

(D) 그들이 고객을 잃었다.

6

영어

Look at the graphic. What number should the man call?

(A) 101

(B) 102

(C) 103

(D) 104

한국어

시각 정보를 보아라. 남자는 어떤 번호에 전화해야 하는가?

(A) 101

(B) 102

(C) 103

(D) 104

■ Questions 7 through 9 refer to the following conversation.

 대본

W: Hello Edward. It's Maggie from finance. (7)I'm calling you to report a broken heater in my office.

M: I am sorry to hear that. I can go there and check it right away.

W: Oh, (8)I am on my way to see the vice president now.

M: (9)If that's the case, I'll go get it done this afternoon.

W: Great. I appreciate it a lot.

해석

여: 안녕 Edward. 재무부의 Maggie예요. 저는 제 사무실의 망가진 히터에 관해 보고하고자 전화했어요.

남: 안됐네요. 제가 가서 바로 확인해드릴게요.

여: 오, 저는 지금 부회장님을 만나러 가는 길이에요.

남: 그런 거라면, 제가 오후에 가서 그 일을 할게요.

여: 좋아요. 정말 고마워요.

어휘 •vice president 부회장

7

영어

Why is the woman calling the man?

(A) To report a machine problem

(B) To change a meeting schedule

(C) To postpone a meeting

(D) To request some information

한국어

여자는 왜 남자에게 전화하는가?

(A) 기계 문제를 보고하기 위해서

(B) 미팅 일정을 변경하기 위해서

(C) 미팅을 미루기 위해서

(D) 정보를 요청하기 위해서

8

영어

What does the woman imply when she says, "I am on my way to see the vice president now"?

(A) She wants the job done immediately.

(B) She doesn't trust the man.

(C) She can't go to the meeting.

(D) She doesn't want the man to work on it now.

한국어

여자가, "저는 지금 부회장님을 만나러 가는 길이에요" 이라고 이야기한 것이 암시하는 바는 무엇인가?

(A) 여자는 일이 즉시 이루어지길 원한다.

(B) 여자는 남자를 믿지 않는다.

(C) 여자는 미팅에 갈 수 없다.

(D) 여자는 남자가 지금 작업하길 원하지 않는다.

9

영어

What does the man say he will do?

(A) He will meet with the vice president.

(B) He will check the equipment at a later time.

(C) He will interview an applicant.

(D) He will buy a new machine.

한국어

남자는 무엇을 하겠다고 하는가?

(A) 남자는 부회장을 만날 것이다.

(B) 남자는 장비를 나중에 확인할 것이다.

(C) 남자는 지원자의 면접을 볼 것이다.

(D) 남자는 새 기계를 살 것이다.

Lesson 14

PART 3

theme

일상 생활 중심 대화

1 ▶ 대화의 유형

❶ 이번엔 두세 명의 화자가 일상 생활에 관련된 이야기를 하는 경우를 공부해볼게요.

❷ 대화자들의 관계와 현재 장소를 먼저 파악해주세요.

→ 은행, 우체국, 병원, 가게, 서점, 주문, 여가, 여행, 이사 등 다양한 경우가 제시돼요.

❸ 시험에 나올법한 어휘, 표현들을 상황별로 미리 정리해두는 것이 필요해요.

→ '이런 어휘, 표현이 들리면 이곳이야'라고 바로 떠올릴 수 있을 정도로 익숙해져야 해요.

2 ▶ 은행, 우체국, 병원

❶ 시험에 자주 나오는 은행 상황과 어휘

어휘
- 계좌 개설: **open an account** 계좌를 열다
- 입금, 출금: **deposit money** 입금하다 **withdraw money** 출금하다
- 송금: **transfer money** 송금하다
- 대출, 이자: **loan** 대출 **interest** 이자 **application form** 신청서

- I'd like to open a bank account.
  저는 계좌를 열고 싶습니다.
- How can I get a business loan?
  제가 어떻게 사업자 대출을 받을 수 있죠?

❷ 시험에 자주 나오는 우체국 상황과 어휘

어휘
- 소포: **package, parcel**
- 일반 우편: **regular mail**
- 빠른 우편: **express mail**
- 등기 우편: **registered mail**

소연쌤의 **꿀팁!** mail은 우편 소인이 찍혀서 가는 진짜 우편만을 의미하고, Email의 경우에는 반드시 email이라 명시해요.

- 택배: **courier service**
- 무게, 저울: **weight** 무게 **weigh** 무게를 재다 **scale** 저울

- Please put your parcel on this scale.
  당신의 소포를 이 저울 위에 올려주세요.
- I suggest using the registered mail.
  저는 등기 우편을 사용하길 권합니다.

---

❸ 시험에 자주 나오는 병원 상황과 어휘

어휘 ▸
- 병원: hospital, clinic, doctor's office, medical office
- 치과: dental clinic, dentist's office
- 병원 예약: medical appointment, doctor's appointment
- 접수원, 안내원: receptionist
- 예약 변경: change an appointment, reschedule
- 검진, 진료: regular check-up 정기 검사, medical test 건강 검진

- I'm very sorry but I need to reschedule my medical appointment.
  죄송하지만 저는 제 병원 예약 시간을 변경해야 해요.
- Please be sure to come in 10 minutes early to check your medical records.
  당신의 의료 기록을 확인하기 위해 부디 10분 일찍 오시기 바랍니다.

소연쌤의
꿀팁! 만약 appointment 라는 단어가 보기에서 보이는 경우 병원이 나올 확률이 높다.
병원 관련 대화는 거의 대부분 친절한 'receptionist'와 하게 되어 있다.

3 ▸ 가게, 서점, 주문, 환불, 교환

❶ 시험에 자주 나오는 가게, 서점 상황과 어휘

어휘 ▸
- 새 제품: brand new item, newly released product
- 색깔, 사이즈: come in various colors and sizes 다양한 색깔과 사이즈로 출시되다
- 할인: be on sale, mark down, bargain, discount, special price, good deal
- 책: book, novel 소설 volume, publication, copy 권, 부
- 고객 리스트: mailing list, customers' list

- I'm looking for a copy of the new children's book "Hello, Mimi".
  저는 새로 나온 어린이 책인 "안녕, 미미야" 한 권을 찾고 있습니다.
- Do you have this shirt in a smaller size?
  이 셔츠 더 작은 사이즈로 있나요?

시험에 자주 나오는 주문, 환불, 교환 상황과 어휘

어휘

- 주문: **order, place an order**
- 환불: **refund, money back**
- 교환: **exchange**
- 가게 적립금: **store credit**
- 단골 고객: **regular customer, loyal customer**
- 단골 고객 카드: **frequent shopper's card, shopping card**

예

- Could I get my money back as store credit, please?
  제가 가게 적립금으로 환불받을 수 있을까요?
- I'm sorry but I'd like to exchange this item to another color.
  미안하지만 이 물건을 다른 색깔로 교환하고 싶어요.

■ 다음의 문제들을 해석하고 가장 중요한 단어, 즉 키워드에 표시해 주세요.

1

 영어

What does the man want to do?

(A) Send a package

(B) Open an account

한국어

남자는 무엇을 하길 원하는가?

(A) 소포를 보내는 것

(B) 계좌를 여는 것

2

 영어

Where most likely is the conversation being held?

(A) At a medical office

(B) At a supermarket

한국어

아마도 어디에서 이 대화가 일어나겠는가?

(A) 병원에서

(B) 슈퍼마켓에서

3

What will the woman probably do next?

(A) Deposit some money

(B) Complete a form

한국어

여자는 아마도 다음에 무엇을 하겠는가?

(A) 입금을 한다.

(B) 양식을 완성한다.

4

영어

What does the man offer to do for the woman?

(A) Go to the storage space

(B) Order some copies

한국어

남자는 여자를 위해 무엇을 하겠다고 하는가?

(A) 창고로 가겠다.

(B) 발행본을 주문해주겠다.

예제를 통해 일상 생활 중심 대화 유형을 익혀봅니다. 예제 중 한글로 적힌 각 질문에 알맞은 답을 고른 뒤, 영어로 녹음된 성우의 음성을 듣고 빈칸에 받아쓰세요. 영어 녹음은 각 3번씩 들려드립니다.

예제 1

🎧
14_1.mp3

남 안녕하세요, 이 소포를 인도네시아로 보내고 싶어요. 금요일까지 도착 가능할까요?

여 그렇다면 빠른 우편을 사용하시길 권합니다.

영어 쓰기

M Hello, I _____ _____ _____ this _____ to Indonesia. Would it arrive there by Friday?

W In that case, I recommend you using the _____ service.

Q What does the man want to do?

(A) Send a package

(B) Open an account

정답

M: Hello, I want to send this package to Indonesia. Would it arrive there by Friday?
W: In that case, I recommend you using the express service.

소포를 보내고자 한다는 것을 I want to~ 의 표현으로 드러냈으므로 정답은 (A)가 되겠네요.

예제 2

14_2.mp3

영어 쓰기

남 저희의 새로운 과일 음료를 맛보시겠습니까?

여 오 고마워요. 음, 맛이 좋네요. 이 제품도 오늘 할인 중인가요?

M _____ you _____ to _____ our new fruit beverage ma'am?

W Oh thanks. Mmm, it tastes great. Is this _____ on _____ today as well?

Q Where most likely is the conversation being held?

(A) At a medical office

(B) At a supermarket

정답

M: Would you like to try our new fruit beverage ma'am?

W: On thanks. Mmm, it tastes great. Is this product on sale today as well?

정답 ⒝. 음료를 맛볼 수 있는 장소이므로 수퍼마켓을 골라야 해요.

예제 3

14_3.mp3

영어 쓰기

여 좋은 오후예요. 저는 사업자 대출을 받고 싶습니다. 제가 어떡하면 되죠?

남 안녕하세요, 그냥 이 양식을 작성해주시면 됩니다.

W Good afternoon. I'd like to get a _____ _____. How can I _____ it _____?

M Hi, you could simply _____ _____ this _____.

Q What will the woman probably do next?

(A) Deposit some money   (B) Complete a form

정답

W: Good afternoon. I'd like to get a business loan. How can I get it done?

M: H, you could simply fill out this form.

정답 ⒠. 남자가 여자에게 양식을 작성하라고 하였고, fill out만 complete으로 살짝 바꾼 상황이므로 정답은 ⒝를 선택하세요.

여 안녕하세요. 저는 이 원피스가 마음에 드는데 혹시 이 제품이 미디움 사이즈로 있나요?

남 제가 확인해볼게요. 아 네, 딱 한 벌 남아있네요. 제가 바로 창고에 가서 당신을 위해 여기로 가져올게요.

W Hi, I like this _____ and do you have the _____ in medium?

M Let me _____. Ah yes, we have only one left. I'll go to the _____ and _____ it here for you.

Q What does the man offer to do for the woman?

(A) Go to the storage space   (B) Order some copies

W: Hi, I like this dress and do you have the product in medium size?
M: Let me check. Ah yes, we have only one left. I'll go to the storage and bring it here for you.

정답 (A). 창고에 가서 제품을 가져온다 하였으므로 정답은 (A)가 되겠죠.

원어민의 대화를 듣고 3문제씩 풀어 봅니다. 각 질문에 대해 가장 알맞은 답을 하나만 고르시고, 정답과 대본은 꼭~ 문제를 다 푼 후에 보세요.

1 Where most likely are the speakers?

(A) At a souvenir store

(B) At a farm

(C) At a grocery store

(D) At a hotel

2 According to the woman, what happened last week?

(A) They rearranged the products.

(B) They got new stock in.

(C) They introduced new discount policies.

(D) They hired new employees.

3 What did the man bring with him?

(A) A card

(B) A map

(C) A coupon

(D) A receipt

Blooming Cosmetics Online Store

Buy More & Save More!

€25 +	€50 +	€70 +	€80 +
€4 off	€10 off	€18 off	€27 off

End of the year clearance sale

Discount Code
: BloomingYE

4 Who most likely is the man?

(A) An accountant

(B) A customer service representative

(C) A shop manager

(D) A Website technician

5 Look at the graphic. What is the amount of the discount the woman is supposed to receive?

(A) €4 off　　　　　　　　(B) €10 off

(C) €18 off　　　　　　　 (D) €27 off

6 What does the man mention about the problem?

(A) There is some technical trouble.

(B) The shipment is lost.

(C) The manager is away on vacation.

(D) The sale is over.

City Summer Music Festival
August 17th ~ August 19th

1-Day Ticket $50

2-Day Ticket $80

3-Day Ticket $95

Tickets available from July 4th

7 What does the woman say about the festival?

(A) She is driving to the venue.

(B) She can get discount tickets.

(C) She has been there before.

(D) She can't attend the event.

8 How many days will the man be at the event?

(A) 1 day　　　　　　　　(B) 2 days

(C) 3 days　　　　　　　　(D) 4 days

9 What does the woman say she will do for the man?

(A) Provide transportation

(B) Pay for his ticket

(C) Buy some food

(D) Reserve the venue

■ Questions 1-3 refer to the following conversation.

대본

M: Excuse me, (1)I'm trying to find a bottle of soy sauce. I remember it used to be in this aisle, but I don't see it today. Can you please tell me where the item is?

W: Yes, it's in aisle number 14. (2)We slightly reorganized the items last week.

M: Oh, that's why.

W: Do you have anything else that you are particularly looking for?

M: No, thanks. Also, (3)I brought my membership card to get a 5% member's discount.

해석

남: 실례합니다, 저는 간장 한 병을 찾으려 합니다. 제 기억엔 그것이 이 통로에 있었는데, 오늘은 보이질 않네요. 그 물건이 어디에 있는지 저에게 부디 알려주실래요?

여: 네, 그것은 14번 통로에 있어요. 우리가 지난주에 살짝 물건들을 재배열했습니다.

남: 아, 그래서군요.

여: 혹시 특별히 찾는 또 다른 물건이 있나요?

남: 없습니다 고맙습니다. 또한 저는 회원용 5% 할인을 받기 위해 제 회원 카드를 가져왔습니다.

1

영어

Where most likely are the speakers?

(A) At a souvenir store

(B) At a farm

(C) At a grocery store

(D) At a hotel

한국어

화자들은 가장 어디에 있는 것 같은가?

(A) 기념품 가게

(B) 농장

(C) 식료품점

(D) 호텔

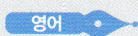 토익 기초 뛰어넘기 정답과 대본

2

According to the woman, what happened last week?

(A) They rearranged the products.

(B) They got new stock in.

(C) They introduced new discount policies.

(D) They hired new employees.

여자에 따르면 지난주에 어떤 일이 일어났는가?

(A) 그들이 제품을 재배열했다.

(B) 그들이 새로운 재고를 들여왔다.

(C) 그들이 새로운 할인 정책들을 소개했다.

(D) 그들이 새로운 직원들을 채용했다.

3

What did the man bring with him?

(A) A card

(B) A map

(C) A coupon

(D) A receipt

남자는 무엇을 가져왔는가?

(A) 카드

(B) 지도

(C) 쿠폰

(D) 영수증

■ Questions 4-6 refer to the following conversation and coupon.

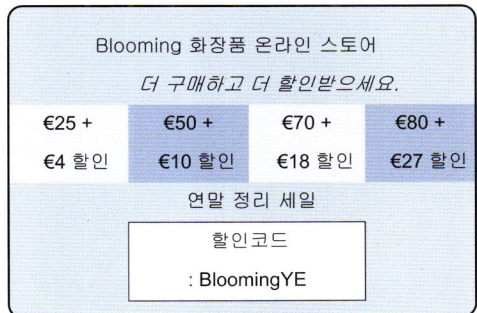

Blooming 화장품 온라인 스토어			
더 구매하고 더 할인받으세요.			
€25 + €4 할인	€50 + €10 할인	€70 + €18 할인	€80 + €27 할인
연말 정리 세일			
할인코드 : BloomingYE			

대본

M: (4)Thank you for calling Blooming Cosmetics Online Store. How may I help you today?

W: Hi, I've been trying to place an order using your year-end discount coupon.

M: Oh right. We emailed out the coupon on Monday to our regular customers. What seems to be the problem?

W: Well, I've put 4 items in my cart, and (5)the total is 71 Euros. For some reason, it shows that I am getting only 10 Euros off.

M: I sincerely apologize for this. (6)I see that we're having some trouble with our Website.

해석

남: Blooming 화장품 온라인 스토어에 전화 주셔서 감사합니다. 오늘은 어떻게 도와드릴까요?

여: 안녕하세요, 저는 당신들의 연말 할인 쿠폰을 이용하여 주문을 하려 시도하고 있어요.

남: 네 그렇군요. 우리는 월요일에 쿠폰을 우리 단골 고객에게 이메일로 보냈어요. 무엇이 문제처럼 보입니까?

여: 음, 저는 4개의 물건을 제 장바구니에 담았고, 총액은 71유로입니다. 무슨 이유인지, 저는 오직 10유로만 할인 받을 수 있다고 보여지네요.

남: 그것에 대해 진심으로 사과드립니다. 우리가 우리의 웹사이트 문제를 겪고 있는 것처럼 보이네요.

어휘
- **regular customer** 단골고객 ● **For somewhat reason** 어떤 이유인지
- **sincerely apologize** 진심으로 사과하다
- **customer service representative** 고객 서비스 직원

4

영어

Who most likely is the man?

(A) An accountant

(B) A customer service representative

(C) A shop manager

(D) A Website technician

한국어

남자는 가장 누구일 것 같은가?

(A) 회계사

(B) 고객 서비스 직원

(C) 가게 매니저

(D) 웹사이트 기술자

5

영어

Look at the graphic. What is the amount of the discount the woman is supposed to receive?

(A) €4 off

(B) €10 off

(C) €18 off

(D) €27 off

한국어

시각 정보를 보아라. 여자가 원래 할인 받아야 할 금액은 얼마인가?

(A) €4 할인

(B) €10 할인

(C) €18 할인

(D) €27 할인

6

영어

What does the man mention about the problem?

(A) There is some technical trouble.

(B) The shipment is lost.

(C) The manager is away on vacation.

(D) The sale is over.

한국어

남자는 문제에 대해 무엇을 언급하는가?

(A) 기술적인 문제가 있다.

(B) 배송품이 분실되었다.

(C) 매니저가 휴가차 떠나있다.

(D) 할인이 끝났다.

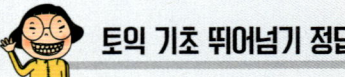

■ **Questions 7-9 refer to the following conversation and advertisement.**

City Summer Music Festival
8월 17일 ~ 8월 19일

1일 티켓 $50
2일 티켓 $80
3일 티켓 $95

7월 4일부터 티켓 판매

 대본

W: Are you going to City Summer Music Festival? (7)We had so much fun last year.

M: Oh yes, I'm absolutely going. I might not be able to attend all three days in a row though. (8)I can only afford 80 dollars maximum this year. I just paid my credit card bill.

W: Sounds good. I'm going to take my car there. (9)Do you want me to pick you up on Friday so we can drive there together?

M: Thank you so much. That'll be wonderful.

 해석

여: City Summer Music Festival에 갈 거야? 우리 작년에 진짜 재미있었는데.

남: 오 그래, 난 꼭 갈 거야. 난 3일 모두를 연속으로 가지는 못할 것 같아. 나는 올해 80달러를 최대한 낼 수 있을 것 같아. 나 막 신용카드 대금을 냈거든.

여: 좋아. 나는 거기에 내 차를 가져갈 거야. 우리가 그곳에 같이 운전해서 갈 수 있게 내가 너를 금요일에 픽업하길 원하니?

남: 정말 고마워. 그럼 진짜 좋을 거야.

어휘 ● **in a row** 연속으로 ● **maximum** 최대한 ● **credit card bill** 신용카드 대금

7

영어

What does the woman say about the festival?

(A) She is driving to the venue.

(B) She can get discount tickets.

(C) She has been there before.

(D) She can't attend the event.

한국어

여자는 페스티벌에 대해 무엇이라 하는가?

(A) 그녀는 그곳으로 운전해서 갈 것이다.

(B) 그녀는 할인된 티켓을 구할 수 있다.

(C) 그녀는 그곳에 가본 적이 있다.

(D) 그녀는 행사에 갈 수 없다.

8

영어

How many days will the man be at the event?

(A) 1 day

(B) 2 days

(C) 3 days

(D) 4 days

한국어

며칠간 남자는 행사에 갈 것인가?

(A) 1일

(B) 2일

(C) 3일

(D) 4일

9

영어

What does the woman say she will do for the man?

(A) Provide transportation

(B) Pay for his ticket

(C) Buy some food

(D) Reserve the venue

한국어

여자는 남자를 위해 자신이 무엇을 해주겠다고 하는가?

(A) 교통편을 제공하겠다

(B) 그의 티켓 비용을 지불하겠다

(C) 음식을 사겠다

(D) 장소를 예약하겠다

원어민의 대화를 듣고 3문제씩 풀어 봅니다. 각 질문에 대해 가장 알맞은 답을 하나만 고르세요.

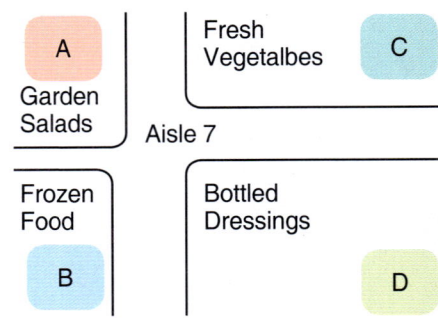

32 Look at the graphic. Where is the product that the woman asked about located in?

(A) Section A   (B) Section B

(C) Section C   (D) Section D

33 What is mentioned about the salad dressings?

(A) They come in big bottles.

(B) They can be stored for a long time.

(C) They make the salads taste better.

(D) They are the best-selling products.

34 What is available for today only?

(A) Cooking demonstrations

(B) Various product samples

(C) A recipe book

(D) A free product

35 What is the purpose of the woman's call?

(A) To place an order for delivery   (B) To change the delivery date

(C) To cancel her order   (D) To get a refund of her purchase

36 What does the woman mention about her letter?

(A) It contains valuable equipment.   (B) It costs a lot to send.

(C) It contains sensitive information.   (D) It has no return address.

37 What does the man say he needs?

(A) The woman's phone number   (B) The woman's email address

(C) The woman's date of birth   (D) The woman's purchase receipt

---

38 Why is the man probably making the phone call?

(A) To sell the woman an apartment

(B) To tell her to change her business

(C) To ask her questions about nails

(D) To update her about her business location

39 According to the man, what is said about the Dodge Building?

(A) The building is not available in three weeks.

(B) The elevator is being repaired.

(C) The basement is under construction.

(D) The nail shop cannot operate there.

40 What does the man recommend that the woman do?

(A) Look at the building's online brochure

(B) Find another business to run

(C) Move her business to the basement

(D) Pay a little more for a bigger space

41 What are the speakers mainly talking about?

(A) Sales reports

(B) The yearly budget

(C) New hiring policies

(D) Interest rates

42 What does the man mention about the funding?

(A) It is insufficient.

(B) It is enough for the department.

(C) The interest rates will decrease soon.

(D) He has some innovative ideas.

43 What does the man imply when he says, "It's even less than last year's"?

(A) He wasn't happy with last year's.

(B) He wants a solution for the problem.

(C) He thought there weren't enough people.

(D) He needs to change the meeting schedule.

---

44 What are the speakers planning to create?

(A) A job advertisement

(B) A weekly company report

(C) A yearly statement

(D) A quarterly newsletter

45 According to the man, what was the matter with last quarter's newsletter?

(A) It contained too much about events.

(B) It was too expensive to print out.

(C) It had too much of the company's financial information.

(D) It wasn't colorful enough.

46 What does the man say he will send?

(A) A schedule

(B) A cost estimate

(C) An email

(D) A revised list

47 What does the man say he recently did?

(A) Interviewed job candidates   (B) Checked out new office spaces

(C) Took a trip   (D) Met with new clients

48 What does the man mean when he says, "Is this Daniella Mindra's CV"?

(A) He doesn't want to see her.

(B) He is unable to read the document.

(C) He is confused about what this document is.

(D) He is surprised to see this document.

49 How does the man know Maria Banata?

(A) They went on a trip together.   (B) They used to date.

(C) They are cousins.   (D) They attended the same school.

---

50 Where is the man most likely working at?

(A) An electronics store   (B) A factory

(C) At a catering company   (D) At a grocery store

51 What seems to be the woman's problem?

(A) She paid more she should have.

(B) She received the wrong product.

(C) She cannot assemble the product.

(D) She is late for the meeting.

52 What does the man say he will do for the woman?

(A) Cancel an order   (B) Send a technician

(C) Provide a refund   (D) Arrange a delivery

Directory	
Escalator 1	1st, 3rd, 5th, 7th Floor
Escalator 2	2nd, 4th, 6th, 8th Floor
Escalator 3	Basement
Escalator 4	Currently Not Available

53 What did the man say happened to the escalator?

(A) There was too much weight on it.

(B) A bag got stuck in it.

(C) A child fell from it.

(D) It ran out of oil.

54 Look at the graphic. Which escalator will the woman most likely use?

(A) Escalator 1

(B) Escalator 2

(C) Escalator 3

(D) Escalator 4

55 What is the purse of the woman's visit?

(A) To repair the escalator

(B) To locate a technician

(C) To buy a bag

(D) To go to a dental office

56 What is the talk mainly about?

(A) Welcoming new employees   (B) Preparing for an event

(C) Opening a new store   (D) Demonstrating a product

57 What kind of products does the store sell?

(A) Clothing   (B) Office equipment

(C) Kitchen supplies   (D) Books

58 What will the speakers probably do next?

(A) Design an advertisement   (B) Clean a storage area

(C) Hang a sign   (D) Distribute coupons

---

59 What are the speakers mainly discussing?

(A) Repair work   (B) Editing work for a book

(C) A building permit   (D) A financial project

60 What does the woman say, "Last time, it cost only 1,500 dollars"?

(A) To clarify a request

(B) To express her happiness

(C) To negotiate a price

(D) To recommend a service

61 What probably is the woman going to do next?

(A) Get a new estimate   (B) Rewrite the book

(C) Buy a suit   (D) Sign a contract

62 What are the speakers discussing?

(A) A company vacation   (B) New changes to the building

(C) How to increase sales   (D) Travel plans to a conference

63 What are the speakers probably concerned about?

(A) They don't have tickets.

(B) They spent too much on food.

(C) They didn't reserve a travel bus.

(D) They didn't prepare speeches.

64 What does the woman say she will do?

(A) Reserve the bus herself   (B) Call to find out about a shuttle

(C) Buy tickets for all the members   (D) Cancel the car reservation

---

65 What did the man recently do?

(A) He left his job.   (B) He purchased a new product.

(C) He signed up for a program.   (D) He attended a meeting.

66 What can be inferred about the social media sites?

(A) There are so many ads.   (B) The sites are popular.

(C) They are expensive to use.   (D) Their layouts are important.

67 What does the woman say about the idea?

(A) It is not realistic.   (B) It is interesting.

(C) It'll be too expensive.   (D) It'll take a long time.

68 Who most likely are the speakers?

(A) Office workers   (B) Carpenters

(C) Carpet installers   (D) Sales managers

69 Why does the man apologize?

(A) Because he didn't receive the woman's call.

(B) Because he hasn't finished his job.

(C) Because he couldn't come to the office.

(D) Because he missed the conference.

70 What are the speakers likely going to do next?

(A) Get a new table

(B) Remove the lighting

(C) Find an office

(D) Call the manager

PART 3 PART TEST 정답과 대본

Questions 32 through 34 refer to the following conversation and map.

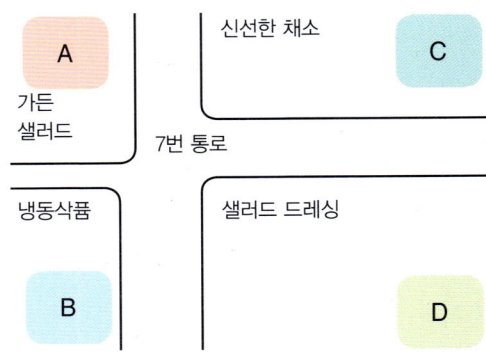

	신선한 채소	
A		C
가든 샐러드	7번 통로	
냉동식품	샐러드 드레싱	
B		D

대본

W: Hi there, I'm looking for some frozen vegetables, maybe frozen carrots and broccolis.

M: No problem. They are available in aisle 7. Also, don't forget to check out our new bottled dressings. They will add some nice flavor to your salad dishes.

W: That sounds great. I'll definitely check them out on my way.

M: Yeah, you really should – as today only, we are holding a buy one get one free promotion for the dressings.

해석

여: 안녕하세요, 저는 냉동 채소를 찾고 있습니다, 아마도 냉동 당근이나 브로콜리면 좋을 것 같아요.

남: 문제없어요. 그들은 7번 통로에 있습니다. 또한, 우리의 새로운 샐러드드레싱을 꼭 확인해보세요. 그들은 당신의 샐러드 요리에 훌륭한 맛을 더해줄 거예요.

여: 훌륭합니다. 가는 길에 그것들을 꼭 확인해볼게요.

남: 네, 그러시는 게 좋을 거예요 – 왜냐하면 오늘 딱 하루만, 우리는 샐러드 드레싱 하나 구입 시 하나 증정 판촉 행사를 하거든요.

어휘

• **frozen** 냉동의, 얼은 • **carrot** 당근 **broccoli** • 브로콜리 **aisle 7** 7번 통로
• **bottled dressing** 병에 담긴 샐러드드레싱 • **flavor** 맛, 향 • **add** 더하다
• **buy one get one free** 하나 사면 하나 무료 증정 • **promotion** 홍보, 판촉 행사

32

영어

Look at the graphic. Where is the product that the woman asked about located in?

(A) Section A   **(B) Section B**

(C) Section C   (D) Section D

한국어

시각 정보를 보아라. 여자가 문의한 제품은 어디에 위치하는가?

(A) A 구역   (B) B 구역

(C) C 구역   (D) D 구역

33

영어

What is mentioned about the salad dressings?

(A) They come in big bottles.

(B) They can be stored for a long time.

(C) They make the salads taste better.

(D) They are the best-selling products.

한국어

샐러드드레싱에 관해서는 무엇이 언급되었는가?

(A) 큰 병에 담겨있다.

(B) 오랜 시간 동안 보관할 수 있다.

(C) 샐러드 맛을 더 좋게 해준다.

(D) 가장 잘 팔리는 제품들이다.

34

영어

What is available for today only?

(A) Cooking demonstrations

(B) Various product samples

(C) A recipe book

(D) A free product

한국어

오늘만 해당하는 행사는 무엇인가?

(A) 요리 시연

(B) 다양한 제품 샘플들

(C) 요리책

(D) 무료 제품

Questions 35 through 37 refer to the following conversation.

대본	해석
W: Good afternoon. I'm waiting for a letter to be delivered via your service this evening, but I won't be in my office. Could you please reschedule the delivery for this Saturday?	여: 안녕하세요. 저는 오늘 오후에 편지가 배송되길 기다리고 있지만 제 사무실에 있지 않을 것입니다. 이번 주 토요일로 배송을 재조정해주실 수 있나요?
M: Okay. If you're okay with it, we can also leave it at the office next to yours.	남: 네. 만약 괜찮으시다면, 사무실에서 당신 자리 옆에 두고 갈 수 있습니다.
W: Well... The letter contains sensitive personal information, so I'd prefer to wait and receive it directly.	여: 음... 편지에 중요한 개인 정보가 포함되어 있어서, 기다렸다가 이것을 직접 받겠습니다.
M: No problem. I will just need your contact details to give to our customer service representatives. They will call you on Saturday.	남: 문제없습니다. 저는 우리의 고객 상담원에게 주기 위해 당신의 연락처가 필요합니다. 그들은 토요일에 당신에게 전화할 것입니다.

어휘
- **sensitive** 세심한, 민감한(신중을 필요로 하는)
- **customer service representative** 고객 상담원 ● **place an order** 주문하다

35

영어

What is the purpose of the woman's call?

(A) To place an order for delivery

(B) To change the delivery date

(C) To cancel her order

(D) To get a refund of her purchase

한국어

여자의 전화 목적은 무엇인가?

(A) 배송을 주문하기 위해

(B) 배송 날짜를 변경하기 위해

(C) 그녀의 주문을 취소하기 위해

(D) 그녀의 구매를 환불받기 위해

36

영어

What does the woman mention about her letter?

(A) It contains valuable equipment.

(B) It costs a lot to send.

(C) It contains sensitive information.

(D) It has no return address.

한국어

여자는 그녀의 편지에 대해 무엇을 언급하는가?

(A) 중요한 장비가 들어있다.

(B) 보내는 데 돈이 많이 든다.

(C) 중요한 정보를 포함한다.

(D) 회신 주소가 없다.

37

영어

What does the man say he needs?

(A) The woman's phone number

(B) The woman's email address

(C) The woman's date of birth

(D) The woman's purchase receipt

한국어

남자는 그가 무엇이 필요하다고 말하는가?

(A) 여자의 전화번호

(B) 여자의 이메일 주소

(C) 여자의 생일

(D) 여자의 구매 영수증

Questions 38 through 40 refer to the following conversation.

대본

W: Hello, Mr. Greyson. Can you give me an update on whether I can run my nail shop in the new Dodge Building or not?

M: Oh yes, there is some extensive repair work being done on the flooring. It may take up to three weeks to finish the job.

W: Three weeks? No way...

M: But, there is another space on the fifth floor. Why don't you check out our online brochure on the Downtown Living website?

해석

여: 안녕하세요, Greyson씨. 제가 새로운 Dodge 빌딩에서 저의 네일샵을 운영할 수 있을지에 대해서 알려 주실래요?

남: 네, 물론이죠. 대규모 수리공사가 바닥 부분에 진행되고 있습니다. 이 작업을 끝내는 데 3주까지 걸릴 수도 있습니다.

여: 3주요? 이럴 수가...

남: 그런데 5층에 또 다른 공간이 있습니다. Downtown Living 웹사이트에서 우리의 온라인 책자를 확인해 보는 것이 어떻습니까?

어휘 •**give an update** 알려주다, 정보를 주다 •**extensive** 대규모의, 아주 넓은 •**flooring** 바닥

38

영어

Why is the man probably making the phone call?

(A) To sell the woman an apartment

(B) To tell her to change her business

(C) To ask her questions about nails

(D) To update her about her business location

한국어

왜 남자는 전화를 했는가?

(A) 여자에게 아파트를 팔기 위해

(B) 그녀에게 사업을 변경하라고 말하기 위해

(C) 손톱에 대해 질문하기 위해

(D) 그녀의 사업 위치에 대해 업데이트해주기 위해

39

영어

According to the man, what is said about the Dodge Building?

(A) The building is not available in three weeks.

(B) The elevator is being repaired.

(C) The basement is under construction.

(D) The nail shop cannot operate there.

한국어

남자에 따르면, Dodge 빌딩에 대해 무엇이 언급되었는가?

(A) 건물은 3주 후에 이용이 불가능하다.

(B) 엘리베이터는 수리되는 중이다.

(C) 지하는 공사 중이다.

(D) 네일샵은 거기서 운영할 수 없다.

40

영어

What does the man recommend that the woman do?

(A) Look at the building's online brochure

(B) Find another business to run

(C) Move her business to the basement

(D) Pay a little more for a bigger space

한국어

남자는 여자에게 무엇을 하라고 추천하는가?

(A) 빌딩의 온라인 책자를 보라.

(B) 운영할 다른 사업을 찾아라.

(C) 그녀의 사업을 지하로 옮겨라.

(D) 더 큰 공간을 위해 좀 더 지불하라.

Questions 41 through 43 refer to the following conversation.

대본

M: Do you have time to talk about the annual budget for this year?

W: I think I can spare a minute or two. What do you want to discuss?

M: Well, it looks like the marketing department doesn't have enough funding at all. It's even less than last year's.

W: Is that so? We should set up an emergency meeting then.

해석

남: 올해 연례 예산에 대해 잠깐 말할 시간이 있나요?

여: 1, 2분 정도 시간을 낼 수 있을 것 같네요. 무슨 얘길 하고 싶으세요?

남: 음, 마케팅 부서에 자금이 전혀 충분하지 않을 것 같아요. 이건 심지어 작년 금액보다도 적어요.

여: 그런가요? 우리는 그럼 긴급회의를 소집해야 하겠네요.

어휘
- **annual** 연례의 **spare** (시간, 돈)을 할애하다, 내다 **insufficient** 불충분한, 부족한
- **interest rates** 금리, 이자율 **innovative** 혁신적인
- **be happy with** ∼에 대해 만족하다, 맘에 들어 하다 **solution** 해결책

41

영어

What are the speakers mainly talking about?

(A) Sales reports

(B) The yearly budget

(C) New hiring policies

(D) Rising interest rates

한국어

화자는 무엇에 대해 주로 말하는가?

(A) 영업 보고서

(B) 연간 예산

(C) 새로운 고용 정책

(D) 금리

42

영어

What does the man mention about the funding?

(A) It is insufficient.

(B) It is enough for the department.

(C) The interest rates will decrease soon.

(D) He has some innovative ideas.

한국어

남자는 자금에 대해 무엇이라 언급하는가?

(A) 자금이 충분하지 않다.

(B) 자금은 부서를 위해 충분하다.

(C) 금리가 곧 감소할 것이다.

(D) 남자가 혁신적인 아이디어를 가지고 있다.

43

영어

What does the man imply when he says, "It's even less than last year's"?

(A) He wasn't happy with last year's.

(B) He wants a solution for the problem.

(C) He thought there weren't enough people.

(D) He needs to change the meeting schedule.

한국어

남자가 "심지어 작년 것보다도 적네요"라고 말했을 때 남자는 무엇을 암시하는가?

(A) 그는 작년 것이 만족스럽지 않았다.

(B) 그는 문제의 해결책을 원한다.

(C) 그는 사람이 충분하지 않았다고 생각했다.

(D) 그는 미팅의 일정을 바꿔야 한다.

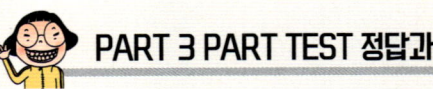

Questions 44 through 46 refer to the following conversation with 3 speakers.

대본

W1: Chad and Michaela, I need some help drafting our company's quarterly newsletter.

W2: No problem. Should we use the same template from last quarter or draft a new one?

M: I think last quarter's letter had too much text about company events. They were really hard to read.

W1: I feel the same way. Let's focus on how we can conduct business more efficiently.

M: Okay. I'll create a rough draft of the text for the newsletter by Friday and send it in an email.

해석

여1: Chad와 Cichaela 씨, 저는 우리 회사의 분기별 회보의 원고를 만드는 데 도움이 필요합니다.

여2: 문제없습니다. 우리는 지난 분기의 같은 템플릿을 사용해야 할까요, 아니면 새로운 초안을 만들까요?

남: 제 생각에 지난 분기 회보는 회사 행사에 대해 글 부분이 너무 많았던 것 같습니다. 읽기가 정말 어려웠습니다.

여1: 저도 그렇게 느꼈습니다. 우리가 어떻게 더 사업을 효율적으로 행할 수 있을지에 초점을 맞춰보도록 하죠.

남: 좋습니다. 저는 금요일까지 회보를 위한 글의 대략적인 초안을 만들어서 이메일로 보내도록 하겠습니다.

어휘
- **draft** 원고, 초안을 작성하다 • **quarterly** 분기별의 • **newsletter** 회보, 소식지
- **conduct** 수행하다 • **efficiently** 효율적으로 • **rough** 대략적인

44

영어

What are the speakers planning to create?

(A) A job advertisement

(B) A weekly company report

(C) A yearly statement

(D) A quarterly newsletter

한국어

화자는 무엇을 만들기로 계획하는가?

(A) 직업 광고

(B) 주간 회사 보고서

(C) 연례 입출금 내역서

(D) 분기별 회보

45

영어

According to the man, what was the matter with last quarter's newsletter?

(A) It contained too much about events.

(B) It was too expensive to print out.

(C) It had too much of the company's financial information.

(D) It wasn't colorful enough.

한국어

남자에 따르면, 지난 분기 회보의 문제는 무엇이었는가?

(A) 행사에 대해 너무 많이 담고 있었다.

(B) 출력하기에 너무 비쌌다.

(C) 회사의 재정 정보가 너무 많았다.

(D) 충분히 색상이 다채롭지 않았다.

46

영어

What does the man say he will send?

(A) A schedule

(B) A cost estimate

(C) An email

(D) A revised list

한국어

남자는 그가 무엇을 보낼 것이라 말하는가?

(A) 일정

(B) 비용 예측

(C) 이메일

(D) 수정된 목록

Questions 47 through 49 refer to the following conversation.

대본	해석
M: I'm just back from my trip. Good to get away from the city for a bit.	남: 저 여행에서 막 돌아왔어요. 잠시나마 도심에서 벗어나서 좋았습니다.
W: Great! Guess what, we have one perfect candidate who we are ready to hire.	여: 좋겠네요! 있잖아요, 우리가 고용할 수 있는 완벽한 후보자가 있습니다.
M: Oh...Is this Daniella Mindra's CV? I know her from high school. We were classmates. Is she the perfect candidate?	남: 오... 이거 Daniella Mindra의 이력서인 가요? 저는 그녀를 고등학교 때부터 알았습니다. 우리는 같은 반이었어요. 그녀가 그 완벽한 후보자인가요?
W: Oh wow. I had no clue that you guys knew each other.	여: 오 와우. 저는 두 사람이 아는 사이인 지 전혀 몰랐네요.

어휘
- **get away from** ~로부터 떨어져 지내다 •**for a bit** 잠시 동안 •**CV** 이력서
- **classmate** 같은 반 학생 •**perfect candidate** 완벽하게 마음에 드는 후보
- **have no clue** 전혀 이해하지 못하다, 모르다

47

영어	한국어
What does the man say he recently did?	**남자는 자신이 최근에 무엇을 했다고 하는가?**
(A) Interviewed job candidates	(A) 입사 지원자의 면접을 했다
(B) Checked out new office spaces	(B) 새로운 사무실 공간을 확인했다
(C) Took a trip	(C) 여행을 했다
(D) Met with new clients	(D) 새로운 고객을 만났다

48

What does the man mean when he says, "Is this Daniella Mindra's CV"?

(A) He doesn't want to see her.

(B) He is unable to read the document.

(C) He is confused about what this document is.

(D) He is surprised to see this document.

남자가 "이거 Daniella Mindra의 이력서인가요?"라고 말한 것은 무슨 의미인가?

(A) 그는 그녀를 보고 싶지 않다.

(B) 그는 문서를 읽을 수 없다.

(C) 그는 이 문서에 대해 혼란스럽다.

(D) 그는 이 문서를 보게 되어 놀랐다.

49

How does the man know Daniella Mindra?

(A) They went on a trip together.

(B) They used to date.

(C) They are cousins.

(D) They attended the same school.

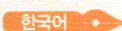

남자는 어떻게 Daniella Mindra에 대해 아는가?

(A) 그들은 함께 여행을 갔다.

(B) 그들은 예전에 사귀었다.

(C) 그들은 사촌이다.

(D) 그들은 같은 학교에 다녔다.

Questions 50 through 52 refer to the following conversation and graphics.

대본

W: Hello, I bought a fan from your store the other day, and I noticed I am missing some parts.

M: Oh, dear. That's not good at all. Do you know which pieces you are missing?

W: Well, I see the cover, the stand, and the blades. I just don't see the little parts to connect them together.

M: All right. We have some extra parts here, so do you mind if our delivery service drives to your house to drop them off? It will take only a couple of hours.

해석

여: 안녕하세요, 저는 일전에 당신의 가게에서 선풍기를 구입했는데, 몇몇 부품이 빠진 것 같습니다.

남: 저런. 좋지 않네요. 어느 부분이 빠져 있는지 아나요?

여: 음, 저는 덮개, 스탠드, 그리고 날이 보입니다. 이것들을 연결해 줄 작은 부분들만 보이지 않습니다.

남: 알겠습니다. 여기에 추가 부품이 있으니, 그들을 전해 드리기 위해 저희의 배송 서비스가 당신의 댁으로 운전해서 가도 될까요? 한두 시간밖에 걸리지 않을 거예요.

어휘
- **notice** 알아차리다 • **fan** 선풍기 • **Electronics store** 전자제품 매장
- **catering company** 출장 음식업체 • **technician** 기술자

50

영어

Where is the man most likely working at?

(A) An electronics store

(B) A factory

(C) A catering company

(D) A grocery store

한국어

남자는 어디서 가장 일할 것 같은가?

(A) 전자제품 매장

(B) 공장

(C) 출장 음식업체

(D) 식료품점

51

영어

What seems to be the woman's problem?

(A) She paid more than she should have.

(B) She received the wrong product.

(C) She cannot assemble the product.

(D) She is late for the meeting.

한국어

여자의 문제점은 무엇일 것 같은가?

(A) 그녀는 내야 할 것보다 많은 금액을 지불했다.

(B) 그녀는 잘못된 제품을 받았다.

(C) 그녀는 제품을 조립할 수 없다.

(D) 그녀는 미팅에 늦었다.

52

영어

What does the man say he will do for the woman?

(A) Cancel an order

(B) Send a technician

(C) Provide a refund

(D) Arrange a delivery

한국어

남자는 그가 여자를 위해 무엇을 할 것이라 말하는가?

(A) 주문을 취소한다.

(B) 기술자를 보낸다.

(C) 환불을 제공한다.

(D) 배송을 준비한다.

Questions 53 through 55 refer to the following conversation and graphic.

안내	
에스컬레이터 1	1, 3, 5, 7층
에스컬레이터 2	2, 4, 6, 8층
에스컬레이터 3	지하층
에스컬레이터 4	현재 운영 안 함

대본

W: Excuse me, Can't I use Escalator 4 now?

M: I'm sorry but you can't. This morning, a lady dropped her purse and it got stuck in the stairs. We are fixing it now.

W: Oh okay. So, how do I get to the 7th floor?

M: Well, you can refer to the directory on the right. See?

W: Thank you, I was just trying to get to my dentist's.

해석

여: 실례합니다. 지금 에스컬레이터 4를 이용할 수 없나요?

남: 죄송하지만 안 됩니다. 오늘 아침 여성분 한 명이 그녀의 핸드백을 떨어뜨려 그것이 계단에 꼈어요. 지금 수리 중입니다.

여: 오, 알겠어요. 그럼 전 어떻게 7층으로 가죠?

남: 음, 오른쪽에 있는 안내를 참조하세요. 보이시죠?

여: 고맙습니다, 저는 제 치과에 가려고 하고 있었거든요.

어휘
• **weigh** 무게 • **purse** 지갑, 핸드백 • **stuck** 움직일 수 없는, 낀 • **refer to** 참조하다
• **dentist** 치과의사

53

영어

What did the man say happened to the escalator?

(A) There was too much weight on it.

(B) A bag got stuck in it.

(C) A child fell from it.

(D) It ran out of oil.

한국어

남자는 에스컬레이터에 무슨 일이 있었다고 말했는가?

(A) 너무 많은 하중이 실렸다.

(B) 가방이 꼈다.

(C) 아이가 떨어졌다.

(D) 기름이 다 떨어졌다.

54

영어

Look at the graphic. Which escalator will the woman most likely use?

(A) Escalator 1

(B) Escalator 2

(C) Escalator 3

(D) Escalator 4

한국어

시각 정보를 보아라. 여자는 어떤 에스컬레이터를 가장 사용할 것 같은가?

(A) 에스컬레이터 1

(B) 에스컬레이터 2

(C) 에스컬레이터 3

(D) 에스컬레이터 4

55

영어

What is the purpose of the woman's visit?

(A) To repair the escalator

(B) To locate a technician

(C) To buy a bag

(D) To go to a dental office

한국어

여자의 방문 목적은 무엇인가?

(A) 에스컬레이터를 고치는 것

(B) 기술자를 찾는 것

(C) 가방을 구입하는 것

(D) 치과에 가는 것

Questions 56 through 58 refer to the following conversation and graphic.

대본

M: Good evening Simona. Our week-long clearance sale finally begins tomorrow.

W: I know. Are we ready for this sale?

M: Well, I've changed the price tags on our pots, plates, and glasses this morning.

W: Good. I've just rearranged the product display.

M: So now, the only thing left to do is to hang up a huge sale sign on the store window, right?

해석

남: 좋은 저녁이에요 Simona. 우리의 1주일짜리 정리 세일이 내일모레 시작해요.

여: 그러게요. 우리 이 세일에 준비가 되어있는 건가요?

남: 음, 전 오늘 아침 우리의 냄비, 접시, 그리고 잔들의 가격표들을 바꿨어요.

여: 잘 했어요. 저는 지금 막 제품 전시를 재배치했어요.

남: 그러면 이제, 유일한 할 일은 커다란 세일 간판을 가게 창문에 거는 것뿐이네요, 그렇죠?

어휘

• **week-long** 한 주 간 지속되는 • **clearance sale** 재고처리 세일, 정리 세일
• **rearrange** 재배치하다, 재정리하다

56

영어

What is the talk mainly about?

(A) Welcoming new employees

(B) Preparing for an event

(C) Opening a new store

(D) Demonstrating a product

한국어

대화는 주로 무엇에 관한 것인가?

(A) 새 직원 환영

(B) 행사 준비

(C) 새 가게 오픈

(D) 제품 시연

57

What kind of products does the store sell?

(A) Clothing

(B) Office equipment

(C) Kitchen supplies

(D) Books

어떤 종류의 제품들을 가게에서 판매하는가?

(A) 의류

(B) 사무용품

(C) 주방용품

(D) 책

58

What will the speakers probably do next?

(A) Design an advertisement

(B) Clean a storage area

(C) Hang a sign

(D) Distribute coupons

화자들은 아마도 다음에 무엇을 하겠는가?

(A) 광고 디자인

(B) 창고 청소

(C) 간판 걸기

(D) 쿠폰 나눠주기

Questions 59 through 61 refer to the following conversation.

<table>
<tr>
<td>

대본

M: Ms. Kim, I have finished your quote. To have your entire novel edited by our expert proofreaders will cost a total of three thousand dollars.

W: That is far above what I had anticipated. Last time, it cost only 1,500 dollars.

M: Well, in all honesty, our editors all have a master's degree in English literature, and they are highly suited for this specialized work. This the best deal you can find at this quality.

W: Mmm... Okay. I need to get it done as soon as possible. Can I sign the contract today?

</td>
<td>

해석

남: Kim 씨, 저는 당신의 견적을 마쳤습니다. 당신의 전체 소설을 저희의 전문 교정자에 의해 편집 받도록 하기 위해서는 전부 3천 달러가 됩니다.

여: 제가 예상했던 것보다 높은데요. 지난번엔, 1500달러 밖에 들지 않았거든요.

남: 음, 솔직하게 말하자면, 저희의 편집자 모두는 영문학에 석사 학위를 갖고 있으며, 그들은 이 특화된 업무에 매우 적합합니다. 이는 당신이 이 정도 수준에서 찾을 수 있는 가장 최고의 거래입니다.

여: 음... 알겠습니다. 저는 이 일을 최대한 빨리해야 해요. 제가 오늘 계약서에 서명할 수 있나요?

</td>
</tr>
</table>

어휘
• **quote, estimate** 견적, 견적을 내다 • **expert** 전문가 • **proofreader** 교정자
• **anticipate** 예상하다 • **master's degree** 석사 학위 • **literature** 문학
• **specialized work** 특화된 업무 • **negotiate** 협상하다, 협의하다

59

영어

What are the speakers mainly discussing?

(A) Repair work

(B) Editing work for a book

(C) A building permit

(D) A financial project

한국어

화자들은 주로 무엇에 대해 말하고 있는가?

(A) 수리 작업

(B) 책 편집 작업

(C) 건물 허가

(D) 재정 프로젝트

60

영어

What does the woman say, "Last time, it cost only 1,500 dollars"?

(A) To clarify a request

(B) To express her happiness

(C) To negotiate a price

(D) To recommend a service

한국어

여자가 왜 "지난번엔, 1500달러 밖에 들지 않았거든요"라고 말하는가?

(A) 요청을 명확히 하는 것

(B) 그녀의 기쁨을 표현하는 것

(C) 가격을 협상하는 것

(D) 서비스를 추천하는 것

61

영어

What probably is the woman going to do next?

(A) Get a new estimate

(B) Rewrite the book

(C) Buy a suit

(D) Sign a contract

한국어

여자는 아마도 다음에 무엇을 하겠는가?

(A) 새로운 견적을 받는다.

(B) 책을 다시 쓴다.

(C) 정장을 산다.

(D) 계약서에 서명한다.

Questions 62 through 64 refer to the following conversation with 3 Speakers.

대본	해석

M1: It is hard to believe the Los Angeles conference is coming up this week!

W: I know. Do we know how we are going to travel there?

M2: The train tickets are here, and you booked a travel bus—right, Dan?

M1: Oh, no! I completely forgot to book the bus!

M2: O...K... We leave in four days.

W: Calm down, everyone. I read something about a shuttle bus to and from the convention center. I'll call the manager of events and make sure.

남1: Los Angeles 회의가 다음 주로 다가온 것이 믿기지 않습니다!

여: 알아요. 우리가 그곳에 어떻게 이동하는지 아시나요?

남2: 기차 티켓은 여기 있고, 당신은 관광버스를 예약했죠–맞죠, Dan씨?

남1: 오, 이런! 버스 예약하는 것을 완전히 잊어버렸어요!

남2: 알...겠습니다... 저희는 4일 뒤에 떠나는데요.

여: 여러분, 진정해요. 저는 컨벤션 센터에서 왕복 셔틀버스에 대해서 읽었습니다. 저는 행사의 매니저에게 전화해서 확인할게요.

어휘 •HR(Human Resources) 인사과 •to and from 왕복

62

영어	한국어

What are the speakers discussing?

(A) A company vacation

(B) New changes to the building

(C) How to increase sales

(D) Travel plans to a conference

화자는 무엇을 이야기하고 있는가?

(A) 회사 휴가

(B) 건물의 새로운 변화

(C) 판매를 늘리는 법

(D) 회의로의 이동 계획

63

영어

What are the speakers probably concerned about?

(A) They don't have tickets.

(B) They spent too much on food.

(C) They didn't reserve a travel bus.

(D) They didn't prepare speeches.

한국어

화자는 무엇에 대해 걱정하고 있을 것인가?

(A) 그들은 티켓이 없다.

(B) 그들은 음식에 너무 많이 썼다.

(C) 그들은 관광버스를 예약하지 않았다.

(D) 그들은 연설을 준비하지 않았다.

64

영어

What does the woman say she will do?

(A) Reserve the bus herself

(B) Call to find out about a shuttle

(C) Buy tickets for all the members

(D) Cancel the car reservation

한국어

여자는 그녀가 무엇을 할 것이라 말하는가?

(A) 그녀가 직접 버스를 예약한다.

(B) 셔틀에 대해서 알아보기 위해 전화한다.

(C) 모든 사람들의 티켓을 구매한다.

(D) 차량 예매를 취소한다.

Questions 65 through 67 refer to the following conversation.

대본

W: How did the sales meeting go?

M: Pretty good. We discussed where we should place our advertisements on.

W: O...kay? What are the options?

M: Well, one rep talked about laying out the ads differently on social media sites. They just moved around the ads a bit and generated a lot more clicks. It was truly surprising.

W: That sounds like a very interesting idea. We should totally consider doing it.

해석

여: 영업 회의는 어떻게 됐나요?

남: 잘 됐어요. 저희는 어디에 저희의 광고를 실을지 이야기했습니다.

여: 좋아요...? 옵션이 무엇인가요?

남: 음, 한 직원이 소셜 미디어 사이트에 광고를 다르게 배치하는 것에 대해 이야기했습니다. 그들이 광고를 단지 조금 옮겼는데도 훨씬 더 많은 클릭을 생성해냈습니다. 진짜 놀라웠어요.

여: 매우 흥미로운 생각처럼 들리네요. 그렇게 하는 것을 전적으로 고려해봐야겠습니다.

어휘 • **generate** 생성하다 • **rep(representative)** 직원 판매원 외판원 • **realistic** 현실적인

65

영어

What did the man recently do?

(A) He left his job.

(B) He purchased a new product.

(C) He signed up for a program.

(D) He attended a meeting.

한국어

남자는 최근에 무엇을 했는가?

(A) 그는 그의 직장을 그만두었다.

(B) 그는 새로운 상품을 구매했다.

(C) 그는 프로그램에 가입했다.

(D) 그는 회의에 참석했다.

66

영어

What can be inferred about the social media sites?

(A) There are so many ads.

(B) The sites are popular.

(C) They are expensive to use.

(D) Their layouts are important.

한국어

소셜 미디어 사이트에 대해 무엇을 추론할 수 있는가??

(A) 정말 많은 광고가 있다.

(B) 사이트들이 인기가 많다.

(C) 이용하기에 비싸다.

(D) 배치가 중요하다.

어휘

• infer 추론하다

67

영어

What does the woman say about the idea?

(A) It is not realistic.

(B) It is interesting.

(C) It'll be too expensive.

(D) It'll take a long time.

한국어

여자는 그 생각에 대해 무엇이라 말하는가?

(A) 현실적이지 않다.

(B) 흥미롭다.

(C) 너무 비쌀 것이다.

(D) 오랜 시간이 걸릴 것이다.

Questions 68 through 70 refer to the following conversation.

 대본

W: Good morning, Jack. Have you finished installing the new carpet at the offices yet?

M: Sorry, not yet. We forgot to bring the new pad for the new carpet. I have to go up to get the new pads and bring them down here.

W: That's fine. I need your help to pull out this big overhead lighting here before you run upstairs.

M: No problem. I'll be right there.

해석

여: 좋은 아침입니다, Jack. 사무실에 새로운 카펫을 설치하는 것을 이미 끝냈나요?

남: 죄송합니다, 아직이에요. 우리는 새 카펫을 위해 새로운 패드를 가져오는 것을 잊었습니다. 저는 위층으로 올라가서 새 패드들을 챙긴 다음 여기 아래층으로 다시 와야 해요.

여: 괜찮아요. 저는 당신이 위층으로 가기 전, 여기에서 큰 천장 조명을 뺄 수 있게 당신의 도움이 필요해요.

남: 문제없어요. 바로 그곳으로 갈게요.

어휘 •**install** 설치하다 •**encounter** 마주하다 •**overhead** 머리 위의, 높이 세운 •**lighting** 조명

68

 영어

Who most likely are the speakers?

(A) Office workers

(B) Carpenters

(C) Carpet installers

(D) Sales managers

한국어

화자들은 누구일 것인가?

(A) 사무실 직원

(B) 목수

(C) 카펫 설치자

(D) 판매 매니저

69

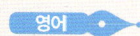

Why does the man apologize?

(A) Because he didn't receive the woman's call.

(B) Because he hasn't finished his job.

(C) Because he couldn't come to the office.

(D) Because he missed the conference.

남자는 왜 사과하는가?

(A) 여자의 전화를 받지 못했기 때문에

(B) 그의 작업을 끝내지 못했기 때문에

(C) 사무실에 오지 못했기 때문에

(D) 회의를 놓쳤기 때문에

70

What are the speakers likely going to do next?

(A) Get a new table

(B) Remove the lighting

(C) Find an office

(D) Call the manager

화자들은 다음으로 무엇을 할 것인가?

(A) 새로운 테이블을 산다.

(B) 조명을 제거한다.

(C) 사무실을 찾는다.

(D) 매니저에게 전화한다.

Lesson 15

전화한 사람이 남기는 자동응답 메시지

❶ 청자가 전화했을 때 화자가 받지 않아 자동응답기에 남기는 메시지의 내용이에요. 아직도 많은 영어권 국가에서는 집이나 사무실에 자동응답기를 두고 메시지를 남기고 듣는 경우가 많아요.

❷ 업무 관련 메시지, 예약이나 주문 확인, 상황 보고 등의 다양한 상황에 따른 어휘와 표현을 익히는 게 필요해요.

❸ [자기소개 → 주제/목적 → 세부사항 → 제안·요청 사항] 의 흐름으로 진행돼요.

(1) 인사, 자기소개 : This is (이름)~ My name is (이름)~

Hi Jen, this is Soyeon from the marketing. / 안녕 Jen, 난 마케팅 부서의 소연이예요.

소속을 나타내는 전치사: from, at, with 등

 이름이 나올 땐 무조건 잘 듣기!
이름은 소속과 주제를 동반하기 때문에 들으면 엄청난 보너스~

(2) 전화의 주제/목적 : I'm calling~ / I want~ / I would like~ / I was wondering~

I'm calling about our meeting tomorrow morning.
난 내일 아침에 있을 우리의 미팅 때문에 전화하는 거예요.

 항상 전화의 이유를 설명하거나 원하는 사항을 얘기하면 그 부분은 반드시 청취해야 해요. 그 것은 주제/목적을 잡아내면 전체의 흐름 파악이 훨씬 수월해지기 때문이기도 해요.

(3) 세부 사항 : 조동사, 조건절, 반전, 이유 등이 포인트

I know we were supposed to meet at 9, but could we meet at 10 instead?
전 우리가 9시에 만나기로 했던 걸 알지만, 우리 10시에 대신 만나도 될까요?

(4) 제안 / 요청 사항

Please, be sure, make sure, don't forget, 조동사, 제안·요청의 표현

Please give me a call when you get this message, thank you.
이 메시지 받으면 저에게 전화주세요, 고맙습니다.

 제안·요청 사항으로는 주로 전화 메시지를 듣고 다시 연락 줄 것(call back, return a call, respond), 방문해주거나 이메일을 보내줄 것 등이 출제돼요.

2 회사에서 녹음해둔 ARS

❶ 개인이나 회사가 볼 일이 있어 전화했을 때, 회사나 기관에서 미리 녹음해둔 ARS가 나오는 경우예요. 전화한 사람은 정작 아무 말도 하지 못하고 듣기만 해야 하는 상황이죠.

❷ 회사나 기관의 영업/근무 시간 외에 전화했을 때 들을 수 있는 메시지, 문제나 사고 상황에 대한 안내를 해주는 메시지, 번호를 눌러 서비스를 받을 수 있도록 정보를 주는 메시지, 출장이나 기타 상황으로 사무실을 비웠음을 알려주는 메시지 등이 출제돼요.

❸ 전화한 사람이 남기는 자동응답 메시지와 비슷하지만, 내용이 덜 개인적이고 해당 번호에 전화한 다양한 사람들을 대상으로 한다는 데에 그 차이점이 있어요.

❹ 늘 처음 세 문장은 정확히 청취하고 이들의 정체, 주제/목적이 무엇인지 빠르게 파악하세요.

❺ [회사/기관 소개 → 주제/목적 + 세부사항 → 제안 · 요청 사항]의 흐름으로 진행돼요.

⑴ 회사 / 기관 소개

Thank you for calling (회사/기관)

You have reached / You've reached (회사/기관)

어떤 회사 / 기관인지 반드시 알아내야 해요.

- You have reached the 365 Bank. / 당신은 The 365 은행에 전화해 주셨습니다.
- Thank you for calling Townsville Medical Center. / Townsville 병원에 전화주셔서 감사합니다.

 형태는 달라져서 회사/기관일지라도 그들의 '이름'은 무조건 청취!

⑵ 주제/목적+ 세부사항

We are currently ~

We are closed ~

If you are having problems with ~

- We are currently experiencing some power outages. / 우리는 현재 정전을 겪고 있어요.
- Today, we are closed due to the national holiday.
  오늘 저희는 국경일로 인해 문을 닫았습니다.

 문제점이 등장하면 그 이유를 물어보기 마련이고, 이유를 설명할 때 PART 4에서 가장 잘나오는 표현 1순위는 due to! because와 since, to 부정사 등 여러 가지가 있어도 1등은 due to.

(3) 제안 / 요청 사항

Please, be sure, make sure, don't forget, 조동사, 제안·요청의 표현

Please call back tomorrow when we resume our normal service, thank you.
내일 우리가 정상 서비스를 재개하면 다시 전화주세요, 감사합니다.

■ **다음의 문제들을 해석하고 가장 중요한 단어, 즉 키워드에 표시해 주세요.**

1

What is the purpose of this message?

(A) To set up an appointment

(B) To confirm an appointment

메시지의 목적은 무엇인가?

(A) 예약을 하기 위해서

(B) 예약을 확인하기 위해서

2

What time does the business close on weekends?

(A) 4 p.m.

(B) 7 p.m.

사업체는 주말 몇 시에 문을 닫는가?

(A) 오후 4시

(B) 오후 7시

3

What should callers do if they have an urgent matter?

(A) Send an e-mail

(B) Talk to another person

만약 급한 문제가 있다면 전화한 사람들은 무엇을 해야 하는가?

(A) 이메일을 보낸다

(B) 다른 사람과 이야기한다

4

What does the caller ask the listener to do?

(A) Visit the store

(B) Call him back

전화한 사람은 듣는 사람에게 무엇을 하라 하는가?

(A) 가게를 방문할 것

(B) 자신에게 다시 전화할 것

예제를 통해 메시지 유형을 익혀봅니다. 예제 중 한글로 적힌 각 질문에 알맞은 답을 고른 뒤, 영어로 녹음된 성우의 음성을 듣고 빈칸에 받아쓰세요. 영어 녹음은 각 3번씩 들려드립니다.

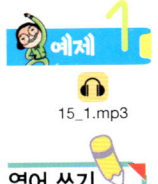

예제 1

15_1.mp3

영어 쓰기

남 안녕하세요, 저는 Brisbane Medical Center의 접수원 Carlos Antonio입니다. 귀하의 내일 예약에 관해 확인하고자 전화드렸습니다. 내일 예약 시간은 오후 3시이며, 오실 때 10분만 일찍 와주세요.

M Hello, _____ _____ Carlos Antonio, a _____ at Brisbane Medical Center. _____ _____ _____ _____ your appointment for tomorrow. Your appointment is at 3 p.m. tomorrow and _____ _____ to the center 10 minutes _____.

Q What is the purpose of this message?

　(A) To set up an appointment

　(B) To confirm an appointment

정답

M: Hello, this is Carlos Antonio, a receptionist at Brisbane Medical Center. I'm calling to confirm your appointment for tomorrow. Your appointment is at 3 p.m. tomorrow and please come to the center 10 minutes early.

정답 (B). I'm calling to confirm이라 말한 부분에서 전화의 목적을 찾을 수 있어요.

예제 2

15_2.mp3

영어 쓰기

여 당신은 South Bank Groceries에 전화주셨습니다. 우리는 오늘 공휴일로 인하여 문을 닫았습니다. 우리의 평소 영업시간은 평일 오전 9시부터 저녁 7시까지이며, 토요일, 일요일은 오전 10시부터 오후 4시까지입니다.

W _____ _____ South Bank _____. We are currently _____ _____ _____ the national holiday. Our normal _____ _____ are 9 a.m. to 7 p.m. on weekdays, and 10 a.m. to 4 p.m. on Saturdays and Sundays.

Q What time does the business close on weekends?

　(A) 4 p.m.　　　　　　(B) 7 p.m.

정답

W: You've reached South Bank Groceries. We are currently closed due to the national holiday. Our normal operation hours are 9 a.m. to 7 p.m. on weekdays, and 10 a.m. to 4 p.m. on Saturdays and Sundays.

정답 (A). 주말의 폐점 시간을 묻고 있으므로 토요일과 일요일에 해당하는 (A) 4시를 선택하세요.

예제 3
15_3.mp3

영어 쓰기

여 Paula's Legal Office에 전화주셔서 감사합니다. 저는 현재 출장으로 인하여 자리에 있지 않습니다. 저는 3일 뒤인 수요일에 복귀할 예정입니다. 만약 시급한 업무가 있는 경우 저의 비서인 Tom과 얘기하세요. Tom의 전화번호는 2226-5666입니다.

W Thank you for calling Paula's Legal Office. I'm currently away _____ a _____ _____. I'll be back on Wednesday, which is in 3 days. If you have an _____ _____ to discuss, please talk to my _____ Tom. His number is 2226-5666.

Q What should the callers do if they have an urgent matter?

(A) Send an e-mail   (B) Talk to another person

정답

W: Thank you for calling Paula's Legal Office. I'm currently away on a business trip. I'll be back on Wednesday, which is in 3 days. If you have an urgent matter to discuss, please talk to my secretary Tom. His number is 2226-5666.

정답 (B). 시급한 업무가 있은 경우라면 Tom, 즉 다른 사람과 이야기하라고 하였으므로 정답 (B)를 선택하면 돼요.

예제 4
15_4.mp3

남 안녕하세요, Gilbert 양. 좋은 소식이에요. 당신이 지난번에 주문하셨던 보라색 스커트가 우리 가게에 막 입고됐어요. 그것은 당신이 원했던 것처럼 스몰 사이즈이고, 완벽한 상태입니다. 우리는 그 물건을 내일 오후까지 보관해드릴 수 있으니, 그 전까지 부디 잊지 말고 방문해주세요. 오, 또 하나, 우리는 다른 새로운 물건들도 들여왔어요.

영어 쓰기

M Hello Ms. Gilbert. Great news. The purple skirt that you ordered last time _____ _____ in our store. As you wanted, it's in size small and in perfect condition. We can _____ the product until tomorrow afternoon, so _____ _____ _____ _____ _____ our store. Oh, one more thing, we have some other new _____.

Q What does the caller ask the listener do?

(A) Visit the store   (B) Call him back

정답

M: Hello Ms. Gilbert. Great news. The purple skirt that you ordered last time just arrived in our store. As you wanted, it's in size small and in perfect condition. We can hold the product until tomorrow afternoon, so don't forget to drop by our store. Oh, one more thing, we have some other new stocks.

정답 (A). Don't forget to drop by our store라는 부분에서 정답이 (A)임을 알 수 있어요.

스윤쌤의
꿀팁! Part 4 Directions가 들리는 동안 문제 1~3번과 그 보기들을 먼저 읽어
두세요. 지문이 시작되면 성우의 말을 들으면서 해당 문제의 답을 바로 골라내
세요. 지문이 끝나면 바로 다음 문제 3개를 재빨리 읽기 시작하세요. Part 3와
Part 4는 문제가 3개씩 묶여있으므로 항상 같은 요령으로 풀어줍니다.

1 What kind of company does the speaker work for?

(A) A marketing company   (B) An accounting firm

(C) A travel agency   (D) A catering service

2 What is suggested about the position?

(A) It is a full-time job.   (B) It pays well.

(C) It will be available next month. (D) It requires training.

3 Why should the listener return a call?

(A) To reserve a table   (B) To set up a training date

(C) To get the accounting files (D) To schedule a meeting

- -

4 What is the speaker planning to do?

(A) Hold a party   (B) Pick up the listener

(C) Reserve a venue   (D) Make a presentation

5 What does the speaker request?

(A) A map   (B) Presentation equipment

(C) A train ticket   (D) A telephone number

6 Why does the speaker say, "There wouldn't be any better way to get there."?

(A) To give directions   (B) To explain the schedule

(C) To offer a ride   (D) To express gratitude

7   Which department does the speaker most likely work in?

(A) Research & Development   (B) Public Relations

(C) Maintenance   (D) Personnel

8   What does the speaker say about the office?

(A) It is not open today.   (B) It is relocating soon.

(C) It has many staff members.   (D) It requires a card key to enter.

9   What should the listener do if urgent assistance is required?

(A) Send an email   (B) Talk to the manager

(C) Call a different number   (D) Write a letter

■ "telephone messages"

Questions 1-3 refer to the following telephone message.

대본

Good morning, (1)this is Hyun Jean Lee from Jean's Accounting Services. We received your application form and resume, and we'd like to arrange an interview with you next week. (2)The position you applied for is available from the beginning of next month, and we need to know when you can start. (3) Please give me a call back at 996-8821 to set up a meeting. Thanks a lot.

해석

좋은 아침입니다. 저는 Jean's 회계 서비스의 Hyun Jean Lee입니다. 우리는 당신의 지원서와 이력서를 받았고, 다음 주에 당신과의 면접 일정을 잡고 싶습니다. 당신이 지원한 직책은 다음 달 초부터 비어 있을 것이고 우리는 당신이 언제 시작할 수 있는지 알아야 합니다. 미팅을 잡기 위해 996-8821로 제게 부디 답신 주세요. 깊이 감사드립니다.

1

영어

What kind of company does the speaker work for?

(A) A marketing company

(B) An accounting firm

(C) A travel agency

(D) A catering service

한국어

화자는 어떠한 회사를 위해 일하는가?

(A) 마케팅 회사

(B) 회계 회사

(C) 여행사

(D) 출장 연회 요리 서비스

2

영어

What is suggested about the position?

(A) It is a full-time job.

(B) It pays well.

(C) It will be available next month.

(D) It requires training.

한국어

직책에 대해 무엇이 암시되는가?

(A) 정규직이다.

(B) 급여를 잘 준다.

(C) 다음 달부터 자리가 빈다.

(D) 교육이 필요한 자리이다.

3

영어

Why should the listener return a call?

(A) To reserve a table

(B) To set up a training date

(C) To get the accounting files

(D) To schedule a meeting

한국어

청자는 왜 전화에 답신해야 하는가?

(A) 테이블을 예약하기 위해서

(B) 교육일을 잡기 위해서

(C) 회계 파일을 받기 위해서

(D) 미팅을 잡기 위해서

 토익 기초 뛰어넘기 정답과 대본

Questions 4-6 refer to the following telephone message.

 대본

Hi Ming, (4)this is Rosemary Duncan returning your call about the presentation next Wednesday. Yes, (5) I need a projector screen and some audio equipment for my presentation. I'm carrying my tablet laptop with me so no computer is needed. And, thank you for planning to pick me up at the train station. (6)There wouldn't be any better way to get there. Okay then, I'll see you at 11 a.m. at the station on Wednesday.

 해석

안녕하세요. Ming, 저는 다음 수요일에 있을 발표에 대해 답신 드리는 Rosemary Duncan입니다. 네, 저는 제 발표를 위해 프로젝터 스크린과 약간의 오디오 장비가 필요합니다. 전 제 태블릿 노트북을 가지고 갈 것이므로 컴퓨터는 필요하지 않습니다. 그리고, 저를 기차역에서 픽업해 오기로 계획해주셔서 고맙습니다. 그곳까지 갈 수 있는 더 좋은 방법은 없을 거예요. 네, 그럼 역에서 수요일 오전 11시에 봬요.

어휘 ▶ •**gratitude** 감사

 4

영어

What is the speaker planning to do?

(A) Hold a party

(B) Pick up the listener

(C) Reserve a venue

(D) Make a presentation

한국어

화자는 무엇을 할 계획인가?

(A) 파티를 연다

(B) 청자를 픽업한다

(C) 장소를 예약한다

(D) 발표를 한다

5

영어

What does the speaker request?

(A) A map

(B) Presentation equipment

(C) A train ticket

(D) A telephone number

한국어

화자는 무엇을 요청하는가?

(A) 지도

(B) 발표 장비

(C) 기차표

(D) 전화번호

6

영어

Why does the speaker say, "There wouldn't be any better way to get there."?

(A) To give directions

(B) To explain the schedule

(C) To offer a ride

(D) To express gratitude

한국어

화자는 왜, "그곳까지 갈 수 있는 더 좋은 방법은 없을 거예요."라고 말하는가?

(A) 길 안내를 해주기 위해서

(B) 일정을 설명하기 위해서

(C) 차편을 제공하기 위해서

(D) 감사를 표현하기 위해서

■ Questions 7-9 refer to the following telephone message.

대본

(7)You've reached SY Electronics Human Resources. (8)We are currently closed due to the maintenance work on our office today. If you're calling about our internship application please email your resume and cover letter to syhr@syelec.com. (9)If you have an urgent matter to discuss, please hang up and dial 363-1357. For any other inquiries or requests we'll be back in our office tomorrow. Thank you and have a good day.

해석

당신은 SY Electronics의 인사과에 전화 주셨습니다. 우리는 오늘 우리의 사무실 보수 작업으로 인하여 현재 문을 닫았습니다. 만약 당신이 우리의 인턴십 지원에 관해 전화한 것이라면 당신의 이력서와 커버 레터를 syhr@syelec.com로 이메일 보내세요. 만약 시급히 이야기할 문제점이 있는 것이라면, 부디 전화를 끊고 363-1357로 전화하세요. 다른 문의나 요청에 관해서라면, 우리는 내일 우리의 사무실로 돌아올 것입니다. 감사드리며 좋은 하루 보내길 바랍니다.

어휘
●**cover letter** 편지 형식으로 작성하는 일종의 자기소개서

7

영어

Which department does the speaker most likely work in?

(A) Research & Development

(B) Public Relations

(C) Maintenance

(D) Personnel

한국어

화자는 어떤 부서에서 가장 일할 것 같은가?

(A) 연구 개발 부서

(B) 홍보부서

(C) 관리부서

(D) 인사부서

8

 영어

What does the speaker say about the office?

(A) It is not open today.

(B) It is relocating soon.

(C) It has many staff members.

(D) It requires a card key to enter.

한국어

화자는 사무실에 대해 무엇이라 하는가?

(A) 오늘은 열려 있지 않다.

(B) 곧 이사 갈 것이다.

(C) 직원 수가 많다.

(D) 들어가려면 카드 키가 필요하다.

9

영어

What should the listener do if urgent assistance is required?

(A) Send an email

(B) Talk to the manager

(C) Call a different number

(D) Write a letter

한국어

만약 시급한 도움이 필요한 경우 청자는 어떡해야 하는가?

(A) 이메일을 보낸다

(B) 매니저와 얘기한다

(C) 다른 번호에 전화한다

(D) 편지를 쓴다

Lesson 16

❶ 회사에서 알릴 사항이 있을 때 직원들에게 일정한 주제를 가지고 이야기하는 내용이에요. 주로 말하는 사람은 한 부서의 이사나 매니저급의 약간 높은 직책이 많고, 듣는 사람들은 보통의 직원이라고 보셔도 좋아요.

❷ 상황은 스피커를 타고 나오는 공지보다는, 회의 시작 직전이나 종료 직전에 앞에 있는 사람들을 대상으로 하는 경우가 많아요. 그래서 표현 중에 "before the meeting starts", "before we conclude today's meeting" 같은 문구가 많이 나와요.

❸ [주의 환기, 청자 → 주제/목적 → 세부사항 → 제안 요청 사항]의 흐름으로 진행돼요.

(1) 주의 환기, 청자 언급

Attention ~ (청자), Good afternoon ~ (청자)

Attention, all human resources employees. / 주목 바랍니다, 모든 인사부 직원 여러분.

소연쌤의 **꿀팁!** Attention이나 인사 뒤엔 청자가 바로 등장하고, 그 뒤에는 주제/목적이 바로 이어지므로 시작부터 무조건 잘 듣는다는 법칙엔 변함이 없어요.

(2) 주제/목적

I'd like to announce that ~, Today ~ , Next week ~

Change, update, upgrade, event, activity → 변화와 행사

Renovation, construction → 공사

I'd like to announce that we'll be renovating our office next month.
저는 다음 달에 우리 사무실을 공사하게 될 것임을 공지하고 싶습니다.

소연쌤의 **꿀팁!** 항상 변화와 행사가 있기 때문에 공지가 이루어져요.
즉, 변화와 행사에 관련된 이야기가 공지의 주제/목적에 해당해요.

(3) 세부사항

공지에 관련된 구체적 이유나 배경, 그로 인한 혜택

This work will take about 2 weeks to complete. / 공사는 완료까지 대략 2주가 걸릴 것입니다.

(4) 제안요청 사항

Please, be sure, make sure, don't forget, 조동사, 제안·요청의 표현

Please use the conference rooms on the second floor as your temporary office during the renovation.
공사 기간 동안 2층의 회의실들을 당신의 임시 사무실로 사용해주세요.

 제안·요청 사항으로는 주로 전화 메시지를 듣고 다시 연락 줄 것 (call back, return a call, respond), 방문해주거나 이메일을 보내줄 것 등이 출제돼요.

2 일반 안내 방송

❶ 공연장이나 공원, 전시회, 박물관, 가게, 백화점 등에서 방문객들을 대상으로 하는 안내 방송이에요.

❷ 다수를 대상으로 안내 사항이나 행사, 주의사항, 특이점 등을 알려주는 경우가 많아요.

❸ 맨 처음에 장소와 상황을 재빠르게 파악하면 전체 내용 이해가 쉬워져요.

❹ [주의 환기, 청자, 장소 → 주제/목적 + 세부사항 → 제안·요청 사항]의 흐름으로 진행돼요.

(1) 주의 환기, 청자, 장소 언급

Attention ~ (청자), Welcome to ~ (장소),

Thank you for visiting / coming to ~ (장소)

- Welcome to the National Art Gallery. / 국립 미술관에 오신 것을 환영합니다.
- Thank you for coming to the City Orchestra's annual concert.
  시티 오케스트라의 연례 공연에 와주셔서 감사합니다.

 시작하자마자 드러나는 장소와 청자에 따라 출제될 문제가 갈리므로, 항상 초반은 매우 집중해서 들어야 해요.

(2) 주제/목적+ 세부사항

We'd like to ~

We are happy to announce that ~

The performance will start ~

Today / Currently, ~

- We'd like to tell you we are having our monthly sale.
  우리의 월간 할인이 진행되고 있음을 알려드리고 싶습니다.
- Pick up our amazing products at 30% discounted rates.
  우리의 훌륭한 제품을 30퍼센트 할인된 가격에 사 가세요.
- The performance will start in 5 minutes.
  공연은 5분 뒤에 시작합니다.

(3) 제안 / 요청 사항

Please, be sure, make sure, don't forget, 조동사, 제안 요청의 표현

- Make sure your cellphones are turned off. / 핸드폰을 꼭 꺼주세요.
- Don't forget to drop by our media room on your way out.
  나가면서 우리의 미디어룸에 꼭 들러주세요.

■ 다음의 문제들을 해석하고 가장 중요한 단어, 즉 키워드에 표시해 주세요.

1

 영어

Where is the announcement probably taking place?

(A) At a department store

(B) At a museum

한국어

어디서 이 공지는 가장 일어날 것 같은가?

(A) 백화점에서

(B) 박물관에서

2

 영어

Why is the announcement being made?

(A) To notify employees of the renovation

(B) To ask staff to move their offices

 한국어

왜 공지가 이루어지고 있는가?

(A) 직원들에게 공사에 대해 알리기 위해

(B) 직원들에게 그들의 사무실을 옮길 것을 요청하기 위해

3

What is the speaker asking the listeners to do?

(A) Go to the checkout counter

(B) Talk to the manager

화자는 청자들에게 무엇을 하라고 요청하는가?

(A) 계산대로 가라

(B) 매니저와 이야기해라

4

Where are the listeners going next week?

(A) To a botanical garden

(B) To a public park

다음 주에 청자들은 어디에 가는가?

(A) 식물원에

(B) 공원에

예제를 통해 PART 4 공지 유형을 익혀봅니다. 예제 중 한글로 적힌 각 질문에 알맞은 답을 고른 뒤, 영어로 녹음된 성우의 음성을 듣고 빈칸에 받아쓰세요. 영어 녹음은 각 3번씩 들려드립니다.

16_1.mp3

남 Jerry's 백화점 고객 여러분 주목 바랍니다. 우리는 내일부터, 우리의 연례 정리 세일을 시작함을 발표하게 되어 기쁩니다. 우리 건물 내의 모든 물건은 최대 50%까지 할인되므로 이 훌륭한 절약의 기회를 놓치지 마세요.

영어 쓰기

M _____ all Jerry's _____ . We are happy to announce that from tomorrow, we will start our annual clearance _____ . Every item in our building will be up to 50% off so don't miss this great _____ .

Q Where is the announcement probably taking place?

(A) At a department store

(B) At a museum

정답

M: Attention all Jerry's Department Store customers. We are happy to announce that from tomorrow, we will start our annual clearance sale. Every item in our building will be up to 50% off so don't miss this great savings.

정답 (A). Attention all Jerry's Department Store customers. 이라 말한 부분에서 백화점임을 알 수 있어요.

여 직원 여러분 즐거운 오후입니다. 저는 당신들에게 다음 주 월요일부터 시작하는 사무실 공사에 대해 알려드리고 싶습니다. 알다시피, 우리는 수 년간 어떠한 주요 공사도 한 적이 없습니다. 제공된 박스 안에 당신의 모든 개인 소지품을 꼭 챙겨 넣어 주기만 하면 됩니다. 모든 것은 금요일 오후까지 완벽히 준비되어야 합니다.

영어 쓰기

W Good afternoon staff. I'd like to _____ you of our office _____ which will start from next Monday. As you know, we haven't gone through any major _____ for several years. Just make sure to _____ all your _____ in the boxes provided. Everything has to be fully _____ by Friday afternoon.

Q Why is the announcement being made?

(A) To notify employees of the renovation

(B) To ask staff to move their offices

정답

W: Good afternoon staff. I'd like to inform you of our office renovation which will start from next Monday. As you know, we haven't gone through any major upgrades for several years. Just make sure to pack all your personal belongings in the boxes provided. Everything has to be fully prepared by Friday afternoon.

공지의 이유를 묻고 있으므로 공지의 초반에 등장하는 (A)를 선택하세요. 참고로 inform과 notify는 자주 바꿔 사용하는 어휘이므로 둘을 같이 기억하세요.

남 Blue Fin Sushi 레스토랑에 오신 것을 환영합니다. 오늘의 특선 싱싱한 생선은 광어와 참치입니다. 우리는 또한 우리의 유명한 국수들과 그릴 생선 스테이크도 당신을 위해 준비했습니다. 잊지 마세요, 우리의 일본인 주방장 Ryo Mitsumasa가 저녁 8시에 특별한 요리 쇼를 할 예정입니다. 혹시 우리의 메뉴나 그룹 좌석에 대한 문의 사항이 있으면 우리의 매니저에게 더 많은 정보를 위해 물어봐 주세요.

영어 쓰기

M Welcome to Blue Fin Sushi _____. Today's special fresh fish are halibut and tuna. We also have our famous noodles and grilled fish steak ready for you. _____, our Japanese chef Ryo Mitsumasa will have a special _____ _____ at 8 this evening. If you have inquiries about our menu or group seating, _____ _____ our _____ for more information.

Q What is the speaker asking the listeners to do?

(A) Go to the checkout counter

(B) Talk to the manager

M: Welcome to Blue Fin Sushi Restaurant. Today's special fresh fish are halibut and tuna. We also have our famous noodles and grilled fish steak ready for you. Don't forget, our Japanese chef Ryo Mitsumasa will have a special cooking show at 8 this evening. If you have inquiries about our menu or group seating, please ask our manager for more information.

마지막 부분에서 "If you have inquiries about our menu or group seating, please ask our manager for more information."이라 하였으므로 please에서 재빨리 단서를 잡아내어 (B)를 선택하세요.

예제 4

16_4.mp3

우리의 월례 커뮤니티 모임에 와주셔서 고맙습니다. 저는 당신들에게 다음 주 도심 시민 공원으로 가는 우리의 소풍에 관해 얘기하고 싶었습니다. 공원은 걸어서 갈 수 있는 거리이며 재미있는 활동들이 당신을 기다리고 있습니다. 점심은 12시예요. 일기예보에 따르면, 그 날은 아름답고 화창한 날일 것이라 합니다.

영어 쓰기

W: Thank you for coming to our _____ community _____. I wanted to talk to you about our outing to the city _____ _____ next week. The park is located at a walking distance and some fun activities are waiting for you. _____ will be served at noon. According to the _____ _____, it will be a beautiful sunny day.

Q Where are the listeners going next week?

(A) To a botanical garden

(B) To a public park

W: Thank you for coming to our monthly community gathering. I wanted to talk to you about our outing to the city public park next week. The park is located at a walking distance and some fun activities are waiting for you. Lunch will be served at noon. According to the weather forecast, it will be a beautiful sunny day.

"I wanted to talk to you about our outing to the city public park next week."라는 부분에서 정답이 (B)임을 알 수 있어요.

16_5.mp3

원어민의 음성을 듣고 3문제씩 풀어 봅니다. 각 질문에 대해 가장 알맞은 답을 하나만 고르시고, 정답과 대본은 문제를 다 푼 후에 보세요.

1 What is the talk mainly about?

(A) Closing time of the store　　　(B) A better sales strategy

(C) A training schedule　　　(D) A new store location

2 What are the listeners encouraged to do?

(A) Talk to the manager　　　(B) Return their carts

(C) Call a number　　　(D) Decide what to buy

3 What is happening tomorrow?

(A) A new manager will start working.　　(B) The opening hours will change.

(C) They will move to a different location.　(D) New services will be introduced.

- -

Time	Venue
11:00	4th Floor
12:00	3rd Floor
13:00	2nd Floor
14:00	Ground Floor

4 What time should the listeners go to the venue to get autographs?

(A) At 11:00　　(B) At 12:00　　(C) At 13:00　　(D) At 14:00

5 What happened last month?

(A) A band won an award.　　　(B) Several CDs were released.

(C) A new song was recorded.　　(D) A store had a renovation.

6 What should listeners do in case they need help?

(A) Go to the counter　　　(B) Talk to the sales staff

(C) Call the manager　　　(D) Refer to a manual

7 What is the topic of the talk?

(A) A new system

(B) A cancellation of a meeting

(C) A renovation delay

(D) A promotion of an employee

8 How long will the work take from now on?

(A) Five days

(B) One week

(C) Two weeks

(D) Six weeks

9 What are the listeners asked to do?

(A) Clean their offices

(B) Check the audio system

(C) Watch some videos

(D) Wait until the work is done

■ 회사 내 공지, 일반 안내 방송 유형

Questions 1 through 3 refer to the following announcement.

 **대본**

Good evening, Town Pie Factory Customers. (1)We will be closing in half an hour. (2)If you haven't picked up an item yet, please make a final selection. (3)From tomorrow, we'll be extending our store hours from 9 a.m. till 8 p.m. to offer you better services. Thank you and see you soon again.

 **해석**

좋은 저녁입니다, Town Pie Factory 고객님들. 우리는 한 시간 후에 문을 닫을 예정입니다. 아직 물건을 고르지 않았다면, 최종 결정을 부디 내려주세요. 내일부터, 우리는 더 나은 서비스를 제공하기 위해 우리 가게의 영업시간을 오전 9시부터 오후 8시까지로 연장합니다. 감사드리며 곧 다시 뵙겠습니다.

1

영어

What is the talk mainly about?

(A) Closing time of the store

(B) A better sales strategy

(C) A training schedule

(D) A new store location

한국어

담화의 주제는 무엇인가

(A) 가게의 종료 시간

(B) 더 좋은 영업 전략

(C) 교육 일정

(D) 새로운 가게 위치

2

영어

What are the listeners encouraged to do?

(A) Talk to the manager

(B) Return their carts

(C) Call a number

(D) Decide what to buy

한국어

청자들은 무엇을 하도록 권장 받는가?

(A) 매니저와 얘기할 것

(B) 카트를 반납할 것

(C) 전화할 것

(D) 무엇을 살지 결정할 것

3

What is happening tomorrow?

(A) A new manager will start working.

(B) The opening hours will change.

(C) They will move to a different location.

(D) New services will be introduced.

내일 무슨 일이 일어나겠는가?

(A) 새로운 매니저가 근무를 시작한다.

(B) 영업시간이 바뀐다.

(C) 그들이 새로운 위치로 이사간다.

(D) 새로운 서비스들이 소개된다.

■ Questions 4 through 6 refer to the following announcement and timetable.

시각	장소
11:00	4층
12:00	3층
13:00	2층
14:00	1층

Attention customers. I'd like to announce that we are having a big sale on last year's CDs on the 4th floor. Also, the renowned band Shakespeare's Reflections will be on our ground floor for the signing event. Anyone hoping to get the autographs of the band members should come to our ground floor. The band has won a special rock music award last month and their first CD is on sale for $15 today. If you're having trouble finding any merchandise you want, please let our sales staff know to assist you immediately.

고객님들 주목하세요. 저는 4층에서 작년 CD들의 큰 할인 행사가 있음을 알려드리고 싶습니다. 또한, 유명한 밴드 Shakespeare's Reflections가 우리의 1층에 사인 행사를 위해 있을 것입니다. 누구든 밴드 멤버들의 사인을 받고 싶은 분들은 우리의 1층으로 오세요. 밴드는 지난달에 특별 록 음악 상을 수상했으며, 그들의 첫 CD가 오늘 15달러에 판매됩니다. 만약 당신이 원하는 어떤 제품이든지 찾는 데 문제가 있으면, 우리의 영업 직원에게 즉각적인 도움을 받을 수 있도록 알려주세요.

어휘 •**win an award** 상을 타다 •**be released** 출시되다

4

영어

What time should the listeners go to the venue to get autographs?

(A) At 11:00

(B) At 12:00

(C) At 13:00

(D) At 14:00

한국어

청자들은 사인을 받기 위해 몇 시에 장소로 가야 하는가?

(A) 11시에

(B) 12시에

(C) 13시에

(D) 14시에

5

영어

What happened last month?

(A) A band won an award.

(B) Several CDs were released.

(C) A new song was recorded.

(D) A store had a renovation.

한국어

지난달에 무슨 일이 일어났는가?

(A) 밴드가 상을 탔다.

(B) 여러 장의 CD가 출시됐다.

(C) 새로운 노래가 녹음됐다.

(D) 가게가 공사를 했다.

6

영어

What should listeners do in case they need help?

(A) Go to the counter

(B) Talk to the sales staff

(C) Call the manager

(D) Refer to a manual

한국어

도움이 필요한 경우 청자들은 무엇을 해야 하는가?

(A) 카운터로 간다

(B) 영업 직원한테 얘기한다

(C) 매니저에게 전화한다

(D) 매뉴얼을 참조한다

■ Questions 7 through 9 refer to the following announcement.

 대본

May I have your attention? As mentioned before, we were supposed to finish the renovation on our main conference room by this Friday. However, some supplies arrived late and the work is getting delayed by about a week. I know these past 2 weeks have been inconvenient for all our office staff but there's no choice but to wait a little more. Once the work is done, we will have the state-of-the-art video conferencing equipment and audio system. For another week, we will hold meetings on the 6th floor which has bigger space.

 해석

주목해 주시겠습니까? 일전에 말한 대로, 우리는 우리의 주 회의실의 공사 작업을 이번 금요일까지 끝내기로 되어있었습니다. 하지만, 몇몇 자재들이 늦게 도착해서 작업이 약 일주일간 연기되고 있습니다. 저도 우리 전체 사무실 직원들에게 지난 2주가 불편했다는 것은 알고 있습니다. 유감이지만 우리는 조금 더 기다리는 방법 밖에 없습니다. 작업이 일단 완료되면, 우리는 최신식 화상 회의 장비와 오디오 시스템을 갖추게 될 것입니다. 한 주 동안, 우리는 더 넓은 공간을 갖춘 6층에서 미팅을 할 것입니다.

어휘 ●**state-of-the-art** 최신식의 ●**video conferencing** 화상 회의
●**audio system** 오디오 시스템, 음향 장비

7

영어

What is the topic of the talk?

(A) A new system

(B) A cancellation of a meeting

(C) A renovation delay

(D) A promotion of an employee

한국어

담화의 주제는 무엇인가?

(A) 새로운 시스템

(B) 미팅의 취소

(C) 공사 지연

(D) 직원의 승진

8

영어

How long will the work take from now on?

(A) Five days

(B) One week

(C) Two weeks

(D) Six weeks

한국어

지금부터 작업은 얼마나 걸릴 것인가?

(A) 5일

(B) 1주일

(C) 2주일

(D) 6주일

9

영어

What are the listeners asked to do?

(A) Clean their offices

(B) Check the audio system

(C) Watch some videos

(D) Wait until the work is done

한국어

청자들은 무엇을 하도록 요청받는가?

(A) 사무실을 청소할 것

(B) 오디오 시스템을 확인할 것

(C) 비디오들을 볼 것

(D) 작업이 끝날 때까지 기다릴 것

Lesson 17

1 ▸ 인물 소개

❶ 행사나 라디오 방송 등에서 특정 인물을 언급하고 인물의 경력, 업적, 인물이 곧 이야기할 주제, 앞으로 있을 일 등을 말해요.

❷ 회사 취임식, 은퇴식, 세미나, 시상식, 오픈식 등이 배경으로 많이 제시돼요. 따라서 행사 자체가 무엇인지 초반을 잘 듣고 찾아내도록 하세요.

❸ [인사, 인물 언급 → 인물의 경력, 업적 → 인물이 곧 이야기할 주제 → 앞으로 있을 일]의 흐름으로 진행돼요.

⑴ 인사, 인물 언급

Welcome to ~ ~에 오신 것을 환영합니다.

Thank you for coming to ~ ~에 와주셔서 고맙습니다.

I'd like to introduce ~ ~를 소개하고 싶습니다

It's a great pleasure to introduce ~ ~를 소개하게 되어 매우 기쁩니다.

It's my pleasure to introduce our guest in the studio.
스튜디오에 와 계신 우리의 손님을 소개하게 되어 기쁩니다.

⑵ 인물의 경력, 업적

이름이 등장할 때 정체를 공략

주로 자주 나오는 경력이나 업적은 책을 출판하거나 상을 탄 내용

상에 관련된 어휘: prize, award, recognition, honor, winner, recipient(수상자)

• Today's guest Doctor Kate Drinkwater is a famous physician who has published numerous books on the human body.
　오늘의 손님 Kate Drinkwater 박사님은 인간의 신체에 대한 수많은 책을 출판한 유명한 의사입니다.
• Doctor Kate Drinkwater has worked in London for the past 15 years.
　Kate Drinkwater 박사님은 지난 15년간 런던에서 일했습니다.

⑶ 인물이 곧 이야기할 주제

Talk about, tell us about, discuss ~을 주제로 이야기하다

She will tell us about practical health tips.
그녀는 우리에게 실용적인 건강정보들을 주제로 이야기할 것입니다.

(4) 앞으로 있을 일

Now (이제), please, welcome (맞이하다), applause (박수)

be on stage (무대에 오르다)

> **예**
>
> Now, please join me to welcome Doctor Drinkwater with a warm round of applause.
> 이제, 저와 함께 Drinkwater 박사님을 따뜻한 박수로 맞이해주세요.

2 일반 연설

❶ 자신이 직접 자기소개를 한 뒤 연설을 시작하는 경우예요. 회사나 각종 행사에서 새로운 이들을 환영하기도 하고, 현재의 감흥이나 감사의 인사를 전달하기도 해요.

❷ 연설의 배경과 목적이 무엇인지 잘 듣고 세부사항까지 잘 연결해서 들으세요.

❸ 자주 나오는 행사와 그에 관한 표현들을 꼭 기억해두세요.

어휘
- 자선 행사: charity event
- 기금 마련을 위한 복권: raffle
- 감사: thank, appreciate, be grateful, gratitude
- 후원: sponsor, support, backing
- 기증, 기부: donation, contribution

❹ [인사, 소개 → 주제, 목적 + 세부사항 → 제안 요청 사항, 앞으로 있을 일]의 흐름으로 진행돼요.

(1) 인사, 소개

I am ~ 저는 ~ 입니다

as ~ ~로서

on behalf of ~ ~를 대표/대신하여

화자의 정체를 듣고 이 사람이 앞으로 하려는 말의 취지를 파악할 것

> **예**
>
> On behalf of Saint-Michelle Technology, I would like to thank you for coming here tonight.
> The Saint-Michelle Technology 사를 대표하여, 오늘 밤 오신 여러분들께 감사드리고 싶습니다.

(2) 주제, 목적+ 세부사항

인사, 소개 뒤에 바로 나오는 내용 청취 후 바로 주제, 목적으로 연결

감사, 수상 소감, 은퇴/ 전근/ 취임/ 승진으로 인한 감회

• As you know, we've been having this charity night event every December.
여러분들도 알다시피, 우리는 이 자선의 밤 행사를 매년 12월마다 진행해왔습니다.

• I would like to express my sincere gratitude for your generous donation.
저는 당신의 관대한 기부에 대해 진심으로 감사를 표하고 싶습니다.

(3) 제안 요청 사항, 앞으로 있을 일

어휘

• please, now, today, tonight, next

• Now, please move your steps to the grand ballroom to enjoy the appreciation banquet we prepared.
이제, 우리가 준비한 감사의 연회를 즐기기 위해 당신들의 발걸음을 대연회장으로 부디 옮겨 주시기 바랍니다.

• banquet, reception: 연회, 파티

■ 다음의 문제들을 해석하고 가장 중요한 단어, 즉 키워드에 표시해 주세요.

1

영어

What is the (purpose) of the (speech)?

(A) To thank the listeners

(B) To introduce a keynote speaker

한국어

연설의 목적은 무엇인가?

(A) 청자들에게 감사하기

(B) 기조연설자를 소개하기

2

영어

Where is the talk most likely being giver?

(A) At a farewell party

(B) At an awards ceremony

한국어

어디서 이 담화가 가장 이루어질 것 같은가?

(A) 작별 파티에서

(B) 시상식에서

3

영어

What will probably happen next?

(A) Prizes will be distributed.

(B) A talk will be given.

한국어

다음에 아마도 무슨 일이 일어나겠는가?

(A) 상들이 배포된다.

(B) 연설이 진행된다.

4

영어

What are the listeners going to do after the talk?

(A) Enjoy the reception

(B) Watch a slide show

한국어

청자들은 이 담화 이후에 아마도 무엇을 하겠는가?

(A) 연회를 즐긴다

(B) 슬라이드쇼를 본다

예제를 통해 문제 유형을 익혀봅니다. 예제 중 한글로 적힌 각 질문에 알맞은 답을 고른 뒤, 영어로 녹음된 성우의 음성을 듣고 빈칸에 받아쓰세요. 영어 녹음은 각 3번씩 들려드립니다.

예제 1

17_1.mp3

(남) 오늘 우리의 기조연설자인 Angelina Aniston은 국제변호사로서 자신의 커리어를 27살에 시작하였습니다. 그녀는 그녀의 30대를 사람들의 권리를 위해 싸우는 것과 무분별한 개발로부터 환경을 보호하는 데 다 바쳤습니다. Ms. Aniston을 무대에서 환영할 준비가 되셨습니까?

영어 쓰기

(M) Angelina Aniston, our _____ _____ today, started her career as an international _____ at age 27. She _____ her 30s _____ fighting for people's rights and protecting the environment from imprudent developments. Are you ready to _____ Ms. Aniston to the stage now?

(Q) **What is the purpose of the speech?**

(A) To thank the listeners

(B) To introduce a keynote speaker

M: Angelina Aniston, our keynote speaker today, started her career as an international lawyer at age 27. She devoted her 30s to fighting for people's rights and protecting the environment from imprudent developments. Are you ready to welcome Ms. Aniston to the stage now?

정답은 (B). 시작하자마자 특정 인물의 소개를 시작하였으므로, 이름 주변에서 나온 '기조연설자'라는 표현만 잡아·내면 답을 고를 수 있어요.

17_2.mp3

여 우리 지역 올해의 최고 작가 시상식에 오신 것을 환영합니다. 이 신나는 행사를 연지도 13년이 되었고, 매년 수상자들을 고르는 것은 전혀 쉽지가 않네요. 우리는 의심의 여지도 없이 인정할 만한 정말 많은 훌륭한 책들과 작가들을 보유하고 있습니다.

영어 쓰기

W: Welcome everyone to the Town's Best Writer of the Year _____. It is our 13th year having this exciting event, and every year, it is not easy at all to _____ the _____. No doubt we have so many great books and authors to _____.

Q Where is the talk most likely being given?

(A) At a farewell party

(B) At an awards ceremony

정답

W: Welcome everyone to the Town's Best Writer of the Year Awards. It is our 13th year having this exciting event, and every year, it is not easy at all to select the winners. No doubt we have so many great books and authors to recognize.

Awards나 winners, select 등의 어휘를 통해서 정답 (B)를 고를 수 있어요. 참고로 (A)의 farewell은 '작별'이라는 의미로, 주로 전근이나 은퇴에서 많이 볼 수 있는 어휘예요.

17_3.mp3

남 Mr. Robbie는 다음 주부터 우리와 함께 일할 것이며, 그는 우리 회사를 위한 가치 있는 자산이 될 것입니다. 당신들 모두가 오늘 정오의 회사 오찬에서 Mr. Robbie와 개인적으로 얘기할 기회를 갖게 될 거예요. 자 이제, Mr. Robbie가 여기의 모든 분들을 위해 짧은 연설을 하시겠습니다.

영어 쓰기

M Mr. Robbie will be _____ with us from next week and he'll be a valuable _____ to our company. You'll all have chances to talk to Mr. Robbie in person at our _____ at noon today. Now, Mr. Robbie will _____ a short _____ for everyone here.

Q What will probably happen next?

(A) Prizes will be distributed.

(B) A talk will be given.

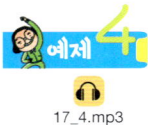

M: Mr. Robbie will be working with us from next week and he'll be a valuable asset to our company. You'll all have chances to talk to Mr. Robbie in person at our corporate luncheon at noon today. Now, Mr. Robbie will give a short speech for everyone here.

Now라고 말한 뒷부분을 잘 들어보면 speech, 즉 talk이 일어날 것이므로 정답은 (B)가 되죠.

17_4.mp3

여 지금, 저는 당신들에게 우리의 회계 소프트웨어를 더 효율적으로 사용할 수 있는 기법들을 보여줄 거예요. 이 방법을 통해 당신은 데이터를 정리하기 위해 들이는 시간과 노력을 최소화할 수 있습니다. 네, 그럼 슬라이드를 보기 위해 스크린을 쳐다봐 주세요.

W At this point, I will _____ you some techniques to use our accounting _____ more efficiently. This way, you can _____ the time and effort you put into _____ your data. Okay, so look at the _____ now to see the _____.

Q What are the listeners going to do after the talk?

(A) Enjoy the reception

(B) Watch a slide show

W: At this point, I will show you some techniques to use our accounting software more efficiently. This way, you can minimize the time and effort you put into arranging your data. Okay, so look at the screen now to see the slides.

마지막에 "so look at the screen now to see the slides"라고 말한 부분에서 정답이 (B)임을 알 수 있어요.

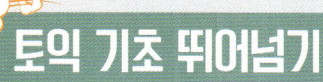

토익 기초 뛰어넘기

17_5.mp3

원어민의 음성을 듣고 3문제씩 풀어 봅니다. 각 질문에 대해 가장 알맞은 답을
하나만 고르시고, 정답과 대본은 문제를 다 푼 후에 보세요.

Time	Venue
10:00	Computer Lab B, Second Floor
11:20	Lobby, Ground Floor
12:30	Cafeteria, Third Floor
14:00	Main Conference Room, Fourth Floor

1   Who most likely are the listeners?

(A) HR officers   (B) Finance employees

(C) Marketing specialists   (D) Programmers

2   According to the speaker, what is the first step of the day?

(A) Meeting with the directors   (B) Introducing themselves to each other

(C) Getting a picture ID   (D) Learning a program usage

3   Look at the graphic. What will happen in the afternoon?

(A) Online program training   (B) a project team gathering

(C) Lunch   (D) The president's speech

4 Where is the talk most likely being given?

(A) At a retirement party

(B) At an awards ceremony

(C) At a monthly staff gathering

(D) At a sales presentation

5 Who is Ms. Marissa Horatio?

(A) A sales assistant

(B) A hotel manager

(C) A company executive

(D) A stage director

6 What will probably happen next?

(A) Ms. Horatio will receive a prize.

(B) Ms. Horatio will announce the winner.

(C) Ms. Horatio will give a talk.

(D) Ms. Horatio will show some slides.

---

7 Where most likely is the speaker?

(A) A company seminar

(B) An opening of a business

(C) An awards ceremony

(D) A corporate luncheon

8 Why does the speaker say, "Nothing would've been possible without any of you here"?

(A) To express gratitude

(B) To invite new people

(C) To blame the listeners

(D) To introduce a speaker

9 Where should the listeners go after the talk?

(A) To the city center

(B) To the kitchen

(C) To the interior decorators

(D) To an outdoor seating area

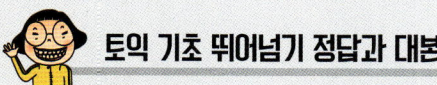

■ Questions 1 through 3 refer to the following talk and schedule.

시각	장소
10:00	컴퓨터실 B, 2층
11:20	로비, 1층
12:30	구내식당, 3층
14:00	주 회의실, 4층

대본

Good morning everyone. My name is Ashlee Spears, one of the HR officers at (1)MSGS Finance. Okay, today, I'm going to lead the training session for the new MSGS employees. As you can see from our schedule handed out previously, (2) our first step is to learn how to use your online financial guide program. And then, you'll meet with your temporary project team members. At 12:30, everybody will have lunch at the company cafeteria. (3) In the afternoon, you'll move to the main conference room on the fourth floor.

해석

여러분 좋은 아침입니다. 제 이름은 Ashlee Spears이고 여기 MSGS Finance의 인사 담당자 중 한 명이에요. 네, 오늘, 저는 새로운 MSGS 직원들을 위해 교육을 진행할 것입니다. 일전에 나눠드린 우리의 일정표에서 볼 수 있듯, 우리의 첫 과정은 온라인 재무 가이드 프로그램을 어떻게 사용하는지 배우는 것입니다. 그리고 나면, 여러분들은 여러분의 임시 프로젝트 팀원들과 만나게 될 거예요. 12시 반에는 모두들 회사 구내식당에서 점심을 먹을 것입니다. 오후에는, 당신들은 4층의 주회의실로 옮겨갈 거예요.

어휘
- **HR officer** 인사 담당자 ・**hand out** 나누어 주다 ・**previously** 먼저, 일전에
- **temporary** 임시의 ・**cafeteria** 구내식당 ・**Introducing oneself** 자기소개를 하다
- **picture ID** 사진 신분증

1

영어

Who most likely are the listeners?

(A) HR officers

(B) Finance employees

(C) Marketing specialists

(D) Programmers

한국어

청자들은 가장 누구일 것 같은가?

(A) 인사 담당자들

(B) 재무 직원들

(C) 마케팅 전문가들

(D) 프로그래머들

2

영어

According to the speaker, what is the first step of the day?

(A) Meeting with the directors

(B) Introducing themselves to each other

(C) Getting a picture ID

(D) Learning a program usage

한국어

화자에 따르면, 무엇이 오늘의 첫 과정인가?

(A) 이사들을 만나는 것

(B) 서로에게 자기소개를 하는 것

(C) 사진이 있는 신분증을 받는 것

(D) 프로그램의 사용법을 배우는 것

3

영어

Look at the graphic. What will happen in the afternoon?

(A) Online program training

(B) a project team gathering

(C) Lunch

(D) The president's speech

한국어

표를 보아라. 오후에는 어떤 일이 일어나겠는가?

(A) 온라인 프로그램 교육

(B) 프로젝트팀 모임

(C) 점심

(D) 회장님의 연설

Questions 4 through 6 refer to the following introduction.

대본

Good evening, as you know, (4)(5) we've gathered here say goodbye to our beloved vice president Ms. Marissa Horatio. She has been with us for the past 20 years, and made us become one of the country's top mobile phone companies. Ms. Horatio first started working here as a sales assistant and made her way to huge success. Thank you for your hard work and dedication, Ms. Horatio. We will always miss you. (6) Now, Ms. Horatio will say a few words for us so please welcome her to the stage.

해석

좋은 저녁이에요, 모두 알다시피, 우리는 우리의 사랑하는 부회장님 Ms. Marissa Horatio에게 작별을 고하기 위해 여기에 모였습니다. 그녀는 지금까지 25년간 우리와 함께했고, 우리가 이 나라 최고의 휴대폰 회사들 중 하나가 되도록 만들어 주었습니다. Ms. Horatio는 처음 영업 보조로 여기에서 일을 시작하였고 큰 성공으로 자신의 길을 이끌었습니다. Ms. Horatio, 열심히 일한 것과 헌신에 대해 당신에게 감사드립니다. 우리는 항상 당신이 그리울 거예요. 이제, Ms. Horatio가 짧은 연설을 할 것이니 그녀를 무대로 반가이 맞이해주세요.

어휘
- **gather** 모으다, 모이다 • **say goodbye** 작별을 고하다 • **beloved** 사랑하는, 소중한
- **sales assistant** 영업 보조 • **dedication** 헌신

4

영어

Where is the talk most likely being given?

(A) At a retirement party

(B) At an awards ceremony

(C) At a monthly staff gathering

(D) At a sales presentation

한국어

이 담화는 아마도 어디에서 일어나겠는가?

(A) 은퇴식에서

(B) 시상식에서

(C) 월례 직원 모임에서

(D) 영업 발표에서

5

영어

Who is Ms. Marissa Horatio?

(A) A sales assistant
(B) A hotel manager
(C) A company executive
(D) A stage director

한국어

Ms. Marissa Horatio는 누구인가?

(A) 영업 보조
(B) 호텔 매니저
(C) 회사 임원
(D) 무대 감독

6

영어

What will probably happen next?

(A) Ms. Horatio will receive a prize.
(B) Ms. Horatio will announce the winner.
(C) Ms. Horatio will give a talk.
(D) Ms. Horatio will show some slides.

한국어

다음엔 아마도 무슨 일이 일어나겠는가?

(A) Ms. Horatio가 상을 받는다.
(B) Ms. Horatio가 수상자를 발표한다.
(C) Ms. Horatio가 연설을 한다.
(D) Ms. Horatio가 슬라이드 쇼를 보여준다.

■ Questions 7 through 9 refer to the following speech.

대본

(7)Welcome to the grand opening of the Big Jerry's City Café. (8)Thank you so muchfor all your support and help. (9) Nothing would've been possible without any of you here. We have successfully finished the decoration of the building, and will officially open in a week, on the 15th of August. Tonight, we'll be serving our signature dishes only for you, our financial supporters, cooked by our French Chef Jean Leon. So please come to our patio to enjoy the appreciation dinner.

해석

Big Jerry's City Café의 오픈식에 오신 것을 환영합니다. 당신 모두의 지원과 도움에 너무나도 감사드립니다. 여기 어느 누구 없이는 아무것도 가능하지 않았을 거예요. 우리는 성공적으로 건물의 장식을 마쳤고, 일주일 후인 8월 15일에 공식적으로 문을 열 것입니다. 오늘 밤, 우리는 오로지 우리의 재정 지원자들인 당신들만을 위한, 우리의 프랑스인 요리사 Jean Leon이 요리한 대표 음식들을 대접하겠습니다. 그러니 부디 우리의 테라스 좌석으로 이동하여 감사의 저녁 식사를 즐기세요.

토익 기초 뛰어넘기 정답과 대본

- **decoration** 장식, 꾸밈 •**officially open** 공식적으로 문을 열다
- **signature dish** 고유, 대표 음식 •**patio** 야외 테라스 좌석 (= outdoor seating area)
- **blame** 탓하다

7

 영어

Where most likely is the speaker?

(A) A company seminar

(B) An opening of a business

(C) An awards ceremony

(D) A corporate luncheon

한국어

화자는 가장 어디에 있는 것 같은가?

(A) 회사 세미나

(B) 사업체의 오픈

(C) 시상식

(D) 회사 오찬

8

 영어

Why does the speaker say, "Nothing would've been possible without any of you here"?

(A) To express gratitude

(B) To invite new people

(C) To blame the listeners

(D) To introduce a speaker

한국어

화자는 왜, "여기 어느 누구 없이는 아무 것도 가능하지 않았을 거예요."라고 말하는가?

(A) 감사를 표현하기 위해

(B) 새로운 사람들을 초대하기 위해

(C) 청자들을 탓하기 위해

(D) 연설자를 소개하기 위해

9

 영어

Where should the listeners go after the talk?

(A) To the city center

(B) To the kitchen

(C) To the interior decorators

(D) To an outdoor seating area

한국어

담화 후에 청자들은 어디로 가야 하는가?

(A) 도시 중심부로

(B) 주방으로

(C) 인테리어 업자들에게

(D) 야외 좌석 구역으로

Lesson 18

1 관광 가이드

❶ 가이드인 화자가 청자들을 데리고 다니면서 장소에 대한 배경지식, 관광의 일정, 권장과 금지 사항을 알려주는 것이 주요 내용이에요.

❷ 주로 관광을 시작하기 직전에 꼭 알아야 하는 사항을 안내해주는 경우가 많으며, 관광지 외에도 박물관이나 공장, 회사 등의 견학이 등장하기도 해요.

❸ [가이드 인사와 안내 장소 소개 → 장소 배경 지식, 관광의 일정 → 권장과 금지 사항 → 다음 행선지, 앞으로 있을 일]의 흐름으로 진행돼요.

(1) 가이드의 인사와 안내 장소 소개

My name is ~ I'm your guide ~ 저는 당신의 가이드 ~ 입니다.

Welcome to ~ ~에 오신 것을 환영합니다.

Before we begin our tour, 우리의 투어를 시작하기 전에,

> **예**
> My name is Keanu Anderson and I'll be your guide today.
> 제 이름은 Keanu Anderson이고 제가 오늘 당신의 가이드입니다.

(2) 장소 배경 지식, 관광의 일정

We will take a tour of ~ 우리는 ~의 관광을 할 것입니다

I'll show you around ~ 제가 여러분들에게 ~를 구경시켜 드릴게요.

First, ~ and then, Lastly, ~ 먼저, ~ 그다음에, 마지막으로, ~

Move on to ~ ~로 이동합시다

Our next stop is ~ 우리의 다음 목적지는 ~ 입니다

> **예**
> We'll go on a tour of City Hall which has more than 100 years of history.
> 우리는 100년도 넘는 역사를 지닌 시청의 투어를 할 것입니다.

(3) 권장과 금지 사항

권장: suggest, recommend, please, don't forget, encourage, remember

금지: do not, not allow, not permit, prohibit, refrain from

> **예**
> Please refrain from touching the artwork on display.
> 진열되어 있는 예술품을 부디 만지지 마세요.

소연쌤의 꿀팁! 권장과 금지 사항으로 자주 나오는 내용은 무언가를 함부로 만지지 말 것, 보호 장비를 착용할 것, 그룹에서 벗어나지 말 것, 사진을 찍을 때 플래시를 터뜨리지 말 것 등이 있어요.

(4) 다음 행선지, 앞으로 있을 일

　　And now, 자 이제, / Follow me 저를 따라오세요.

 예

Now, if you follow me, we can start the tour.
자 이제 저를 따라오시면, 투어를 시작하겠습니다.

소연쌤의 **꿀팁!** 다음 행선지로는 gift shop / souvenir store (기념품 가게)나 정보를 얻을 수 있는 media room (미디어실) 등이 많이 등장하는 편이고, 앞으로 있을 일은 투어의 시작이 대부분인데, 이는 가이드 자체가 투어 시작 직전에 주로 이루어지기 때문이죠.

2 교통 시설물, 역, 공항의 안내

❶ 나쁜 날씨나 기계적인 결함, 연쇄적인 밀림 등으로 인해 연착이나 취소, 탑승 관련 변동 사항이 생겼을 때 나가는 안내 방송이에요.

❷ 기차역이나 공항, 버스 터미널 등에서도 발생하지만, 기내나 차내에서도 방송이 이루어져요.

❸ 똑 부러지는 주제, 목적이 보이지 않는 경우에는 목적지, 도착 예상 시각, 경유지 따위의 단순한 정보 전달을 목적으로 하는 경우도 있어요.

❹ 변화가 생길 때에는 늘 변화의 원인을 살피고, 전후의 상황 중 물어보는 것이 무엇인지 문제를 미리 읽고 파악해두세요.

❺ [인사, 자기소개 → 주제/목적 + 세부사항 → 제안, 요청 사항 + 앞으로 있을 일] 의 흐름으로 진행돼요.

(1) 인사, 자기소개

　　Attention passengers 승객 여러분 주목 바랍니다.

　　Welcome aboard 탑승을 환영합니다.

　　This is your captain speaking. 저는 당신의 기장입니다.

　　Captain, conductor, crew 기장, 차장 / Flight attendant, cabin crew 승무원

　　Airline representative, agent, staff, employee 항공사 직원

예

Attention all passengers waiting to board AirDiablo Flight 119 to Miami.
마이애미로 가는 119번 AirDiablo 항공기를 탑승하기 위해 대기 중인 모든 승객 여러분 주목해 주세요.

소연쌤의 **꿀팁!** 여기가 어디인지, 누가 말하는지 초반에 알아내야 해요.

⑵ 주제/목적 + 세부사항

We apologize ~ ~에 대해 사과드립니다

Due to ~, because of ~ ~ 때문에

~ is delayed(연착) / cancelled(취소)

Gate and boarding time have been changed. (탑승구와 탑승 시각의 변화)

Due to some mechanical problems on our flight, the boarding time has been delayed.
우리 비행기의 몇몇 기계적인 결함으로 인해, 탑승 시간이 지연되었습니다.

⑶ 제안, 요청 사항 + 앞으로 있을 일

Please, be sure, make sure, don't forget, 조동사, 제안 요청의 표현

Please check the new boarding time and gate on the information board right next to the airline counter.
새로운 탑승 시각과 탑승구를 항공사 카운터 바로 옆에 있는 정보 게시판에서 확인해주시기 바랍니다.

■ 다음의 문제들을 해석하고 가장 중요한 단어, 즉 키워드에 표시해 주세요.

1

영어

Who most likely is the speaker?

(A) A tour guide

(B) A travel agent

한국어

화자는 가장 누구일 것 같은가?

(A) 투어 가이드

(B) 여행사 직원

2

영어

Where most likely is the talk being given?

(A) On a train

(B) At a station

한국어

이 담화는 어디에서 가장 일어날 것 같은가?

(A) 기차에서

(B) 역에서

3

영어

What does the speaker say is prohibited?

(A) Touching the artifacts

(B) Taking off protective gear

한국어

화자는 무엇이 금지되었다고 하는가?

(A) 유물을 만지는 것

(B) 안전 장비를 벗는 것

4

영어

Where are the listeners directed to go next?

(A) To a souvenir store

(B) To a screening room

한국어

청자들은 다음에 어디로 가라고 지시 받는가?

(A) 기념품 가게로

(B) 영상실로

예제를 통해 PART 4 관광 가이드와 교통 시설 안내 유형을 익혀봅니다. 예제 중 한글로 적힌 각 질문에 알맞은 답을 고른 뒤, 영어로 녹음된 성우의 음성을 듣고 빈칸에 받아쓰세요. 영어 녹음은 각 3번씩 들려드립니다.

예제 1

18_1.mp3

영어 쓰기

남 안녕 여러분, 국립 미술관에 오신 것을 환영합니다. 오늘, 저는 미술관의 모든 그림들과 조각상들에 대해 당신들을 안내해드리겠습니다. 투어는 약 3시간 동안 지속되며, 부디 미술관의 예술품을 만지지 마세요.

M Hi everyone, welcome to the National _____ of Art. Today, I'll _____ you through all the paintings and sculptures of the _____. The _____ will last approximately 3 hours, and please _____ _____ touching the artworks in the _____.

Q Who most likely is the speaker?

(A) A tour guide

(B) A travel agent

M: H everyone, welcome to the National Gallery of Art. Today, I'll guide you through all the paintings and sculptures of the gallery. The tour will last approximately 3 hours, and please refrain from touching the artworks in the gallery.

정답 (A). 인사와 더불어 본인이 할 일을 설명하는 과정에서 투어 가이드임을 알 수 있어요.

18_2.mp3

여 Alice Spring으로 향하는 고속 기차 626에 탑승하신 것을 환영합니다. 저는 당신의 차장 Margo Johansson입니다. 당신의 목적지까지 우리는 쉬지 않고 직행으로 갈 것이며, 지금부터 약 45분이 걸릴 것으로 우리는 기대합니다.

영어 쓰기

W _____ _____ express train 626 to Alice Spring. I'm your _____ Margo Johansson. We'll travel to your _____ non-stop, and we expect to take about 45 minutes from now.

Q Where most likely is the talk being given?

(A) On a train   (B) At a station

정답

W: Welcome aboard express train 626 to Alice Spring. I'm your conductor Margo Johansson. We'll travel to your destination non-stop, and we expect to take about 45 minutes from now.

담화가 일어나는 장소는 역이 아닌 기차 안이므로 정답은 (A)를 선택하세요. "Welcome aboard(탑승을 환영합니다)"는 교통 시설물에 탑승했을 때 나오는 전형적인 탑승 환영 인사이므로 놓치지 마세요.

18_3.mp3

여 우리의 다음 관광지는 우리의 차량들이 어떻게 만들어지는지 볼 수 있는 공장 현장입니다. 기억하세요, 당신의 안전이 항상 우리의 최우선순위입니다. 당신의 보호 안경과 장갑을 투어 내내 벗으면 안 됩니다. 자, 이제 저를 따라오세요.

영어 쓰기

W Next part of our tour is the _____ _____ where you'll see how our vehicles are made. Remember, your _____ is always our top priority. Make sure not to _____ _____ your _____ goggles and gloves throughout the tour. Now, please follow me.

Q What does the speaker say is prohibited?

(A) Touching the artifacts

(B) Taking off protective gear

W: Next part of our tour is the factory floor where you'll see how our vehicles are made. Remember, your safety is always our top priority. Make sure not to take off your protective goggles and gloves throughout the tour. Now, please follow me.

안전을 위해 보호 안경과 장갑, 즉 보호 장비를 벗지 않을 것을 당부하였으므로 정답은 (B)예요.

 **예제4**

18_4.mp3

남 오늘 투어가 즐거웠길 바랍니다. 우리의 미디어실 바로 옆에, 우리 자연보호센터의 기념품 가게가 보일 거예요. 우리는 당신이 그 가게를 구경하고 가족이나 친구들을 위한 멋진 선물을 찾게 되길 추천합니다. 당신의 구매에서 비롯된 모든 수익금은 자연보호센터의 운영에 직접적으로 사용됩니다.

 영어 쓰기

M I hope you enjoyed your _____ today. Right next to our media room, you can find our Nature Center's _____ . We _____ you have a look around the store to find some great _____ ideas for your family or friends. All the _____ from your _____ goes directly to the operation of our Nature Center.

Q Where are the listeners directed to go next?

(A) To a souvenir store

(B) To a screening room

 정답

M: I hope you enjoyed your tour today. Right next to our media room, you can find our Nature Center's gift shop. We recommend you have a look around the store to find out some great gift ideas for your family or friends. All the proceeds from your purchase goes directly to the operation of our Nature Center.

미디어실 옆의 기념품 가게로 가라고 했으므로 정답은 (A)임을 알 수 있어요. 참조로 proceeds라는 어휘는 수익금, 돈이라는 의미의 필수 어휘이니 꼭 기억하세요.

원어민의 음성을 듣고 3문제씩 풀어 봅니다. 각 질문에 대해 가장 알맞은 답을 하나만 고르시고, 정답과 대본은 문제를 다 푼 후에 보세요.

1 Who most likely is the speaker?

(A) A zookeeper

(B) A restaurant owner

(C) A tour guide

(D) A travel agent

2 What does the speaker mention about the penguins?

(A) They are large.

(B) They are fragile.

(C) They like taking photos.

(D) They live in the small ocean.

3 What does the speaker say is not allowed?

(A) Using flash photography

(B) Touching the animals

(C) Making noise

(D) Eating local food

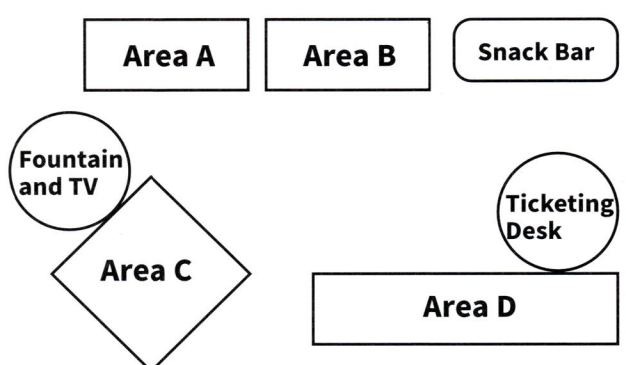

4 What is the main reason for the problem?

(A) Bad weather

(B) Some machine malfunctions

(C) Poor services

(D) A broken facility

5 What is the new gate number?

(A) K09   (B) K17

(C) K29   (D) K40

6 Look at the graphic. Where should listeners with issues go to?

(A) Area A   (B) Area B

(C) Area C   (D) Area D

7 Where most likely is the talk being given?

(A) A manufacturing plant   (B) A technology fair

(C) A grocery store   (D) A clothing factory

8 What does the speaker imply when he says, "We will visit our quality control area and see how we maintain the top quality all the time"?

(A) He is not sure about the product quality.

(B) He wants to improve the quality of merchandise.

(C) He needs to check the items all the time.

(D) He is fairly proud of the products.

9 According to the speaker, what will the listeners do later?

(A) Buy some gifts   (B) Try some sweets

(C) Take photographs   (D) Get autographs

■ **Tour guide and transportation announcement**

Questions 1 through 3 refer to the following tour guide.

대본

(1)Thank you for joining us for the tour of Phillip Island, Australia. We'll have a bus ride to the island and it'll take about 4 hours to get there. On our way to the destination, we'll drop by some tiny but famous stores and restaurants. We'll arrive at the beach at around 6:30 p.m. and (2)you'll see the world's smallest fairy penguins. They are too cute to only look at, (3)but make sure not to use flash photography. (2)Please be aware that the fragile penguins could go permanently blind from the flash lights. Now follow me to get on our mini bus.

해석

호주 Phillip Island의 투어에 함께 해주셔서 고맙습니다. 우리는 섬으로 가는 버스 여행을 할 것이고, 그곳까지 가는 데 약 4시간이 걸릴 것입니다. 목적지로 가는 도중, 우리는 아주 작지만 유명한 가게들과 레스토랑들에 들를 것입니다. 우리는 바다에 6시 반쯤 도착할 것이며, 당신은 세상에서 가장 작은 요정 펭귄들을 보게 될 것입니다. 그들은 보고만 있기엔 너무 귀엽지만, 플래시 사진은 절대 사용하지 마세요. 이 연약한 펭귄들이 플래시 불빛 때문에 영원히 눈이 멀 수 있음을 꼭 기억하세요. 자 이제 저를 따라서 우리의 미니 버스에 탑승하세요.

어휘
- **island** 섬 - **destination** 목적지 - **drop by** 들르다 - **tiny** 아주 작은
- **fairy** 요정 - **permanently** 영원히, 영구적으로 - **go blind** 눈이 멀다
- **fragile** 깨지기 쉬운, 연약한

1

영어

Who most likely is the speaker?

(A) A zookeeper

(B) A restaurant owner

(C) A tour guide

(D) A travel agent

한국어

화자는 가장 누구일 것 같은가?

(A) 동물원 지기

(B) 레스토랑 주인

(C) 투어 가이드

(D) 여행사 직원

2

영어

What does the speaker mention about the penguins?

(A) They are large.

(B) They are fragile.

(C) They like taking photos.

(D) They live in the small ocean.

한국어

화자는 펭귄들에 대해 무엇이라 하는가?

(A) 그들은 크다.

(B) 그들은 연약하다.

(C) 그들은 사진 찍는 것을 좋아한다.

(D) 그들은 작은 바다에서 산다.

3

영어

What does the speaker say is not allowed?

(A) Using flash photography

(B) Touching the animals

(C) Making noises

(D) Eating local food

한국어

화자는 무엇이 허락되지 않는다고 하는가?

(A) 플래시 사진을 사용하는 것

(B) 동물들을 만지는 것

(C) 소음을 내는 것

(D) 지역 음식을 먹는 것

■ Questions 4 through 6 refer to the following announcement and map.

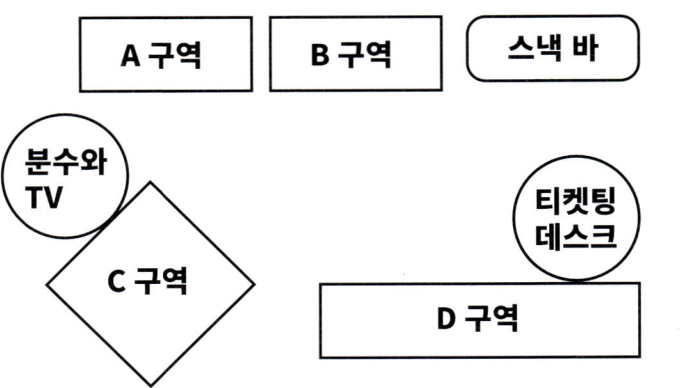

| A 구역 | B 구역 | 스낵 바 |

분수와 TV

C 구역

티켓팅 데스크

D 구역

대본

Attention all passengers waiting for FullMoonJet Flight 2908 to Hawaii. (4) Due to the current snowstorm, our flight has been delayed. We apologize for the inconvenience. Our new departure time is 4:30 p.m. which is 40 minutes later than our original schedule. (5)Also, the boarding gate has been changed from K09 to K17. I repeat, FullMoonJet Flight 2908 to Hawaii is now departing at 4:30 from gate K17. If you need to discuss any issues relating to the delay, please come to our ticketing counter immediately. Thank you for choosing FullMoonJet.

해석

하와이 행 FullMoonJet 2908 비행기를 기다리는 승객 여러분께 알립니다. 현재 눈폭풍으로 인해, 우리 비행기는 연착되었습니다. 우리는 불편에 대해 사과드립니다. 우리의 새로운 출발 시각은 오후 4시 반이며, 이는 우리의 원래 일정보다 40분 연기된 것입니다. 또한, K09에서 K17로 탑승구도 변경되었습니다. 다시 알려드립니다, 하와이 행 FullMoonJet 2908 비행기는 이제 4시 반에 K17에서 출발합니다. 만약 연착과 관련된 어떠한 문제든 얘기할 것이 있다면, 우리의 티켓팅 카운터로 바로 와주세요. FullMoonJet을 선택해 주셔서 고맙습니다.

어휘
• **current** 현재의 • **inconvenience** 불편 • **new departure time** 새로운 출발 시각
• **immediately** 즉시, 즉각적으로

4

영어

What is the main reason for the problem?

(A) Bad weather

(B) Some machine malfunctions

(C) Poor services

(D) A broken facility

한국어

문제점의 주요 원인은 무엇인가?

(A) 나쁜 날씨

(B) 기계 오작동

(C) 나쁜 서비스

(D) 망가진 시설물

5

영어

What is the new gate number?

(A) K09

(B) K17

(C) K29

(D) K40

한국어

새로운 탑승구의 번호는 무엇인가?

(A) K09

(B) K17

(C) K29

(D) K40

6

영어

Look at the graphic. Where should listeners with issues go to?

(A) Area A

(B) Area B

(C) Area C

(D) Area D

한국어

시각 정보를 모아라. 문제점을 지닌 청자들은 어디로 가야 하는가?

(A) A 구역

(B) B 구역

(C) C 구역

(D) D 구역

토익 기초 뛰어넘기 정답과 대본

■ Questions 7 through 9 refer to the following tour guide.

 **대본**

⑺Welcome to the main building of the Mimi's Best chocolate factory. My name is Charlie Schmitz and I'll start by guiding you through the assembly line. You can see our cutting-edge technology for manufacturing the best tasting chocolates in the States. Afterwards, ⑻we will visit our quality control area and find out how we maintain the top quality all the time. ⑼ Lastly, we'll go to the chocolate lab where you can sample some delicious new products to be launched in a couple of months. So, let's get started.

 **해석**

Mimi's Best 초콜릿 공장의 메인 빌딩에 오신 것을 환영합니다. 제 이름은 Charlie Schmitz이고 저는 조립 라인으로 당신들을 안내하면서 시작하도록 하겠습니다. 당신의 미국에서 가장 맛있는 초콜릿을 생산하기 위해 사용되는 우리의 최첨단 기술을 볼 수 있습니다. 향후에, 우리의 품질관리 구역으로 가서 우리가 어떻게 최고의 품질을 늘 유지하는지 알아볼 것입니다. 마지막으로 우리는 초콜릿 연구실로 가서 약 두 달 뒤쯤 출시되는 맛있는 새 제품들을 맛보게 될 것입니다. 자, 그럼 시작하죠.

어휘
- **assembly line** 조립라인 •**cutting-edge** 최첨단의 •**quality control** 품질관리
- **the States** 미국 •**sample** 샘플링하다, 맛보다 •**delicious** 맛있는 (= **tasty**)
- **in a couple of months** 두어 달 후에 •**improve** 향상시키다, 개선하다
- **sweets** 사탕, 초콜릿 따위의 단맛 간식

7

영어

Where most likely is the talk being given?

(A) A manufacturing plant

(B) A technology fair

(C) A grocery store

(D) A clothing factory

한국어

담화는 어디에서 가장 일어나는 것 같은가?

(A) 생산 공장

(B) 기술 박람회

(C) 식료품점

(D) 의류 공장

8

영어

What does the speaker imply when he says, "We will visit our quality control area and see how we maintain the top quality all the time"?

(A) He is not sure about the product quality.

(B) He wants to improve the quality of merchandise.

(C) He needs to check the items all the time.

(D) He is fairly proud of the products.

한국어

화자가 말한 "We will visit our quality control area and find out how we maintain the top quality all the time."이 암시하는 바는 무엇인가?

(A) 그는 제품 품질에 대해 확신할 수 없다.

(B) 그는 제품의 품질을 향상시키고 싶어 한다.

(C) 그는 제품들을 항상 관리해야 한다.

(D) 그는 제품들에 대해 꽤 자랑스러워 한다.

9

영어

According to the speaker, what will the listeners do later?

(A) Buy some gifts

(B) Try some sweets

(C) Take photographs

(D) Get autographs

한국어

화자에 따르면, 청자들은 무엇을 나중에 하겠는가?

(A) 선물을 산다

(B) 단맛의 간식들을 맛본다

(C) 사진을 찍는다

(D) 사인을 받는다

Lesson 19

1 ▶ 상품, 서비스 광고

❶ 라디오에서 나오는 상품이나 서비스 광고는 잠재적인 소비자들에게 광고 대상을 알리고 장점이나 행사를 언급하여 구입, 정보 문의를 촉구하는 내용이에요.

❷ 사람들이 많이 사용할 법한 제품 광고도 있지만, 보안, 보험, 출장 요리, 청소, 여행사, 가게, 레스토랑 광고도 주제로 제시돼요.

❸ [호기심 유발 → 광고의 대상 → 장점, 행사 → 구입 방법, 정보를 얻는 방법]의 흐름으로 진행돼요.

(1) 호기심 유발 (의문문으로 주로 시작)

Be interested in ~ (~에 관심 있나요) / be looking for ~ (~를 찾고 있나요) / be trying to find ~ (~를 찾으려 노력 중인가요) / be tired of ~ (~가 지겨운가요)?

> **예**
> Are you trying to find a perfect lunch place? / 혹시 완벽한 점심 식사 장소를 찾으려 노력 중인가요?

 소연쌤의 **꿀팁!** 호기심 유발을 위해 의문문으로 시작하는 경우가 많은데, 의문문이 '헛소리'가 아니라 광고 대상을 소개하기 위한 '화두'임을 기억하고 잘 청취하세요.

(2) 광고의 대상

Then, ~ is your answer / look no further than ~ / ~ is the best solution / We offer ~

> **예**
> We offer the best Mexican food in town. / 우리는 동네 최고의 멕시코 요리를 제공합니다.

(3) 장점, 행사

Buy one get one free (1+1) / ~ % off, % discount (할인)

Free, complimentary Give away ~ (무료의 ~)

Today, this week, this month only ~ (오늘, 이번 주, 이번 달에만 ~)

Special promotion 특별 홍보 행사

Unlike our competitors (경쟁사와는 달리) / better, best (비교와 최상급)

> **예**
> For this week only, we're giving away a free dessert with any main dish order.
> 이번 주에만, 메인 요리 주문 시 무료 디저트를 드립니다.

(4) 구입 방법, 정보를 얻는 방법

To get more information (더 많은 정보를 얻으려면)

Visit our Website, www. ~ (www. ~ 의 우리 웹사이트에 방문하세요)

Make your reservation by calling ~ (~에 전화해서 예약하세요)

Stop by, drop by, visit ~ (~에 찾아오세요)

> **예**
>
> For more information, visit our Website at www.ermgamigos.net.
> 더 많은 정보를 얻으려면 우리의 웹사이트인 www.ermgamigos.net으로 방문하세요.

2 ▶ 행사 광고

❶ 최신 시험에서는 취업 박람회나 세미나, 수업, 대회 등의 행사 광고도 출제되고 있어요.

❷ 간혹 새로운 건물 개관으로 인한 부동산 광고, 구인 광고가 등장하기도 해요.

❸ 행사는 등록과 참여 유도가 목적이므로, 행사의 장소와 시간, 등록 방법 등을 안내하는 것이 주요 내용이 되겠죠.

❹ [행사의 화두 → 광고의 대상 → 세부 정보 → 등록, 참여, 정보를 얻는 방법]의 흐름으로 진행됩니다.

(1) 행사의 화두 (의문문으로 주로 시작)

Do you want to ~, Would you like to ~ (~하고 싶나요)

> **예**
>
> Would you like to work for the nation's number one entertainment company?
> 우리나라 1위의 연예 회사를 위해 일하고 싶나요?

 소연쌤의 꿀팁! 일반적인 광고와 비슷하게 호기심 유발을 위해 의문문으로 시작하는 경우가 많은데, 행사를 소개하기 위한 '화두'임을 기억하고 잘 청취하세요.

(2) 광고의 대상

Don't miss ~ (~의 기회를 놓치지 마세요)

We are looking for ~ (우리는 ~를 찾고 있습니다)

Come join us ~ (~에 오셔서 우리와 함께 하세요) / We just ~ (우리는 이제 막 ~)

> **예**
>
> We are looking for newly starting TV producers.
> 우리는 새로 일을 시작하는 TV 제작진을 찾고 있습니다.

(3) 세부 정보

Located in ~ (~에 위치한) / From ~ to ~ (~부터~까지) / With ~ (~를 바탕으로)

Specialize in ~ (~에 특화된) / We feature ~ (~을 특징으로 하다)

> With more than 30 years of broadcasting experience, we're sure to expand our service globally this year.
> 30년도 넘는 방송 경험을 바탕으로, 우리는 올해 우리의 서비스를 세계적으로 확장할 계획입니다.

(4) 등록, 참여, 정보를 얻는 방법

Visit our Website, www. ~ (www. ~ 의 우리 웹사이트에 방문하세요)

To register for, enroll in, sign up for ~ (등록하려면) / To apply (지원하려면)

To attend, take part in, participate in ~ (~에 참여하려면)

> To apply, please send your resume to HR@ermgentertainment.net.
> 지원을 하려면, 당신의 이력서를 HR@ermgentertainment.net로 보내주세요.

■ **다음의 문제들을 해석하고 가장 중요한 단어, 즉 키워드에 표시해 주세요.**

1

 영어

Who is this (advertisement) probably (for?)

(A) People planning to travel overseas

(B) People trying to find new jobs

한국어

이 광고는 아마도 누구를 위한 것일까?

(A) 해외로 여행을 갈 계획인 사람들

(B) 새로운 직업을 찾길 원하는 사람들

2

 영어

What type of business is being advertised?

(A) A fitness center

(B) A security service

 한국어

어떤 종류의 회사가 광고되는가?

(A) 헬스장

(B) 보안 서비스

 소연쌤의 꿀팁! Business는 사업이란 뜻 외에도, 회사, 사업체라는 의미로 자주 등장해요.

3

 **영어**

According to the speaker, what is the main strength of the advertised product?

(A) Its compact size
(B) Its durability

 **한국어**

화자에 따르면, 광고된 제품의 주된 장점이 무엇인가?

(A) 작은 크기
(B) 내구성

4

 **영어**

How can listeners register for the event?

(A) By visiting a Website
(B) By dialing a number

 **한국어**

청자들은 행사에 어떻게 등록할 수 있겠는가?

(A) 웹사이트를 방문함으로써
(B) 번호에 전화함으로써

예제를 통해 PART 4 광고 유형을 익혀봅니다. 예제 중 한글로 적힌 각 질문에 알맞은 답을 고른 뒤, 영어로 녹음된 성우의 음성을 듣고 빈칸에 받아쓰세요. 영어 녹음은 각 3번씩 들려드립니다.

 예제 1

19_1.mp3

여 바다가 보이는 리조트에 편안한 주말을 즐기는 것에 관심 있나요? SRG-Travels. com은 당신이 이제껏 본 적 없는 최고의 여행 가격을 당신에게 제공합니다. 당신은 우리의 웹사이트에서 손쉽게 놀랍도록 싼 가격의 숙박시설과 비행기 가격을 찾아볼 수 있습니다.

 영어 쓰기

W Are you _____ _____ enjoying a relaxing weekend at a beach-front resort? SRG-Travels.com provides you with the best _____ _____ that you've never seen before. You can simply find the amazing budget _____ and _____ _____ by visiting our Website.

Q Who is this advertisement probably for?

(A) People planning to travel overseas
(B) People trying to find new jobs

 정답

W: Are you interested in enjoying a relaxing weekend at a beach-front resort? SRG-Travels. com provides you with the best travel deals that you've never seen before. You can simply find the amazing budget accommodations and flight fares by visiting our Website.

정답 (A). 여행사 광고이므로 해외여행을 계획하는 사람들을 위한 광고임을 알 수 있어요.

여 당신은 계속해서 살이 찌는 게 지겨운가요? 당신은 몸매를 유지하고 자신감을 더 가지고 싶나요? Jayson's 핫 바디 헬스장은 다음 주 월요일에 시작하는 우리의 새로운 사이클링 수업에 동참할 새로운 멤버들을 찾고 있습니다.

W Are you tired of constantly _____ _____? Do you want to stay _____ and feel more _____? Jason's Hot Body Gym is looking for new members to join our new _____ class starting next Monday.

Q What type of business is advertised?

(A) A fitness center　　　　(B) A security service

W: Are you tired of constantly gaining weight? Do you want to stay fit and feel more confident? Jason's Hot Body Gym is looking for new members to join our new cycling class starting from next Monday.

체중 조절로 화두를 던진 헬스장 이야기에 해당하는 (A)를 선택하세요.

여 한 번만 떨어뜨렸을 뿐인데 벌써 망가졌다고요? 만약 견고하고도 강한 휴대폰을 찾기 원한다면, OJJR의 새로운 DURAMAX-0167이 당신의 해답입니다. 이것의 배터리는 최대 72시간까지 지속되며 방수가 되면서도, 여전히 어디든 들고 다니기에 너무도 가볍습니다.

W Dropped only once and already _____? If you want to find a _____ and _____ mobile phone, OJJR's brand new DURAMAX-0167 is your answer. Its _____ lasts up to 72 hours and is _____ − _____, still so light to carry everywhere.

Q According to the speaker, what is the main strength of the advertised product?

(A) Its compact size　　　　(B) Its durability

W: Dropped only once and already broken? If you want to find a sturdy and strong mobile phone, OJJR's brand new DURAMAX-0167 is your answer. Its battery lasts up to 72 hours and is water-resistant, still so light to carry everywhere.

견고하면서도 강하다고 하였으므로 내구성에 대한 (B)가 정답이에요.

19_4.mp3

남 City Community Center의 HWL 피아노 교실에 매주 토요일마다 함께 하세요. 초보부터 전문가들까지, 당신은 모든 필요한 기술들과 지식을 배울 수 있습니다. 당신은 심지어 당신만의 음악을 작곡하는 방법까지 완전히 익힐 수 있습니다. 101-692-1905로 우리에게 전화하셔서 등록하는 것을 망설이지 마세요.

M Come join HWL _____ _____ at City Community Center every Saturday. From beginners to professionals, you'll learn all the necessary _____ and knowledge. You can even master how to compose your own piece of _____. Don't hesitate to _____ _____ our class by _____ us at 101-692-1905.

Q How can listeners register for the event?

(A) By visiting a Website

(B) By dialing a number

M: Come join HWL Piano School at City Community Center every Saturday. From beginners to professionals, you'll learn all the necessary skills and knowledge. You can even master how to compose your own piece of music. Don't hesitate to enroll in our class by calling us at 101-692-1905.

by calling us at 101-692-1905라는 부분에서 정답이 (B)임을 알 수 있어요.

원어민의 음성을 듣고 3문제씩 풀어 봅니다. 각 질문에 대해 가장 알맞은 답을 하나만 고르시고, 정답과 대본은 문제를 다 푼 후에 보세요.

1 What does the speaker mean when she says, "Filled with more than 10 essential nutrients, SRBH Nutri−Bar is low in fat and sodium."?

(A) Fat and sodium are good sources of nutrients.

(B) Snack bars usually have more than 10 essential nutrients.

(C) The product could be a healthy substitute for snacks with high sugar content.

(D) They just lowered the price of the item.

2 What is mentioned about the flavors of the product?

(A) There are more than 10 options.

(B) They are based on fruits.

(C) They are artificial.

(D) They are popular.

3 How can listeners purchase the product?

(A) By dropping by a store

(B) By making a phone call

(C) By visiting a Website

(D) By sending an email request

4 What position is being advertised?

(A) A hotel manager   (B) An office assistant

(C) A web designer   (D) A front desk staff

5 What is required for the position?

(A) A previous job experience   (B) A college degree

(C) A friendly personality   (D) Language skills

6 What should listeners do to apply for the position?

(A) Go to a website   (B) Send an email

(C) Talk to a manager   (D) Stop by the hotel

7 Who most likely is this talk intended for?

(A) Job seekers   (B) Chefs

(C) Business people   (D) Kitchen staff

8 What is suggested about the business?

(A) They are open every day of the week.

(B) They are closed on national holidays.

(C) They serve specialized lunch menu.

(D) They accept online reservations.

9 What information can be found on the Website?

(A) The new menu   (B) Photos of the restaurant

(C) Business hours   (D) The location

토익 기초 뛰어넘기 정답과 대본

■ "advertisement"

Questions 1 through 3 refer to the following advertisement.

 대본

Do you want to find a delicious yet healthy snack choice? Then, look no further. SRBH Nutri-Bar is a perfect solution. (1)Filled with more than 10 essential nutrients, SRBH Nutri-Bar is low in fat, sugar and sodium. SRBH Nutri-Bar could also be (2)a tasty meal alternative with its 5 different flavors—cranberry, blueberry, mango, coconut, and pear. (3)You can find SRBH Nutri-Bar at your nearest grocery stores.

 해석

맛있고도 건강한 간식을 찾고 있나요? 그렇다면, 더 찾을 필요도 없습니다. SRBH Nutr-Bar가 완벽한 해답입니다. 10가지도 넘는 필수영양소로 채워져 있는 SRBH Nutri-Bar는 지방, 당분, 그리고 염분이 적게 들어있습니다. SRBH Nutri-Bar는 또한 크랜베리, 블루베리, 망고, 코코넛, 그리고 배 – 다섯 가지 다른 맛의 식사 대체품이 될 수 있습니다. 당신은 SRBH Nutri-Bar를 가까운 식료품에서 찾을 수 있습니다.

어휘 •**solution** 해답, 해결책 •**essential nutrient** 필수영양소 •**fat** 지방 •**sugar** 설탕, 당
•**sodium** 염분, 나트륨 •**alternative** 대체하는, 대체품 •**flavor** 맛, 향 •**artificial** 인공적인

1

 영어

What does the speaker mean when she says, "Filled with more than 10 essential nutrients, SRBH Nutri-Bar is low in fat and sodium."?

(A) Fat and sodium are good sources of nutrients.

(B) Snack bars usually have more than 10 essential nutrients.

(C) The product could be a healthy substitute for snacks with high sugar content.

(D) They just lowered the price of the item.

한국어

화자가, "10가지도 넘는 필수영양소로 채워져 있는 SRBH Nutri-Bar는 지방, 당분, 그리고 염분이 적게 들어있습니다."라고 말하는 의미는 무엇인가?

(A) 지방과 염분은 영양소의 좋은 원천이다.

(B) 스낵바들은 주로 10개 이상의 필수영양소를 포함한다.

(C) 이 제품은 고당도 스낵에 대한 건강한 대체품이 될 수 있다.

(D) 제품의 가격이 막 인하되었다.

2

영어

What is mentioned about the flavors of the product?

(A) There are more than 10 options.

(B) They are based on fruits.

(C) They are artificial.

(D) They are popular.

한국어

제품의 맛에 대해 무엇이 언급되었는가?

(A) 10가지가 넘는 선택의 여지가 있다.

(B) 과일에 근거한다.

(C) 인공적이다.

(D) 인기가 많다.

3

영어

How can listeners purchase the product?

(A) By dropping by a store

(B) By making a phone call

(C) By visiting a Website

(D) By sending an email request

한국어

청자들은 제품을 어떻게 구입할 수 있는가?

(A) 가게에 들름으로써

(B) 전화를 함으로써

(C) 웹사이트에 방문함으로써

(D) 이메일 요청을 보냄으로써

■ Questions 4 through 6 refer to the following radio advertisement.

대본

Searching for a new career opportunity? Tired of the same old work in the office every day? Then apply for a job at (4)JH Tower Hotel, Kuala Lumper. Just opened 6 weeks ago, (5)we are seeking fun and friendly team workers to support our (4)front desk. No previous experience is needed. For more information about the position, (6)please visit our Website at www.jhtowerhotelkl. net.

해석

새로운 커리어 기회를 찾으십니까?매일 똑같은 사무실 일이 지겨우십니까? 그렇다면 쿠알라룸푸르의 JH 타워 호텔의 업무에 지원하세요. 6주 전에 막 오픈하여, 우리는 우리의 호텔 프런트 데스크를 지원해줄 재미있고 다정한 팀워커들을 찾고 있습니다. 이전의 경험은 필요하지 않습니다. 이 직책에 대한 더 많은 정보를 위하여, 우리의 웹사이트인 www. jhtowerhotelkl.net에 방문해주세요.

어휘 •**opportunity** 기회 •**seek** 찾다 •**previous** 이전의, 먼저의 •**personality** 성격

4

영어

What position is being advertised?

(A) A hotel manager

(B) An office assistant

(C) A web designer

(D) A front desk staff

한국어

어떤 직책이 광고되는가?

(A) 호텔 매니저

(B) 사무실 보조

(C) 웹디자이너

(D) 프런트 데스크 직원

5

영어

What is required for the position?

(A) A previous job experience

(B) A college degree

(C) A friendly personality

(D) Language skills

한국어

직책을 위하여 무엇이 요구되는가?

(A) 이전의 경험

(B) 대학 학위

(C) 다정한 성격

(D) 언어 능력

6

영어

What should listeners do to apply for the position?

(A) Go to a website

(B) Send an email

(C) Talk to a manager

(D) Stop by the hotel

한국어

직책에 지원하기 위해 청자들은 무엇을 해야 하는가?

(A) 웹사이트로 간다.

(B) 이메일을 보낸다.

(C) 매니저에게 이야기한다.

(D) 호텔에 들른다.

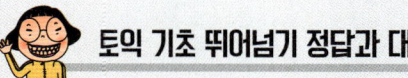

■ Questions 7 through 9 refer to the following radio advertisement.

 대본

Can't decide where to hold your business dinner? Located just 5 minutes from the city center, Lara & Honey's Gourmet Grill offers you the best food and atmosphere. We use only the freshest ingredients for your dishes, and everything gets prepared by our renowned chef with more than 20 years of experience. We are open from 5 to 11 p.m., seven days a week, even on national holidays. If you want to look at our recently updated menu, check our website at www.lovemylarahoneysomuch.net. Call us at 306-6875-4742 to reserve a special table for you and your business, and you'll find yourself already on the way to great success.

 해석

어디서 비즈니스 저녁을 해야 할지 결정하지 못했나요? 도시 중심부에서 딱 5분 거리에 위치한, Lara & Honey's Gourmet Grill은 당신에게 최고의 음식과 분위기를 제공합니다. 우리는 당신의 요리에 오로지 가장 신선한 재료만을 사용하고, 모든 것은 20년 이상의 경력을 지닌 우리의 유명한 주방장에 의해 준비됩니다. 우리는 오후 5시부터 저녁 11시까지, 주 7일, 휴일에도 문을 엽니다. 만약 최근에 바뀐 우리의 새 메뉴를 보고 싶다면, 우리의 웹사이트인 www.lovemylarahoneysomuch.net를 확인하세요. 당신의 특별한 식사 예약을 위해 우리에게 306-6875-4742로 전화해서 당신과 당신의 비즈니스를 위한 테이블을 예약하세요, 그러면 당신은 이미 굉장한 성공의 길에 선 자신을 발견할 것입니다.

어휘
- **atmosphere** 분위기, 대기 • **freshest** 가장 신선한 • **ingredient** 재료, 성분
- **national holiday** 공휴일, 국경일

7

영어

Who most likely is this talk intended for?

(A) Job seekers

(B) Chefs

(C) Business people

(D) Kitchen staff

한국어

담화는 아마도 누구를 대상으로 하겠는가?

(A) 일자리를 찾는 사람들

(B) 주방장들

(C) 사업가들

(D) 주방 직원들

8

영어

What is suggested about the business?

(A) They are open every day of the week.

(B) They are closed on national holidays.

(C) They serve specialized lunch menu.

(D) They accept online reservations.

한국어

사업체에 대해 암시되는 바는 무엇인가?

(A) 그들은 일주일 내내 문을 연다.

(B) 그들은 국경일에 문을 닫는다.

(C) 그들은 특별한 점심 메뉴를 취급한다.

(D) 그들은 온라인 예약을 받는다.

9

영어

What information can be found on the website?

(A) The new menu

(B) Photos of the restaurant

(C) Business hours

(D) The location

한국어

웹사이트에서는 어떤 정보를 찾을 수 있는가?

(A) 새로운 메뉴

(B) 레스토랑의 사진들

(C) 영업시간

(D) 위치

Lesson 20

PART 4

라디오 방송

1 일기예보, 교통방송
2 뉴스

일기예보, 교통방송

❶ 라디오에서 들을 수 있는 일반적인 일기예보와 교통방송을 의미해요.

❷ 일기예보는 '예보'이므로 과거의 얘기는 하지 않는 것이 일반적이며, 시시각각 날씨는 변하는 게 보통이죠. 일주일 내내 날씨가 똑같으면 문제를 출제할 수 없으므로 날씨는 해당 시점이 언제인지 생각하고 들으면 보다 쉽게 접근 가능해요. 또한, 일기예보는 시간 순으로 진행되는 경우가 대부분이에요.

❸ 교통방송은 '~구간부터 ~구간까지는 소통이 원활하나, ~구간은 정체'라는 내용이 주제인 경우가 많아요. 차가 막힐 경우 그 원인을 묻고 돌아가라는 제안을 해주기도 하지요.

❹ [자기소개/ 프로그램 소개 → 주제/ 세부 내용 → 제안 사항 → 다음 방송 소개]의 흐름으로 진행돼요.

(1) 자기 소개/ 프로그램 소개 : 시작하자 마자(이름)~ (방송의 종류)~

> This is the 7 o'clock traffic report with reporter Marion Averkamp.
> 7시 교통 방송의 리포터 Marion Averkamp입니다.

소연쌤의
꿀팁! report이란 어휘는 Part 4에서는 보고서가 아닌 '방송'의 의미로 나와요!
Report, news, update, broadcast 모두 방송이라는 의미.

(2) 주제/ 세부 내용 : 변화와 문제점, 그리고 원인에 집중

> Traffic is moving very slowly in Jongro and Myungdong due to a road construction.
> 교통은 종로와 명동에서 도로 공사로 인해 매우 천천히 움직이고 있습니다.

정체에 관한 표현: Jam, congestion, delay, slow, backed up, stuck, heavy
주로 통은 나쁜 날씨나 도로 공사로 인해 많이 막혀요.

소연쌤의
꿀팁! Part 4에서 늘 출제되는 1순위 '원인'을 나타내는 표현 'due to'를 집중해서 잡아내세요.

(3) 제안 사항 : 조동사, 조건절, 명령형 잘 듣기

> You may want to take Hannam Bridge instead.
> 한남대교를 대신에 이용하는 것이 좋을 것입니다.

교통방송의 경우 다른 길로 우회하거나 운전을 피할 것을,
일기예보의 경우 나쁜 날씨에 대비하여 집 안에 있거나 옷을 챙기거나 전력이나 수도를 아껴 사용할 것을 권장
우회에 관한 표현:
Different route, alternate way, detour, instead, take/use another bridge

(4) 다음 방송 소개

Stay tuned ~, Tune in for ~, We'll be back with ~, Coming up next is ~

 다음 방송은 무조건 지문의 마지막까지를 다 듣고 '광고'가 언급되면 '광고'를 답으로 고르고 아닐 경우 언급된 방송을 택할 것.
광고는 여기서 Commercial, break, message 등으로 표현해요.

2 뉴스

❶ 뉴스는 라디오에서 나오는 정부의 새로운 정책(policy, rule, regulation), 시에서 이루어진 건설(construction project) 이야기 등을 다뤄요.

❷ 경제 뉴스로는 기업의 합병, 인수, 합작(merger, acquisition, partnership)이나 제품 출시(release, introduce) 등을 많이 들을 수 있어요.

❸ 뉴스는 테마가 어려운 만큼 흐름은 깔끔하게 3단계로 가기 때문에 자주 나오는 관련 어휘만 익혀 두면 충분히 3개의 연관된 문제를 다 맞힐 수 있어요.

❹ 늘 처음 세 문장은 정확히 청취하고 뉴스의 주제/ 목적이 무엇인지 빠르게 파악해야 해요.

❺ [프로그램 소개 → 주제/ 목적→세부사항]의 흐름으로 진행돼요.

(1) 프로그램 소개

This is ~ with ~ news.

뉴스의 테마가 무엇이 될지 시작 부분, 소개에서 잡아내야 해요..

> 예
>
> This is the 9 o'clock city news reporting from our new city hall.
> 우리의 새로운 시청에서 보도하는 9시 시 뉴스입니다.

(2) 주제/ 목적

~ announced that ~

Today ~ / This morning ~ / Just ~

> 예
>
> The city mayor Ms. Angela Lee announced that we'll be introducing some new recycling policies.
> 시장 Ms. Angela Lee 씨는 우리가 새로운 재활용 정책들을 도입하게 될 것임을 발표했습니다.

 사람의 정체는 변함없이 많이 물어보므로 이름의 앞뒤를 잘 듣고 해당하는 인물의 직업이나 업적을 파악하세요.

(3) 세부 사항

　　주제/목적 바로 뒤에 따라 나오는 구체적인 내용. 시간이나 고유 명사 잘 듣기

예 The policies will be effective from next month to all local residents.
　　정책들은 다음 달부터 모든 지역 주민에게 효력을 지닙니다.

■ 다음의 문제들을 해석하고 가장 중요한 단어, 즉 키워드에 표시해 주세요.

1

What is the ⟨main topic⟩ of the report?

(A) A company merger

(B) A local election

방송의 주제는 무엇인가?

(A) 회사 합병

(B) 지역 선거

2

What is the reason for the delay?

(A) Bad weather conditions

(B) A road construction

지연(교통 체증)의 원인은 무엇인가?

(A) 나쁜 날씨

(B) 도로 공사

3

What are listeners encouraged to do?

(A) Bring an umbrella

(B) Stay indoors

청자들은 무엇을 하도록 권해지는가?

(A) 우산을 가져올 것

(B) 실내에 머물 것

4

What will the listeners hear next?

(A) Local news

(B) A commercial

청자들은 다음에 무엇을 듣게 되겠는가?

(A) 지역 뉴스

(B) 광고

예제를 통해 PART 4 라디오 방송 유형을 익혀봅니다. 예제 중 한글로 적힌 각 질문에 알맞은 답을 고른 뒤, 영어로 녹음된 성우의 음성을 듣고 빈칸에 받아쓰세요. 영어 녹음은 각 3번씩 들려드립니다.

20_1.mp3

영어 쓰기

남 저는 9시 경제 뉴스의 리포터, Mark Watanabe입니다. 오늘 아까 전에, BRSG Energy의 대변인 이 그들이 결국 Fifty Starts Incorporated와 합병에 대한 계약서에 서명을 할 것임을 발표했습니다. 계약은 6월 19일에 최종화 될 것입니다.

M This is Mark Watanabe, your _____ for the 9 o'clock _____ _____. Earlier today, a spokesperson of BRSG Energy _____ that they will finally sign the _____ _____ with the Fifty Stars Incorporated. The _____ will be finalized on the 19th of June.

Q What is the main topic of the report?

(A) A company merger

(B) A local election

정답

M: This is Mark Watanabe, your reporter for the 9 o'clock business news. Earlier today, the spokesperson of BRSG Energy announced that they will finally sign the merger contract with the Fifty Stars Incorporated. The contract will be finalized on the 19th of June.

정답 (A). announced that they will finally sign the merger contract에서 회사의 합병이 주제임을 알 수 있어요.

20_2.mp3

영어 쓰기

여 운전자 여러분, 좋은 아침입니다. 오늘 아침의 세찬 비로 인해 St. George Road에서 교통이 거의 움직이지 않으므로 교통 체증에 대비하세요. 당신은 Dawson Avenue나 Katherine Street을 대신 이용하는 편이 좋을 것입니다.

W Good morning, motorists. Get ready for the _____ on St. George Road as traffic is barely moving _____ _____ the heavy _____ this morning. You may want to _____ Dawson Avenue or Katherine Street _____.

Q What is the reason for the delay?

(A) Bad weather conditions

(B) A road construction

W: Good morning, motorists. Get ready for the delay on St. George Road as traffic is barely moving due to the heavy rain this morning. You may want to take Dawson Avenue or Katherine Street instead.

체증의 원인을 물어보았으므로 due to 뒤에 이어진 내용을 듣고 비를 포괄적인 표현으로 바꿔준 (A) 나쁜 날씨를 선택하세요.

20_3.mp3

여 오늘 이 거센 눈 폭풍에 대해 지역 주민들께 알려드리게 되어 유감입니다. 눈 폭풍은 이번 주의 후반까지 계속될 것입니다. 매우 위험할 수 있으므로 부디 가능하면 집 밖으로 나가지 않도록 하세요.

영어 쓰기

W We regret to inform our local residents of this massive _____ today. The _____ will _____ until the end of this week. _____ make sure not to _____ your _____ if possible as it could be really dangerous.

Q What are listeners encouraged to do?

(A) Bring an umbrella　　　　　(B) Stay indoors

정답

W: We regret to inform our local residents of this massive snowstorm today. The snowstorm will continue until the end of this week. Please make sure not to leave your house if possible as it could be really dangerous.

청자들에게 권해지는 사항이므로 please make sure 뒤에 따라 나온 내용 (B) 실내에 있으라는 보기를 고르세요

20_4.mp3

남 새로운 스마트폰들은 2주 후에 판매에 들어가며 10대들 사이에서 지극히 인기가 많을 것으로 예상됩니다. 지금까지 당신의 가장 믿을 수 있는 경제 뉴스였습니다. 바로 뒤 후원자들의 메시지 후에 연예 뉴스가 이어집니다.

영어 쓰기

M The new smart phones will _____ _____ _____ in two weeks and are expected to be extremely _____ among teenagers. This was your most trusted source of business news. Coming up next is entertainment news, right after the _____ from our _____.

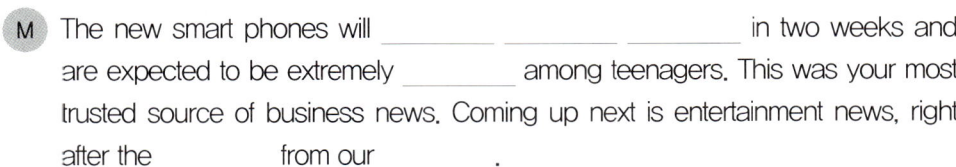

Q What will the listeners hear next?

(A) Local news　　　　　(B) A commercial

정답

M: The new smart phones will go on sale in two weeks and are expected to be extremely popular among teenagers. This was your most trusted source of business news. Coming up next is entertainment news, right after the messages from our sponsors.

right after the messages from our sponsors라는 부분에서 정답이 (B)임을 알 수 있어요.

원어민의 음성을 듣고 3문제씩 풀어 봅니다. 각 질문에 대해 가장 알맞은 답을 하나만 고르시고, 정답과 대본은 문제를 다 푼 후에 보세요.

1 Who most likely is the speaker?

(A) A spokesperson

(B) A sales staff

(C) A company president

(D) A news reporter

2 According to the speaker, what is mentioned about the merger?

(A) Some positive effects are expected.

(B) Some employees will lose jobs.

(C) Another factory will be built.

(D) The sales of medical equipment will increase.

3 What will happen in 3 weeks?

(A) A new company president will be elected.

(B) Some new employees will be hired.

(C) A final announcement will be made.

(D) An annual sale will start.

4 Why are the roads jammed?

(A) Because of the rain

(B) Because of a road construction

(C) Because of broken equipment

(D) Because of a traffic accident

5 What does the speaker say to the people going north?

(A) Take a detour   (B) Delay the commute

(C) Stay indoors   (D) Use public transportations

6 Why does the speaker say, "it doesn't seem like the condition will be getting any better soon"?

(A) To give clear directions to the destination

(B) To recommend keeping taking different routes

(C) To offer free public transportation

(D) To make excuses for their delayed broadcast

- -

7 When is the report being broadcast?

(A) Early in the morning   (B) During the day

(C) In the evening   (D) After midnight

8 What are the listeners encouraged to do tonight?

(A) Carry umbrellas   (B) Avoid driving

(C) Wear raincoats   (D) Put on sunscreen

9 What is the weather going to be like on Saturday?

(A) Cloudy   (B) Snowy

(C) Rainy   (D) Clear

토익 기초 뛰어넘기 정답과 대본

■ Questions 1-3 refer to the following broadcast.

(1)This is Jimmy Iwata with your business news story. HJL Industries announced that they'll seriously consider signing the merger agreement with YKO Pharmaceuticals at the press conference today. If the partnership goes into effect, (2)both HJL Industries and YKO Pharmaceuticals will hugely benefit from the contract. The strong sales force of YKO will be sure to support HJL's latest technology. (3)The final announcement about the merger will be made in 3 weeks.

저는 당신의 경제 뉴스를 전하는 Jimmy Iwata입니다. HJL Industries가 오늘 기자회견에서 발표하길 그들이 YKO Pharmaceuticals와의 합병 계약서에 서명하는 것을 진지하게 고려하겠다고 하였습니다. 만약 파트너쉽이 발표되면, HJL Industries와 YKO Pharmaceuticals 모두 계약으로부터 큰 혜택을 볼 것입니다. YKO의 강력한 영업력은 필히 HJL의 최신기술을 지원할 것입니다. 합병에 관한 최종 발표는 3주 뒤에 이루어질 것입니다.

어휘
- **seriously** 심각하게, 진지하게 • **consider** 고려하다
- **agreement** 동의서, 계약서 (= **contract**) • **Pharmaceuticals** 제약회사
- **press conference** 기자 회견 • **hugely** 엄청나게, 크게 • **benefit** 혜택, 혜택을 입다

1

Who most likely is the speaker?

(A) A spokesperson

(B) A sales staff

(C) A company president

(D) A news reporter

화자는 가장 누구일 것 같은가?

(A) 대변인

(B) 영업 직원

(C) 회사 사장

(D) 뉴스 리포터

2

영어

According to the speaker, what is mentioned about the merger?

(A) Some positive effects are expected.

(B) Some employees will lose jobs.

(C) Another factory will be built.

(D) The sales of medical equipment will increase.

한국어

화자에 따르면, 합병에 대해 언급된 것은 무엇인가?

(A) 긍정적인 효과가 기대된다.

(B) 몇몇 직원들이 일자리를 잃을 것이다.

(C) 또 다른 공장이 지어질 것이다.

(D) 의료기구의 판매가 늘어날 것이다.

3

영어

What will happen in 3 weeks?

(A) A new company president will be elected.

(B) Some new employees will be hired.

(C) A final announcement will be made.

(D) An annual sale will start.

한국어

3주 뒤에 아마도 무슨 일이 일어날 것인가?

(A) 새로운 회사 사장이 뽑힐 것이다.

(B) 새로운 직원들이 채용될 것이다.

(C) 최종 발표가 일어날 것이다.

(D) 연례 할인이 시작될 것이다.

 토익 기초 뛰어넘기 정답과 대본

■ Questions 4-6 refer to the following traffic report.

 대본

This is the FFTE morning traffic report. The traffic on Highway 1 and 2 has been completely congested (4)due to the road improvement work since last night. So (5)if you need to go north, avoid those highways and take highway 8 on Elizabeth Avenue instead. The construction work will finish this Friday so (6)it doesn't seem like the condition will be getting better soon. I would totally choose an alternate route until then. This was Sonja Henderson with your traffic report.

해석

FFTE 아침 교통방송입니다. 1번과 2번 고속도로는 어제부터 계속된 도로 공사 작업으로 인해 완전히 막혀있습니다. 그러니 만약 북쪽으로 가야 한다면, Elizabeth Avenue에서 8번 고속도로를 타세요. 공사 작업은 이번 금요일에 끝날 것이므로 상황이 금방 좋아질 것으로 보이지는 않습니다. 저라면 그때까지 완전히 다른 대체 경로를 택할 거예요. 저는 교통방송의 Sonja Henderson이었습니다.

어휘

- **congested** 막히는 (= **jammed**) • **road improvement work** 도로 공사 작업
- **alternate route** 대체하는 경로 • **Take a detour** 우회하다
- **give directions** 길 안내를 해주다

 4

영어

Why are the roads jammed?

(A) Because of the rain

(B) Because of a road construction

(C) Because of broken equipment

(D) Because of a traffic accident

한국어

길들은 왜 막히는가?

(A) 비 때문에

(B) 도로 공사 때문에

(C) 망가진 장비 때문에

(D) 교통사고 때문에

5

영어

What does the speaker say to the people going north?

(A) Take a detour

(B) Delay the commute

(C) Stay indoors

(D) Use public transportations

한국어

북쪽으로 가는 사람들에게 화자는 무엇이라 하는가?

(A) 우회할 것

(B) 출퇴근을 늦출 것

(C) 실내에 있을 것

(D) 대중교통을 이용할 것

6

영어

Why does the speaker say, "it doesn't seem like the condition will be getting any better soon"?

(A) To give clear directions to the destination

(B) To recommend keeping taking different routes

(C) To offer free public transportation

(D) To make excuses for their delayed broadcast

한국어

화자는 왜, "상황은 금방 좋아지지 않을 것으로 보입니다."라고 하는가?

(A) 목적지에 가는 명확한 길 안내를 해주기 위해서

(B) 다른 경로를 계속 사용할 것을 권하기 위해서

(C) 무료 대중교통을 제공하기 위해서

(D) 그들의 지연된 방송에 대한 변명을 하기 위해서

■ Questions 7-9 refer to the following weather update.

 대본

You're listening to Celine McDaniel with your daily weather report for (7) Wednesday evening. Hope you enjoyed the beautiful weather all day today. However, a heavy rain is forecast for tonight and tomorrow. So (8)if you have to head out after 9 p.m. tonight, make sure to put on your raincoat. (9)On the weekend, we'll win back the sunny skies with no cloud. The temperature is also expected to rise a little bit on Saturday too.

 해석

당신은 Celine McDaniel과 함께 하는 수요일 저녁 일기 예보를 듣고 있습니다. 오늘 하루 종일 아름다운 날씨를 즐기셨기 바랍니다. 하지만, 오늘 밤과 내일 거센 비가 예측됩니다. 그러니 만약 오늘 밤 9시 이후 밖에 나가야 한다면, 우비를 꼭 입으세요. 주말에는 구름 없는 맑은 하늘을 되찾을 것입니다. 온도 또한 토요일에 약간 상승할 것으로 기대됩니다.

어휘 •raincoat 우비 •temperature 온도 •rise 오르다 •sunscreen 자외선 차단제

7

영어

When is the report being broadcast?

(A) Early in the morning

(B) During the day

(C) In the evening

(D) After midnight

한국어

방송은 언제 나오는가?

(A) 아침 일찍

(B) 낮에

(C) 저녁에

(D) 자정 이후에

8

영어

What are the listeners encouraged to do tonight?

(A) Carry umbrellas

(B) Avoid driving

(C) Wear raincoats

(D) Put on sunscreen

한국어

청자들은 오늘 밤 무엇을 하도록 권해지는가?

(A) 우산을 들고 다닐 것

(B) 운전을 피할 것

(C) 우비를 입을 것

(D) 자외선 차단제를 바를 것

9

영어

What is the weather going to be like on Saturday?

(A) Cloudy

(B) Snowy

(C) Rainy

(D) Clear

한국어

토요일에는 날씨가 어떨 예정인가?

(A) 구름이 낀다

(B) 눈이 온다

(C) 비가 온다

(D) 맑다

원어민의 음성을 듣고 3문제씩 풀어 봅니다. 각 질문에 대해 가장 알맞은 답을 하나만 고르세요.

Upgrade Schedule

Team	Time
Research	9 a.m.
Finance	12 p.m.
Marketing	3 p.m.
Engineering	6 p.m.

71 What does the speaker ask the listeners to do?

(A) Read a schedule

(B) Save their files

(C) Fill in a survey

(D) Finish work quickly

72 Look at the graphic. Which team will receive the upgrade first?

(A) Marketing

(B) Finance

(C) Research

(D) Engineering

73 What needs to be updated?

(A) Schedules of the employees

(B) Names of the files

(C) Times of the seminars

(D) Details of a report

Orientation Schedule

09:00 – 10:30	4F: Welcome and Presentations
10:30 – 11:00	(BREAK)
11:00 – 12:00	4F: Presentations (continued)
12:00 – 13:00	(LUNCH)
13:00 – 14:00	Lobby: Tour around Building
14:00 – 15:00	10th Floor Seminar Hall: Meet and Greet

74   What event is being explained?

(A) A business lunch

(B) A job interview

(C) An orientation

(D) A seminar

75   Look at the graphic. Which part of the schedule is now incorrect?

(A) 4F: Welcome and Presentations

(B) 4F: Presentations (continued)

(C) Lobby: Tour around Building

(D) 10th Floor Seminar Hall: Meet and Greet

76   What is going to happen right after this talk?

(A) Breakfast

(B) A tour

(C) A safety check

(D) A presentation

77 What most likely is the speaker's job?

(A) Engineer   (B) Construction foreman

(C) Store manager   (D) Radio announcer

78 Where can the listeners find the special deal?

(A) Near the gate   (B) Across the entrance

(C) In a computer section   (D) At the checkout counter

79 What does the speaker imply when he says, "You better believe it"?

(A) Customers should be careful of thieves.

(B) Customers will be surprised by a price.

(C) Customers should compare prices online.

(D) Customers do not believe advertisements.

---

80 Where most likely is the announcement being made?

(A) At a university   (B) At a train station

(C) In an art museum   (D) At a classical music concert

81 According to the speaker, what is not allowed for the listeners?

(A) Taking pictures   (B) Using a flash

(C) Talking to each other   (D) Eating snacks

82 What does the speaker mean when she says, "Make sure to check before you enter, please."?

(A) Guests should pay for their tickets.

(B) Guests should bring their cameras.

(C) Guests should read the program.

(D) Guests should silence their phones.

83 What department position is going to be advertised?

(A) Public relations   (B) Marketing   (C) Art   (D) Finance

84 What does the man imply when he says, "Have you taken a look at our script yet"?

(A) He doesn't want to hire anyone.

(B) The department is poorly run.

(C) There is not enough money in the budget.

(D) He is concerned about the interview script.

85 What does the man want to talk about with the woman?

(A) The budgetary issues of the company

(B) Hiring a new manager

(C) The daily operations of marketing

(D) The new parking lot

- -

86 What is the subject of the talk?

(A) A fitness machine   (B) A cooking show

(C) A health project   (D) A new product

87 What will the winners receive?

(A) A voucher   (B) Company merchandise

(C) A trophy   (D) A day off work

88 Why does the speaker say, "Remember, 20 people are going to receive the $100 vouchers."?

(A) To encourage people to join the event

(B) To remind employees of a deadline

(C) To emphasize the importance of health

(D) To explain the reason for the late delivery

89   According to the speaker, what is going on today?

(A) A city farmer's market   (B) A rock concert

(C) A mayoral inauguration   (D) A funeral

90   What does the speaker mean when he says, "From where I'm standing, it's as if this produce were made of gold"?

(A) The market seems wildly popular.   (B) The vegetables look like gold.

(C) The people waiting are upset.   (D) The produce is too expensive.

91   According to the speaker, which food item is the most popular?

(A) A giant butternut squash   (B) Homemade bread

(C) Oatmeal cookies   (D) Black raspberry jam

- -

Hotel Event Directory				
Room	Elephant Lounge	Brandy Thomas Room	Russian Tea Room	Central City Ballroom
Floor	First Floor	Fourth Floor	Sixth Floor	Twelfth Floor

92   Look at the graphic. On what floor is this event being held?

(A) First floor   (B) Fourth floor

(C) Sixth floor   (D) Twelfth floor

93   What is the name of the conference?

(A) Taxidermists United convention   (B) Credit Lawyers convention

(C) Flyer's Club convention   (D) Guitar Luthiers convention

94   Who is Terry Falwell?

(A) The Grand Poobah   (B) The CEO

(C) The Grand Wizard   (D) The Chief of Staff

95 According to the man, what did the company recently do?

(A) Bought out another company

(B) Hired new staff

(C) Relocated to a new studio

(D) Sold their equipment

96 What most likely will Lyinheart Records managers do on Monday?

(A) Record a new album

(B) Talk to the sales department

(C) Sign a new band to the label

(D) Check out the studio equipment

97 Why does the man say, "You don't want to miss that chance."?

(A) To warn the employees about their behavior

(B) To make his team feel nervous

(C) To applaud the engineers for their efforts

(D) To express excitement about the opportunities

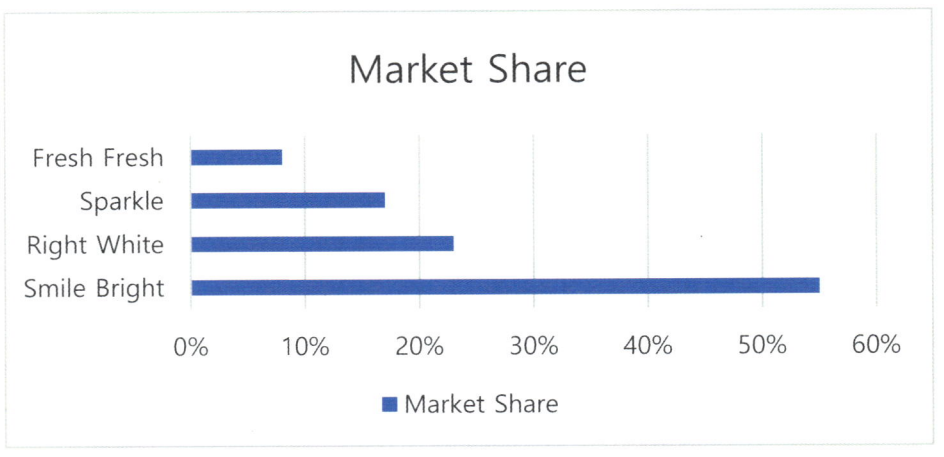

98 What kind of industry is the speaker working in?

(A) Heavy industry

(B) Dental products

(C) Office furniture

(D) BBQ restaurant

99 Look at the graphic. What is the name of the company the speaker work for?

(A) Fresh Fresh

(B) Sparkle

(C) Right White

(D) Smile Bright

100 According to the speaker, what will the speaker's company do in the next few months?

(A) Include packets of floss

(B) Lower the price of their product

(C) Increase their production

(D) Change their packaging

Questions 71 through 73 refer to the following talk and schedule.

변경된 일정

팀	시간
연구	오전 9시
재무	오후 12시
마케팅	오후 3시
기술	오후 6시

 대본

Good morning, everybody. Our computer upgrades are starting tomorrow. The new machines are faster and will hopefully allow you to comfortably work on for years to come. Back up all of your work files on the drives we have provided you with. Please note, the upgrade schedule has changed. The finance team will receive the first upgrade, before the research team. Make sure to update your schedules accordingly.

 해석

여러분, 좋은 아침입니다. 저희 컴퓨터 업그레이드가 내일 시작될 것입니다. 새로운 기계는 더 빠르고 앞으로 몇 년간 여러분이 편안하게 일할 수 있도록 해주길 바랍니다. 여러분께 제공했던 드라이브에 여러분의 작업 파일들을 모두 백업하세요. 업그레이드 일정이 변경됐다는 점을 기억하세요. 연구팀 전에 재무팀이 첫 업그레이드를 받을 것입니다. 이에 맞춰 여러분의 일정을 업데이트해두세요.

71

영어

What does the speaker ask the listeners to do?

(A) Read a schedule

(B) Save their files

(C) Fill in a survey

(D) Finish work quickly

한국어

화자는 청자에게 무엇을 하라고 요청하는가?

(A) 일정을 읽는 것

(B) 그들의 파일을 저장해두는 것

(C) 설문조사를 하는 것

(D) 업무를 빠르게 끝내는 것

72

영어

Look at the graphic. Which team will receive the upgrade first?

(A) Marketing

(B) Finance

(C) Research

(D) Engineering

한국어

시각 정보를 보아라. 어느 팀이 첫 업그레이드를 받을 것인가?

(A) 마케팅

(B) 재무

(C) 연구

(D) 기술

73

영어

What needs to be updated?

(A) Schedules of the employees

(B) Names of the files

(C) Times of the seminars

(D) Details of a report

한국어

무엇이 업데이트 되어야 하는가?

(A) 직원들의 일정

(B) 파일들의 이름

(C) 세미나 시간

(D) 보고서의 세부정보

Questions 74 through 76 refer to the following talk and timetable.

오리엔테이션 일정

시간	내용
09:00 - 10:30	4F: 환영과 발표
10:30 - 11:00	(휴식)
11:00 - 12:00	4F: 발표 (이어서)
12:00 - 13:00	(점심)
13:00 - 14:00	로비: 건물 투어
14:00 - 15:00	10층 세미나실: 만남과 환영의 시간

대본

Hi, I'm Larry Chesterton, and I'm in charge of orientations here at Norman Corporation. Hope you guys enjoyed your breakfast, and welcome to our company! Today, I will show you our various departments, and there will be presentations held by supervisors until lunch. Check out page two of your programs for a detailed schedule. Oh, and after lunch, we won't get together in the lobby. We will meet again on 10th Floor instead. So remember to get on the elevator after you eat. And here is our first presentation.

해석

안녕하세요, 저는 Larry Chesterton이며 저는 Norman사에서 여기 오리엔테이션을 담당하고 있습니다. 여러분의 아침 식사를 즐기셨길 바라며 저희 회사에 오신 것을 환영합니다! 오늘 저는 여러분께 다양한 부서를 보여드릴 것이며 점심때까지 관리자에 의해 열리는 발표가 있을 것입니다. 자세한 일정을 위해서는 여러분의 프로그램 2장을 확인해 주세요. 오, 그리고 점심 후에 우리는 로비에서 모이지 않을 것입니다. 우리는 대신 10층에서 다시 만날 것입니다. 따라서 식사한 후에 엘리베이터 타는 것을 기억해 주세요. 그리고 이제 저희의 첫 발표를 하겠습니다.

어휘
- **corporation** 기업, 회사
- **supervisor** 감독관, 관리자
- **safety check** 안전점검

74

영어

What event is being explained?

(A) A business lunch

(B) A job interview

(C) An orientation

(D) A seminar

한국어

무슨 행사가 설명 중인가?

(A) 사업상의 점심 식사

(B) 직업 면접

(C) 오리엔테이션

(D) 세미나

75

영어

Look at the graphic. Which part of the schedule is now incorrect?

(A) 4F: Welcome and Presentations

(B) 4F: Presentations (continued)

(C) Lobby: Tour around Building

(D) 10th Floor Seminar Hall: Meet and Greet

한국어

표를 보라. 일정의 어느 부분이 이제 틀린가?

(A) 4층: 환영과 발표

(B) 4층: 발표(이어서)

(C) 로비: 건물 투어

(D) 10층 세미나실: 만남과 환영의 시간

76

영어

What is going to happen right after this talk?

(A) Breakfast

(B) A tour

(C) A safety check

(D) A presentation

한국어

이 대화 이후에는 무엇이 있을 것인가?

(A) 아침

(B) 투어

(C) 안전 점검

(D) 발표

Questions 77 through 79 refer to the following announcement.

대본

Attenton, customers at Central Hardware. This is your retail manager Mike Finnegan, and I have to let you know about some great deals you simply do not want to pass up! Near the entrance, check out our power drills at great prices. Our bestseller, the Brown 2X power drill is 35% off — only this week. Also, make sure you swing by our flashlight section. Our new LED flashlights are incredibly bright and a steal at only $20. You better believe it. You can't find prices like this anywhere else.

해석

주목해주세요, Central Hadrware의 고객 여러분. 저는 여러분의 소매 관리자 Mike Finnegan이며, 여러분이 그냥 놓쳐버리고 싶지 않을 몇 가지 훌륭한 판매에 대해서 알려드리고자 합니다! 입구 가까이서, 저희의 파워 드릴을 좋은 가격에 확인해 보세요. 저희의 가장 잘 팔리는 Brown 2X 파워 드릴은 오직 이번 주에만 35% 할인 중입니다. 또한, 저희의 손전등 섹션도 꼭 들러 주세요. 저희의 새로운 LED 손전등은 믿을 수 없을 정도로 밝으며, 거저 드리는 단돈 20$입니다. 정말입니다. 여러분은 이 가격을 어디에서도 찾을 수 없습니다.

어휘
- **retail** 소매 • **pass up** 거절하다, 포기하다 • **swing by** 들르다 • **flashlight** 손전등
- **incredibly** 믿을 수 없는, 엄청난 • **be a steal at** (가격) ~값이면 거저나 마찬가지다
- **foreman** 감독

77

영어

What most likely is the speaker's job?

(A) Engineer

(B) Construction foreman

(C) Store manager

(D) Radio announcer

한국어

화자의 직업은 무엇이겠는가?

(A) 기술자

(B) 공사 감독

(C) 상점 관리자

(D) 라디오 아나운서

78

영어

Where can the listeners find the special deal?

(A) Near the gate

(B) Across the entrance

(C) In a computer section

(D) At the checkout counter

한국어

청자는 어디에서 특별한 판매를 찾을 수 있는가?

(A) 입구 근처에

(B) 입구 반대편

(C) 컴퓨터 섹션

(D) 계산대

79

영어

What does the speaker imply when he says, "You better believe it"?

(A) Customers should be careful of thieves.

(B) Customers will be surprised by a price.

(C) Customers should compare prices online.

(D) Customers do not believe advertisements.

한국어

화자가 "정말입니다"라고 말하는 것은 무슨 뜻인가?

(A) 고객은 도둑을 주의해야 한다.

(B) 고객은 가격에 놀랄 것이다.

(C) 고객은 온라인에서 가격을 비교해야 한다.

(D) 고객은 광고를 믿지 않을 것이다.

Questions 80 through 82 refer to the following guide.

 대본

Welcome to our collection of ancient Eurcpean paintings. When taking photos, make sure your flashlight is turned off. The bright light from a flash is bad for the old paintings. However, you can take pictures without a flash. Also, if you have a mobile phone, please set it to silent mode because noise bothers other guests who wish to view the paintings in silence. Make sure to check before you enter, please. Thank you for your cooperation.

 해석

저희의 고대 유럽 미술 컬렉션에 오신 것을 환영합니다. 사진을 찍으실 때는, 여러분의 플래시가 꺼졌는지 확인해 주세요. 플래시의 밝은 빛은 오래된 그림에 나쁩니다. 그러나, 여러분은 플래시 없이 사진을 찍을 수 있습니다. 또한, 만약 여러분이 휴대전화를 갖고 있다면, 조용하게 미술 작품을 관람하길 원하는 다른 관객들을 소음이 방해하므로 무음으로 해주세요. 입장하시기 전에 확인해 주세요. 여러분의 협조에 감사드립니다.

어휘 •**ancient** 고대의 •**bother** 신경 쓰이게 하다, 귀찮게 하다 •**cooperation** 협조

80

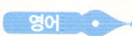 영어

Where most likely is the announcement being made?

(A) At a university

(B) At a train station

(C) In an art museum

(D) At a classical music concert

한국어

방송은 어디서 되고 있겠는가?

(A) 대학에서

(B) 기차역에서

(C) 미술관에서

(D) 클래식 음악 콘서트에서

81

영어

According to the speaker, what is not allowed for the listeners?

(A) Taking pictures

(B) Using a flash

(C) Talking to each other

(D) Eating snacks

한국어

화자에 따르면, 청자들에게 무엇이 허용되지 않는가?

(A) 사진 찍는 것

(B) 플래시를 사용하는 것

(C) 서로 이야기하는 것

(D) 과자를 먹는 것

82

영어

What does the speaker mean when she says, "Make sure to check before you enter, please."?

(A) Guests should pay for their tickets.

(B) Guests should bring their cameras.

(C) Guests should read the program.

(D) Guests should silence their phones.

한국어

화자가 "입장하시기 전에 확인해 주세요." 라고 말한 것은 무엇을 의미하는가?

(A) 관객들은 그들의 티켓을 지불해야 한다.

(B) 관객들은 그들의 카메라를 가져가야 한다.

(C) 관객들은 프로그램을 읽어야 한다.

(D) 관객들은 그들의 핸드폰을 무음으로 해야 한다.

Questions 83 through 85 refer to the following message.

대본

Hi, Maria, this is Gustav Charlot calling from Public Relations. We should start off by posting the marketing department position this Tuesday. But I'm not so sure. Have you taken a look at our script yet? Because you are responsible for the employees in this department, I'd like to get your idea of what they usually do on a day-to-day basis. It would be nice if I could get a chance to discuss this with you some time today. I'll be leaving for a meeting soon, but I'll be back in the office by around seven o'clock. Let me know!

해석

안녕하세요, Maria, 저는 홍보부서에서 전화 드린 Gustav Charlot입니다. 이번 주 화요일에 저희는 마케팅부서 자리를 게시하는 것으로 일을 시작해야 합니다. 하지만 저는 확신이 없어요. 저희의 원고를 이미 보셨나요? 당신이 이 부서의 직원들에 대해 책임이 있기 때문에, 그들이 매일매일 주로 무엇을 하는지에 대해 당신의 의견을 얻고 싶습니다. 오늘쯤에 당신과 이것에 관해 이야기 할 기회가 있으면 좋을 것 같습니다. 저는 곧 회의를 하러 가지만, 7시쯤까지 사무실로 돌아올 것입니다. 알려주세요!

어휘 •**Public Relation** 홍보, 섭외 •**script** 대본, 원고 •**day-to-day basis** 매일매일, 일상
•**budgetary issue** 예산문제 •**operation** 운영, 작업

83

영어

What department position is going to be advertised?

(A) Public relations

(B) Marketing

(C) Art

(D) Finance

한국어

무슨 부서 자리가 광고될 것인가?

(A) 홍보

(B) 마케팅

(C) 미술

(D) 재무

84

영어

What does the man imply when he says, "Have you taken a look at our script yet"?

(A) He doesn't want to hire anyone.

(B) The department is poorly run.

(C) There is not enough money in the budget.

(D) He is concerned about the interview script.

한국어

남자가 "저희의 원고를 이미 보셨나요?" 라고 말한 것은 무엇을 의미하는가?

(A) 그는 아무도 고용하길 원하지 않는다.

(B) 부서는 좋지 않게 운영되고 있다.

(C) 충분한 예산이 없다.

(D) 그는 인터뷰 원고에 대해 걱정한다.

85

영어

What does the man want to talk about with the woman?

(A) The budgetary issues of the company

(B) Hiring a new manager

(C) The daily operations of the marketing

(D) The new parking lot

한국어

남자는 여자와 무엇에 대해서 말하고 싶 어하는가?

(A) 회사의 예산 문제

(B) 새로운 매니저를 고용하는 것

(C) 마케팅 부서의 일과

(D) 새로운 주차장

Questions 86 through 88 refer to the following talk.

대본

W: Before we start the monthly meeting, I want to inform you of our Eat-Better-Stay-Stronger Campaign. It's a company-wide project to improve our employees' overall health. Interested employees are requested to write down what they have eaten during the day every day, both lunch and dinner. At the end of the month, 20 employees who kept the best track of their diet will receive $100 vouchers for our company cafeteria. Remember, 20 people are going to receive the $100 vouchers.

해석

우리가 월례 미팅을 시작하기 전에, 저는 당신들에게 우리의 더 잘 먹고 건강해지기 캠페인에 대해 알려드리고 싶습니다. 이것은 회사 전체에 걸친 프로젝트로 우리 직원들 전반의 건강을 향상시키기 위한 것입니다. 관심있는 직원들은 매일 본인이 먹은 음식의 목록을 점심과 저녁 모두를 포함하여 적도록 요청됩니다. 이번 달 말에, 그들의 식단을 가장 잘 기록한 20명의 직원들은 우리 회사 구내식당에서 사용할 수 있는 100달러짜리 상품권을 받을 것입니다. 잊지 마세요, 20명의 인원이 100달러 상품권을 받게 됩니다.

86

 영어

What is the subject of the talk?

(A) A fitness machine

(B) A cooking show

(C) A health project

(D) A new product

한국어

담화의 주제는 무엇인가?

(A) 운동 기구

(B) 요리 쇼

(C) 건강 프로젝트

(D) 새 제품

87

영어

What will the winners receive?

(A) A voucher

(B) Company merchandise

(C) A trophy

(D) A day off work

한국어

우승자들은 무엇을 받게 되겠는가?

(A) 상품권

(B) 회사 물품

(C) 트로피

(D) 하루 동안의 휴가

88

영어

Why does the speaker say, "Remember, 20 people are going to receive the $100 vouchers."?

(A) To encourage people to join the event

(B) To remind employees of a deadline

(C) To emphasize the importance of health

(D) To explain the reason for the late delivery

한국어

화자는 왜 "잊지 마세요, 20명의 인원이 100달러 상품권을 받게 됩니다"라고 말하는가?

(A) 사람들이 행사에 참여할 것을 독려하기 위해서

(B) 직원들에게 마감일을 상기시키기 위해서

(C) 건강의 중요성을 강조하기 위해서

(D) 배송이 늦은 이유를 설명하기 위해서

Questions 89 through 91 refer to the following radio report.

대본

This is Delbert Clayton from TBZFM Star Report. I'm sitting in the middle of the Gregory Street Market this evening, where people are lined up around the block to buy the fresh produce at the first-Friday farmer's market. Many got here around 2 p.m. for the best deals on tomatoes and pumpkins. From where I'm standing, it's as if this produce were made of gold. I know that organic vegetables are popular these days, but the item most people are revved up about is Martha's homemade pumpernickel bread. People from all over the county are raving about it, saying it tastes even better than the bread at Evan's Bakery.

해석

TBZFM Star Report의 Delbert Clayton 입니다. 저는 오늘 밤, 금요 농산물 직거래 장터에서 신선한 농산물을 사기 위해 블록 주변으로 사람들이 줄 서 있는 Gregory Street Market 한가운데에 서 있습니다. 많은 이들이 토마토와 호박의 최상의 거래를 위해 오후 2시쯤부터 이곳에 왔습니다. 제가 보기에는 마치 이 농산물이 금으로 만들어진 것 같습니다. 요새 유기농 채소들이 인기가 있는 것을 알지만, 대부분의 사람들이 활기를 띠는 상품은 Martha의 홈메이드 호밀 흑빵입니다. 전국 각지의 사람들이 이것이 Evan의 베이커리의 빵보다 낫다며, 이것에 대해서 극찬하고 있습니다.

어휘
- **farmer's market** 농산물 직거래장 **produce** 농산물
- **from where I stand** 내가 보기에는, 내 견해로는 **rev up** 활기를 띠다
- **pumpernickel bread** 호밀 흑빵 **rave** 극찬하다 **mayoral** 시장의
- **inauguration** 취임식

89

영어

According to the speaker, what is going on today?

(A) A city farmer's market

(B) A rock concert

(C) A mayoral inauguration

(D) A funeral

한국어

화자에 따르면, 오늘은 무슨 일이 일어나고 있는가?

(A) 도심 농산물 직거래 장터

(B) 록 콘서트

(C) 시장 취임식

(D) 장례식

90

영어

What does the speaker mean when he says, "From where I'm standing, it's as if this produce were made of gold"?

(A) The market seems wildly popular.

(B) The vegetables look like gold.

(C) The people waiting are upset.

(D) The produce is too expensive.

한국어

화자가 "제가 보기에는 마치 이 농산물이 금으로 만들어진 것 같습니다."라고 말한 것은 무엇을 의미하는가?

(A) 장터는 매우 인기 있어 보인다.

(B) 채소가 금과 같이 보인다.

(C) 기다리는 사람들이 화가 났다.

(D) 농산물이 너무 비싸다.

91

영어

According to the speaker, which food item is the most popular?

(A) A giant butternut squash

(B) Homemade bread

(C) Oatmeal cookies

(D) Black raspberry jam

한국어

화자에 따르면, 어느 식품이 가장 인기 있는가?

(A) 거대한 버터넛 스쿼시

(B) 홈메이드 빵

(C) 오트밀 쿠키

(D) 블랙 라즈베리 잼

Questions 92 through 94 refer to the guide and hotel event directory.

호텔 행사 안내 책자			
객실	Elephant 라운지	Brandy Thomas실	러시안 티룸	Central City 무도회장
층수	1층	4층	6층	12층

 대본

Welcome all to the lavish Russian Tea Room located at the top of Harump Tower. This is the fourth year that the Gilded Flyers Club has held their conference here. I have to say, the organizers and sponsors have once again outdone themselves! The displays are impressive and the keynote speeches should be really terrific. I am certain this will go down as one of the best conferences this building has seen in some time. Now, please give a warm round of applause for the Grand Poobah of the Gilden Flyers, Terry Fallwell. The stage is yours, Terry.

해석

Harump Tower의 꼭대기에 위치한 호화로운 러시안 티룸에 오신 모두를 환영합니다. 올해는 Gilded Flyers Club이 여기서 그들의 회의를 개최하는 네 번째 해입니다. 조직자와 스폰서들이 다시 한번 그들 자신을 능가했다고 말씀드리고 싶군요! 장식도 인상적이며 기조연설도 무척 훌륭할 것입니다. 저는 이것이 이 건물이 근래에 본 최고의 회의 중 하나가 될 것이라 확신합니다. 이제 Gilden Flyers의 고위 직원, Terry Fallwell을 따뜻한 박수로 맞아주시길 바랍니다. 마음껏 말씀하세요, Terry.

어휘

- **outdone** 능가하다 •**keynote speech** 기조연설 •**in some time** 근래에
- **Please give a warm round of applause** 따뜻한 박수를 보내주세요
- **grand poobah** 고위 직원, 중요 인사 •**Grand Wizard** 수장 •**Chief of Staff** 참모장

92

영어

Look at the graphic. On what floor is this event being held?

(A) First floor

(B) Fourth floor

(C) Sixth floor

(D) Twelfth floor

한국어

표를 보라. 어느 층에서 이 행사가 열리는가?

(A) 1층

(B) 4층

(C) 6층

(D) 12층

93

영어

What is the name of the conference?

(A) Taxidermists United convention

(B) Credit Lawyers convention

(C) Flyer's Club convention

(D) Guitar Luthiers convention

한국어

콘퍼런스의 이름은 무엇인가?

(A) Taxidermists United 컨벤션

(B) Credit Lawyers 컨벤션

(C) Flyer's Club 컨벤션

(D) Guitar Luthiers 컨벤션

94

영어

Who is Terry Falwell?

(A) The Grand Poobah

(B) The CEO

(C) The Grand Wizard

(D) The Chief of Staff

한국어

Terry Falwell은 누구인가?

(A) 고위직원

(B) 최고 경영자

(C) 수장

(D) 참모장

Questions 95 through 97 refer to the following radio report.

대본

So, it's only been a few days since the crew moved us into our new studio space here at SquareSound. It's apparently the best sound studio in town. The acoustics are fantastic and it has all the equipment any engineer could ask for. A local news channel is making a documentary about this studio, so we'll get to answer some questions about what we think of it. Remember—next Monday the managers of Lyinheart Records are going to visit us to check out our equipment list. You don't want to miss that chance. Bands from miles around will want to record here if we get a positive review from such a big label. This will mean lots of recording time in the near future!

해석

팀이 우리를 여기 SquareSound의 새로운 스튜디오 공간으로 보낸 지 고작 며칠밖에 안 됐습니다. 이곳은 분명히 도시에서 가장 좋은 사운드 스튜디오입니다. 음향 시설은 환상적이며 모든 기술자들이 요구할 만한 기기들을 모두 갖고 있습니다. 지역 뉴스 채널은 이 스튜디오에 대한 다큐멘터리를 만들고 있으므로, 우리는 이것에 대해서 우리가 어떻게 생각하는지에 대한 질문에 답을 하게 될 것입니다. 기억하세요. 다음 주 월요일에 Lyinheart Records의 매니저는 우리의 장비 목록을 확인하기 위해 우리를 방문할 것입니다. 여러분은 그 기회를 놓치고 싶지 않을 것입니다. 그 같이 큰 음반사에서 긍정적인 평가를 받게 될 경우 수 마일 떨어진 곳의 밴드들이 이곳에서 녹음하길 원할 것입니다. 이것은 가까운 미래에 엄청난 녹음 시간을 의미할 것입니다!

어휘 •**acoustics** 음향 시설 •**equipment** 장비, 기기 •**label** 음반사, 레이블 •**buy out** 사들이다
•**relocate** 이전, 이동하다 •**applaud** 박수를 치다, 칭찬하다

95

영어

According to the man, what did the company recently do?

(A) Bought out another company

(B) Hired new staff

(C) Relocated to a new studio

(D) Sold their equipment

한국어

남자에 따르면, 회사는 최근에 무엇을 했는가?

(A) 다른 회사를 사들였다.

(B) 새로운 직원을 고용했다.

(C) 새로운 스튜디오로 이전했다.

(D) 그들의 장비를 팔았다.

96

영어

What most likely will Lyinheart Records managers do on Monday?

(A) Record a new album

(B) Talk to the sales department

(C) Sign a new band to the label

(D) Check out the studio equipment

한국어

Lyinheart Records의 매니저들은 월요일에 가장 무엇을 할 것 같은가?

(A) 새로운 앨범을 녹음한다.

(B) 판매부서에 이야기한다.

(C) 음반사에 새로운 밴드를 등록한다.

(D) 스튜디오 장비를 확인한다.

97

영어

Why does the man say, "You don't want to miss that chance."?

(A) To warn the employees about their behavior

(B) To make his team feel nervous

(C) To applaud the engineers for their efforts

(D) To express excitement about the opportunity

한국어

남자는 왜 "여러분은 그 기회를 놓치고 싶지 않을 것입니다."라고 말하는가?

(A) 그들의 행동에 대해 직원들에게 주의를 주기 위해서

(B) 그의 팀을 불안하게 만들기 위해서

(C) 기술자들의 노고를 칭찬하기 위해서

(D) 기회에 대한 흥분을 표현하기 위해서

Questions 98 through 100 refer to the following talk and graph.

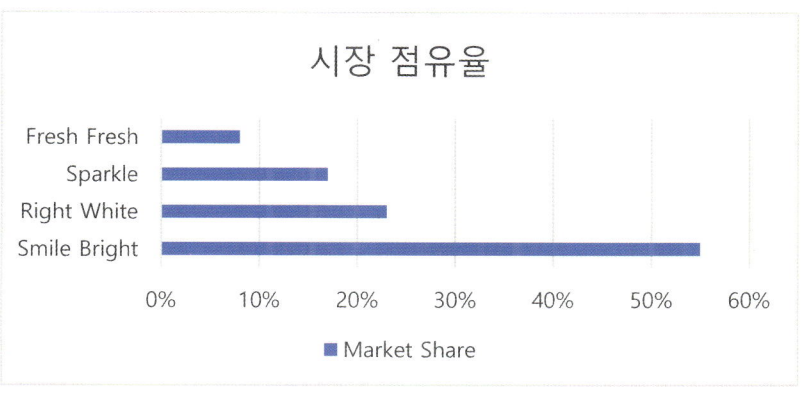

시장 점유율

대본

Okay team, here is the rundown on this year's toothpaste market shares. We are still in the top four dental hygiene companies, but we need to stay focused on SmileBright's rapid increase in sales — they sold more than us last quarter. We aren't lagging far behind as the second most popular group. SmileBright now offers free dental floss with every tube of toothpaste. We think this approach might also help us get more customers, so in the next few months we are going to try adding small packets of floss to our ExtraWhite line of products to see if we can get beyond our 23 percent share.

해석

좋습니다 여러분, 여기 올해의 치약 시장 점유율에 대한 설명이 있습니다. 우리는 여전히 최상위 4개의 치아 위생 회사 안에 들어있으나, 우리는 판매에 있어서 SmileBright의 빠른 성장에 초점을 맞춰야 합니다. 그들은 지난 분기 우리보다 더 많이 팔았습니다. 우리는 두 번째로 인기 있는 그룹으로서 많이 뒤처져 있지는 않습니다. SmileBright은 현재 모든 치약과 함께 무료 치실을 제공합니다. 우리는 이 접근법이 우리가 더 많은 고객을 얻는 데 도움을 줄 수도 있다고 생각하므로, 우리의 점유율인 23%를 넘길 수 있을지 보기 위해 향후 몇 달간 우리 ExtraWhite 상품 라인에 작은 치실 팩을 더해볼 것입니다.

어휘

- **rundown** 개요, 설명, 축소 •**market share** 시장 점유율 •**dental hygiene** 치아 위생
- **lagging** 뒤처져 있는 •**dental floss** 치실 •**packet** 곽, 통 •**heavy industry** 중공업
- **packaging** 포장, 포장재

98

영어

What kind of industry is the speaker working in?

(A) Heavy industry

(B) Dental product

(C) Office furniture

(D) BBQ restaurant

한국어

어떤 종류의 산업에서 화자는 일하고 있는가?

(A) 중공업

(B) 치아 상품

(C) 사무실 가구

(D) 바비큐 레스토랑

99

영어

Look at the graphic. What is the name of the company the speaker work for?

(A) Fresh Fresh

(B) Sparkle

(C) Right White

(D) Smile Bright

한국어

표를 보라. 화자가 일하는 회사의 이름은 무엇인가?

(A) Fresh Fresh

(B) Sparkle

(C) Right White

(D) Smile Bright

100

영어

According to the speaker, what will the speaker's company do in the next few months?

(A) Include packets of floss

(B) Lower the price of their product

(C) Increase their production

(D) Change their packaging

한국어

화자에 따르면, 화자의 회사는 앞으로 몇 달간 무엇을 할 것인가?

(A) 치실 곽을 포함시킨다.

(B) 상품의 가격을 낮춘다.

(C) 상품 생산을 늘린다.

(D) 그들의 포장을 바꾼다.